对外汉语研究

第五期

上海师范大学

《对外汉语研究》编委会　编

商務印書館

2009年·北京

上海市普通高校人文社会科学重点研究基地
应用语言学研究所基金资助，基地编号：SJ0705

目　录

对外汉语教学研究

汉语本体研究

事件脚本和“了$_2$”的用法表述[*]

杉村博文

摘　要：本文试图以“下雨”这一事件的脚本为例，在对外汉语语法教学的层面上分析探讨句尾助词“了$_2$”的教学方法。具体来说，在对“下雨”这一事件的脚本进行详细观察的基础上，分析描写“下雨”脚本与“了$_2$”之间的对应关系。采取这样的描写方法，外国学生不仅可以了解特定情况下的“了$_2$”的用法，还可以更加深入地理解“了$_2$”的本质。由于除了极端依存地区文化的个别事例之外，绝大多数事件的脚本都是超越语言而存在的，所以从与事件脚本的对应关系的角度出发来考察相应的语言表达方式，对任何语言来说都是行之有效的一种方法。在这个意义上我们认为，基于事件脚本进行的语法描写有可能解决对外汉语教学语法既追求抽象又追求实用的矛盾。

关键词：“了$_2$”；事件脚本；对外汉语语法教学；汉日对比研究

〇　引言

对“了$_2$”的意义和用法的研究已经相当丰富，可以毫不夸张地说，关于“了$_2$”可以发现的语言现象几乎都已被发掘，而且对这些现象的语法分析也已经基本完成。然而外国学生对“了$_2$”的误用仍然“青山依旧”，“‘了’是外国人学习汉语最大的难点之一”[①]已经是老生常谈，不再新鲜。造成这种情况的原因很多，但如何把现有的语法研究成果更有效地运用到语言教学实践中，还没有在方法论上得到确立并予以完善，毋庸置疑是重要原因之一。

成年人学习外语，可以比作是与自己的母语进行艰苦卓绝的战斗。对外汉语教学当然也不例外，面对已经掌握母语的成年人，汉语老师必须一边进行汉语教学，一边尽量减少来自学生母语的负迁移。但另一方面，外国学生掌握的母语反过来又使他们在

* 本文在写作过程中，博士生徐雨棻、章天明两位同学提供了部分例句，特此致谢。

① 张宝林(2006:99)。引文中的“了”包括“了$_1$”和“了$_2$”。

短期内习得外语成为可能。无庸赘述，面对成年人的外语教学是以学习者完全掌握母语为前提进行的。因此，最为理想有效的汉语教学应当是根据学习者不同的母语，来设计各不相同的教学法。实际上，现在很多国家都在做这样的摸索和实践。本文拟在探索一种不受个别语言约束的汉语教学法的同时，利用自身优势，从日本人学习汉语的角度出发，为设计对日本学生更为有效的“了$_2$”教学方法做一些基础理论工作。

一 “降雨”的脚本和“了$_2$”

1.1 本文试图以“下雨”这一事件的脚本（记作[降雨]）为例，在对外汉语语法教学的层面上分析探讨句尾助词“了$_2$”的教学方法。我们首先把“下雨”这个自然现象作为一个“在时间序列上可以切分的一个整体事件”来看待，然后再对其不同阶段中如何使用“了$_2$”，以及“了$_2$”可以表达什么样的意义，进行详细的分析和描写。采取这样的描写方法，外国学生不仅可以了解特定情况下“了$_2$”的用法，还可以更加深入地理解“了$_2$”的本质。

认知语义学对脚本的定义为“为频繁反复出现的具有时间序列特征的事件特别设计的知识结构（knowledge structures that are particularly designed for frequently recurring event sequences）”①。[降雨]的结构如右图所示。这个脚本包括开始下（开始）、继续下（持续）和停止下（停止）这几个基本要素。我们认为，开始和停止前的预兆以及停止后的留痕也应当包含在[降雨]中。正如汉语中的成语“未雨绸缪”所表示的那样，

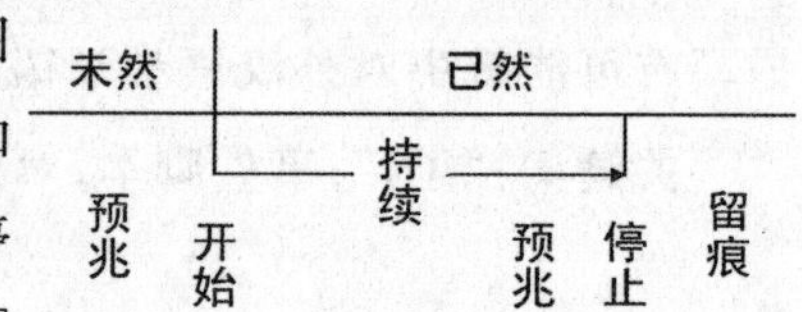

“降雨”脚本

“下雨”的预兆往往会成为迫使人们采取某种行动的动因。而且实际上，“下雨”作为预兆出现的频率丝毫不逊于作为其后阶段出现的使用频率。另外，雨停后，我们可以观察到诸如“被雨水打湿的地面”、“滴着水珠的树叶”等痕迹，所以有充分的理由把痕迹延留包含在[降雨]中②。

1.2 由[降雨]和“了$_2$”构成的，最简单、最基本的语言表达是“下雨了”。我们很感兴趣的是，“下雨了”可以用在未然（预兆）和已然（开始、持续、留痕）的任何一个阶段。

---

① 引自 F. Ungerer & H. J. Schmid(1996:203－217)。事件脚本中也包含各种和语法分析没有直接关系的信息。

② 有时我们也能观察到偏离[降雨]的现象。例如：

突然间，就有一滴雨点“滴答”地滴落下来，正好落在她的嘴唇上。哦，真奇怪，下雨了吗？

这个例句中的“下雨了”对应“有一滴雨点……落在她的嘴唇上”而被作为一个瞬间完结的现象被认知。这种情况日语需要用过去时(past tense)来表达(雨が降ったのかな?)，因为已完结的事件可以作为过去发生的事件从现在切分出去。

例如：

(1) 打雷了，下雨了，大家快收衣服啊！（预兆）[①]

(2)“不好，下雨了。”觉民正要回答弟弟，忽然觉得一滴水落到他的额上，便惊惶地说，一面加速脚步往前面走。（开始，巴金《家》）

(3) 走出门，郝月梅发现下雨了。所幸不大，是秋天那种细细的小雨。（持续，裘山山《幸福像花开放》）

(4) 他们进屋来了。他们披着蓑衣，戴着斗笠。斗笠和蓑衣上滴着水。“下雨了！”（留痕，汪曾祺《求雨》）[②]

像这样宽范围的对应能力一定是和“了$_2$”的本质相关。我们在规定“了$_2$”的基本意义时不能不对这一点做出说明。例句(1)到(4)翻译成日语的话，必须分别采用不同的表达方法。

(1)' 雨が降る！（直译为“要下雨。”）

(2)' 雨だ。（直译为“是雨。”）

(3)' 雨が降っている。（直译为“下着雨。”）

(4)' 雨が降ったんだ。（直译为“是下雨了的。”）

“降雨”在从预兆到留痕的展开过程中，表达预兆和停止特别是表达停止时，我们很难利用“下雨了”。既不说“不下雨了”，也不说“雨不下了”，一般场合几乎都说成“雨停了”。例如：

(5) 雨停了。空气是潮湿的，新鲜的。天边浮起一道彩虹。（张洁《方舟》）

(6) 下了一天一夜的雨，今天一早就停了。（杨镰《千古之谜》）

这和日语的情况一样，具体一场雨的停止，日语也不说“ふらなくなった”（不下了），而说“やんだ”（停了）。

1.3 在此我们简单地总结一下有关“了$_2$”基本意义的研究情况。沿用以往对“了$_2$”基本意义的解释的话，我们可以将其解释为“表示新情况的出现”[③]。这里我们有必要对“新情况的出现”这一表述作一点说明。所谓“新情况”，大致可以分为以下两个方面：一，说话人意识中从无到有突然出现的情况；二，说话时观察到的情况和观察者知识结构中所储存的以前的情况相比较而察觉到的情况。下面的例(7)属于前者，例(8)属于后者[④]。

---

① 此例引自 http://blog4.eastmoney.com/chenhongggg,100007437.html。这里我们判断此例中“下雨了”为“预兆”，是因为后续句里有这样的词语出现：“乱刀一看，这几个人还提着好几桶水到城楼上来，妈的，有病啊，快下雨了，用得着提水上来吗？”

② 例(4)的“下雨了”可以分别对应“下雨”的开始、持续、留痕，这里作为留痕来解释。

③ 朱德熙(1982:209)。

④ 关于后者的下位分类，参看杉村博文(2006)。

(7) 啊,血!血!杀人了!杀人了!

(8) 你现在是老师了,怎么还那么任性?(祝兴义《抱玉岩》)

木村英树(2006)把"了$_2$"定义为"表示某种变化已经完成",并举下面两个句子指出:例(9)很自然成立,而例(10)极不自然的原因可以归结到情况有无"变化"。

(9) 小李去厨房包饺子了。

(10) ??小李在厨房包饺子了。

具体说来,由于"去厨房包饺子"这一事件本身就可以表示"从厨房以外的场所向厨房移动"这样一种"变化",所以就可以和"了$_2$"共现;而"在厨房包饺子"是一种"位置固定的无界行为",我们从中读取不出任何"变化",因此就不能和"了$_2$"共现。

本文认为例(9)和例(10)的对立不是语法上的,而是语用上的。也就是说,例(9)即使没有相关的语境也能够很容易想象出说话人的表达意图(比如报告小李现在不在这里的原因),而例(10)却不能马上判断出说话人的表达意图,这样的差别直接影响了二者可接受性的高低。如果本文的解释正确的话,例(9)和(10)的对立就不是语法上的而是语用上的对立了,只要有适当的语境,例(10)也可以成立。比如把例(10)中的"小李"改成"我"说"我在厨房包饺子了",就比(10)来得自然得多,这无疑是因为说话人自己可以知道这句话的表达意图。即使施事者仍为第三人称"小李"而不变,我们也可以给(10)设计出适宜的语境。例如:

(11) 小李在厨房做什么了?

——小李在厨房包饺子了。(此时小李已经不在厨房。)

(12) 小李在哪儿?他还在看电视吗?

——小李在厨房包饺子了,你赶紧去帮他吧!

将(12)的"包饺子"置于"包饺子"的基本脚本("开始—持续—完成")中的话,应当不是对应"完成"而是对应"开始"("包饺子"的出现)。因此,"了$_2$"可以作为表示事态"从无到有的变化"已经完成来解释。但是,说这种情况表示"变化"和说"去厨房包饺子"表示"变化",情况就大不相同了,前者的"变化"是在前后两个时点(刚才和现在)情况的不同之中被察觉到的,这和例(8)的情况相平行。

王光全、柳英绿(2006)为说明"了$_2$"的用法,给"了$_2$"立了"报事"(报告新情况的出现)这样一种语用范畴。当说话人察觉到某种情况的出现改变了自己原来的知识结构,或者说话人为了有意改变听话人的知识结构而向听话人告知某种情况时,"了$_2$"的语义功能就会得到最好的发挥①。换句话说,出现的情况带不带一定的事件性和使用"了$_2$"

① 见王光全、柳英绿(2006)。

与否密切相关。例如：

(13) ＊她看我一眼了。

正如木村英树(2006)所说，例(13)不成立，只能说成"她看了我一眼"。忠实地记录动作行为本身的角色是由"了$_1$"来扮演的，而不是"了$_2$"。请比较下面二例：

(14) 她……又狠狠瞪了我一眼，头也没回就走了。(陈建功《飘逝的花头巾》)

(15)"你干嘛瞪我？""我瞪你了吗？我觉得我并没瞪你呀。"(梁晓声《翟子卿》)

例(14)是客观记录，用"了$_1$"很自然。但在例(15)中，对方冷不丁的"你干嘛瞪我？"这一问在强迫说话人改变自己的知识结构，这时用"了$_2$"恰到好处。例(13)也是一样的，叙述内容的事件性越高，句末"了$_2$"被保留的可能性就越大，最简单的方法就是去掉"一眼"。例如：

(16) 王滴犯的第二件事，是"作风有问题"。那天宣传队来演穷人受苦，有一个砸洋琴的女兵……，显得挺不错。其实大家都看她了，王滴看了不算，回来还对别人说："这个女兵挺像跟我谈过恋爱的女同学。"(刘震云《新兵连》)

此例说的是所有的男兵都看了那个女兵，不仅仅是"作风有问题"的王滴一个人，其实所有人的视线都射向了那个女兵。我们可以清楚地看出例(13)和(16)在事件性上表现出来的很大差异。再进一步说，即便原封不动地保留"一眼"，只要加上"又"，例(13)的可接受性也就会提高很多。这是不是因为"又"表示情况的重复，而情况的重复使说话人心里产生了某种意外，进而强化了情况的事件性呢？

接下来，我们以李晓琪(2005)为例看一看"对外汉语教学语法"是怎么教"了$_2$"的①。李晓琪(2005:219)把"了$_2$"定义为"表示事态的变化和确定的语气"。对此表述，我们有两点疑问。第一个问题是定义中的"变化"这个术语。这里的"变化"是作为汉语语法学里含有特定语法意义的术语使用呢，还是作为一个普通意义的词来使用？书里没有做出正面的说明。"变化"的词汇意义是"事物在形态上或本质上产生新的状况"(《现代汉语词典》第5版)。这样，"事态的变化"就是已然存在的某一"事态"产生某种"新的状况"了。但是，我们前面所举的例子如(7)(15)(16)等，还有像下面这样的很典型的"了$_2$"句：

(17) 怎么了，怎么了？谁欺负你了？

(18) 那天晚上下雨了吗？

这些例子所报告的事件，因为不存在"变化"的主体(即已然存在的某一事态)，所以与其

---

① 把介绍范围限制在近年出版的"对外汉语教学语法"来说，关于"了$_2$"的基本意义，张宝林(2006)认为"表示变化、某种确定语气或成句作用"，陆庆和(2006)认为"表示已经发生的变化"。与其他著作相比，陆庆和的描述更为详细，立足于对外汉语教学，多从语用的角度来加以解释。

概括为“事态的变化”倒不如概括为“新情况的出现”来得自然。依此进一步推论，如果将“变化”作为一个普通意义的词来理解（即从一种状态变成另外一种状态），那么“新情况的出现”是可以引申出“事态的变化”来，但“事态的变化”是引申不出“新情况的出现”来的。我们认为，“事态的变化”其实就是从“新情况的出现”里扩张出来的一个引申意义，虽然最重要、最显眼，但绝不是和“新情况的出现”处在同一个层面上的①。据此我们提议，为了避免在实际教学过程中产生不必要的混乱，最好先把“了$_2$”的基本意义表述统一为“表示新情况的出现”，然后再给学生讲清从“新情况的出现”到“事态的变化”的语义扩张途径。

第二个问题是和“了$_2$”的“语气”相关。虽然近年来认为“了$_2$”具有表语气作用的研究已不多见了②，但是“对外汉语教学语法”依然把“了$_2$”叫做“语气助词”，并认为“了$_2$”具有表语气的作用。比如李晓琪（2005:219）说：“‘了$_2$’表示对结论有把握的肯定语气。”对此，我们首先应该详细调查“了$_2$”到底表示什么样的语气，然后在这一基础上，分析探讨“表示语气”和“表示事态的变化”是相互关联，还是互不相干？以往的研究很少从这个角度提出问题并加以论证。关于这个问题，我们将在本文第三部分做一个基于事件脚本的尝试性讨论。

二　“降雨”中的各个阶段和“了$_2$”

2.1　表示预兆（从事件的角度来说是“将然”）时，一般要加上“快”和“要”。如果没有这些标志的话，表达起来就比较困难。例如：

(19) 我们先走吧，快下大雨了。（曹禺《雷雨》）

(20) 天上起了乌云，要下雨了。（汪曾祺《跑警报》）

例(19)和(20)分别表示从无到有地出现了“快下大雨”的预兆和“要下雨”的预兆。这时说“了$_2$”表示“将然义”（“表示将要出现某种情况”，《现代汉语词典》；“将要有变化”，李晓琪 2005:219）显然是一种误解。表示“将然”的是“快”和“要”，而不是“了$_2$”。在“{要/快}下雨了”中，被包孕的“下雨”确实是未然而且是将然的事件，而带有“了$_2$”的“{要/快}下雨”则已成为已然。“了$_2$”表述的是，在说话时“{要/快}下雨”这样一种情况已经酝酿成熟并且出现③。

① 详见杉村博文(2006)。

② 比如陈贤纯(1979)认为“了$_2$”只表示动态，不表示语气，提议将“了$_2$”称为动态助词。陈贤纯所谓的“动态”等于“事态发生变化”，而“事态发生变化”又等于“出现新的情况”。

③ 参看杉村博文(2006)。

例(19)、(20)没有“快”和“要”就不能表示预兆。之所以如此，有可能是因为汉语谓词的光杆形式在语言运用上倾向于表达一种主客观上已经确立起来的情况。试比较：

(21) a. 我要买一本语法书 ～ 我要买的语法书

b. 我买了一本语法书 ～ 我买的那本语法书

(22) a. 别问我的事儿，听了你会失望的。(海岩《玉观音》)

b. 小心，小心！你不要把一个失望的女人逼得太狠了，她是什么事都做得出来的。(曹禺《雷雨》)

(23) a. 这样下去，你要吃亏的。(张宇《大街温柔》)

b. 现在这些孩子的状况真令人担忧，对社会起码的认识都没有，吃不得瘪子受不得委屈，得理不让人，这么下去将来吃亏的只能是自己。(王朔《我是你爸爸》)

(21)a一定需要保留未然标记“要”，而(21)b却要去掉已然标记“了”。(22)a“会失望”和(22)b“失望”构成“推测”和“现实”的对立。(23)a“要吃亏”和(23)b“吃亏”构成“预测”和“肯定”的对立。由此可见，汉语在表达犹未确立起来的情况时，使用标记的倾向很强①。

前面我们所举的例(1)“打雷了，下雨了，大家快收衣服啊！”虽然表示预兆，但并没有使用表示预兆的标记。因为这里的“下雨”事实上还没有发生，所以可以替换为“{要/快}下雨了”。但即便如此，它在说话者的主观世界里已经被和[降雨]中的“开始”同等看待了。因此，例(1)的“下雨了”与其说是表示未然领域的预兆，还不如判断为表示已然领域的开始更接近实际。很显然，它和“{要/快}下雨了”对[降雨]的观察和认知具有明显的差异。

像这种把“即将开始”(未然)作为“已经开始”(已然)来表达的语法，多见于如“用餐”这样的类型化的日常行为之中。例如：

(24) 天湘，吃饭了，留老许在这儿吃吧！(谌容《真真假假》)

这里的“吃饭了”对应的是“用餐准备已经就绪这一状态的出现”。“用餐”脚本的核

---

① 由于日语动词的光杆形式“る形”(现在时)与“た形”(过去时)构成对立，所以光杆形式表示未然义的能力很强。日本学生经常会该用“会”或“要”而不用，原因就在于此。我们发现，是非疑问句和选择疑问句，常常忽视汉语谓词光杆形式倾向于表达主客观上已经确立起来的情况这一特点。例如“你去吗？——去。”问答里的谓词光杆形式对应的是还未确立的情况，这是因为问答的焦点不在于表述事态的确立与否，而在于选择肯定或否定。这一点我们可以从形容词谓语句的疑问形式得到支持和证明。例如“今天晚上你忙吗？”，并不像一般陈述句那样，必须要有“很”等程度副词同现，只用具有对比性质的形容词光杆形式就可以做谓语。这种场合的对比也是成立于肯定和否定之间。

心是“开始—持续—完成”[1]，而核心部分展开的准备已经就绪这一状态的出现并没有指向“开始—持续”，而是转向了促成核心脚本的启动。“上课了！”、“过马路了！”等也都可以做类似的分析。陆庆和(2006:309)从语用的角度对“了$_2$”的这种用法进行分析说：“了$_2$”用于提醒说话人注意某个动作即将开始。

不过，这样的用法对于“下雨了”未必适应。比如在“快把衣服收进来！”（早く洗濯物を取り込んで！）的前面加上“下雨了”说成“下雨了，快把衣服收进来！”时，不表示预兆而作为开始来理解的可能性更高。理由之一是，做什么样的准备，准备到什么程度以及掌握什么样的恰当时机才能促成核心脚本启动，对于[降雨]来说是无法明确约定和判断的。这种情况下的核心脚本应当是受“下雨”直接影响的可能性很高的事件，比如“把晒在院子里的衣服收进来”等等。另外一个理由是，如果把“下雨了”作为促成核心部分启动的提醒语言，那么“为时已晚”的可能性很大，远不如“快下雨了”或“要下雨了”更能有效地起到“未雨绸缪”的作用。

上面所介绍的“了$_2$”的用法和表示预测事态出现的用法不一样，应该区别处理。前者用于促成事件核心脚本的启动，后者多用于预告能够确认出现的事态。从语法的角度来看，前者可以作为一个独立的句子出现，而后者要受一定的条件限制，常常和“就”共现才能成立[2]。例如：

(25) 明天我就回县城了，我们还可以在县城谈谈，……（王蒙《蝴蝶》）

(26) 就今天一晚上，一顿饭，吃完算完，各走各的，然后就没你事了，啊！（海岩《永不瞑目》）

(27) 我现在必须立刻行动起来，否则就没有机会了。（张平《十面埋伏》）

2.2 将“下雨了”用于[降雨]开始的阶段，那么“开始—持续—停止”这一脚本就会随之启动，在表示“下雨”出现的同时，还蕴涵“下雨”的持续。例如：

(28)“不好，下雨了。”觉民正要回答弟弟，忽然觉得一滴水落到他的额上，便惊惶地说，一面加速脚步往前面走。（巴金《家》）

(29) 半夜里，望儿叫一个炸雷惊醒了。噼噼啪啪过了一会儿，他才意识过来：下雨了！（汪曾祺《求雨》）

关于这种情况，有观点认为“了$_2$”表示事件“开始并持续下去”。其实“持续下去”只是把

---

① “下雨”的事件脚本以“开始—持续—停止”为核心，“吃饭”事件脚本以“开始—持续—完成”为核心。二者的不同点在于核心部分最后阶段的停止和完成。“吃饭”有明确的完成形式“吃完饭”，而“下雨”却没有相应的表达方式，我们不说“＊下完雨”。“吃饭”不同于“下雨”这样的自然现象，具备从开始到完成的一套定式，而具有明确的完成阶段。“吃完饭”这种表达的存在就是其反映之一。

② 关于这个问题，可参看宗守云(2003)“我走了”和“他走了”的比较，有很精彩的论述。

"下雨"的出现定位于[降雨]开始的阶段而产生的脚本隐含意义而已,"下雨了"本身的意义始终都是表示"下雨"这个事件从无到有的出现。这种情况,日语则用"雨だ!"(是雨!)来表达,这是通过确认出现事件的主体来把握事件全体的一种表达方式。显性地表达"下雨"的"开始"有如下形式:

(30) 院里淅淅沥沥地下起了小雨,别佳说下雨了。(叶广芩《全家福》)

(31) 我看着窗外,这时候,外边开始下雨了,……。(康道宁《人狮》)

2.3 将"下雨了"用于[降雨]持续的阶段,意味着以"出现"来认知并表达了"持续"。

(32) 走出门,郝月梅发现下雨了。所幸不大,是秋天那种细细的小雨。(裘山山《幸福像花开放》)

(33) 汇报完了,金生宣布党支委留下,其余散会。先走出门来的人说:"咦!下雨了!"(赵树理《三里湾》)①

"出现"和"持续"可以说是"因"和"果"的关系。语言表达中不乏由"因"推"果",或由"果"溯"因"的各种不同的表达方式。以日语的"障子が破れた"(纸窗破了)为例,"障子が破れた"相对"障子を破いた"(把纸窗弄破了)来说是"果",而对"障子が破れている"(纸窗破了)来说又变成了"因"。

在"降雨"中,"下雨了"之所以由表示"出现"继而又能表示"持续",无疑是因为在"降雨"中,"持续"阶段的前后分别存在"开始"和"停止"这两个过程,而以"出现"来认知并表达"持续",这就说明"下雨"在观察者的意识里无意间从无到有地突然出现了②。(32)中的"发现"就是佐证。我们再看一个例子,以"下雪"为例:

(34) 重新来到大街上,冯俭才发现下雪了。(杨镰《青春只有一次》)

2.4 将"下雨"用于停止后的阶段,是把[降雨]内所有要素作为一个整体来把握并表达其出现。例如:

(35) 那天晚上下雨了吗?

(36) 是吗? 上海都下雪了? 你要在上海呆几天?

这和日语"简单过去时"对事态的把握很相近,也是日本学生最容易理解的"了₂"的用法。这种表达方式出于对"下雨"的出现"事后报告"、"事后确认"、"论及观察到的痕迹的原因"等各种各样的语用动机。最后一个"论及原因"这一语用动机在日语中常常表现为"のだ"句,而汉语里却依然直接采用出现形式③。例如:

① 例(34)也可以看作表示开始阶段或留痕阶段,但最容易被认知的是持续阶段。

② 参看 Yuen Ren Chao(1968:798)、杉村博文(2006)。

③ 详细情况,请参看井上优(2003)。

(37) 他们进屋来了。他们披着蓑衣,戴着斗笠。斗笠和蓑衣上滴着水。"下雨了!"(汪曾祺《求雨》)

(38) 只见他……胳肢窝里夹着个用布包得严严的画轴,手上还提着一把伞。"哎呀,老俞师傅,快请进! 怎么,下雨了?"(寇丹《裱画的朋友》)

蓑笠上滴下来的水珠和手里拿着的雨伞都可以说是"下雨"的留痕。在留痕阶段,说话者已经不能直接观察到"下雨",这时候说"下雨了"(即"下雨"从无到有的出现这一描述),是把从外界得到的信息和[降雨]相互比照而推断出来的结果。

先给出[降雨]的"开始—持续—停止"全部过程(如"下了三天雨"),再说它的出现(如"下了三天雨了"),就会成为一种强调整个过程的量的表达方式。关于这一点,请参看王光全、柳英绿(2006)的有关论述。

三 "了$_2$"用法的表述方法

3.1 本文针对[降雨]和"了$_2$"的对应关系作了较为详细的观察和描写,在描写过程中还对"了$_2$"基本意义的研究进行了梳理。当然,通过本文的讨论得到的关于"了$_2$"的知识,能不能适用于其他必须使用"了$_2$"的情况,以及在多大程度上适用,我们还不敢断言。事实上,本文已经指出了"下雨"和"吃饭"这两个事件之间存在着的微妙差异。如果采用本文的方法,接下来要解决的问题是弄清到底有多少必须使用"了$_2$"但又彼此不同的事件脚本。

"了$_2$"是在句末出现的,这说明"了$_2$"是一个同句子表达的内容即整个事件发生联系的助词。因此在与事件脚本的对应关系中观察和描写"了$_2$"的用法,无论是对语法研究还是对语法教学,从方法论的角度来说都是有意义的。

举例来说,我们是否可以把下面几个例子作为同一类型的事件统括起来,并对其中的"了$_2$"作一个统一概括的说明呢?

(39) 得了,你永远也当不了哲学家,挺简单的事儿,非往复杂里想不可。爱情其实最简单了。(愛情なんて実際はなによりも単純なものなんだよ)(苏叔阳《家庭大事》)

(40) 了解她的人都这样说:"没有人比她更像女人了!"(彼女より女らしい女はいない)(毕淑敏《女人之约》)

(41) 您也看这种书? 噢,对了(あ,そうか),您是书店的,所以家里书多……(王朔《我是你爸爸》)

(42) 陆玲玲说,朱荣德呀朱荣德,你要是个男人,就一刀劈了我吧,千万不要

手软。你当然是男人了（あなたは言うまでもなく男よ），朱荣德，你狠狠心，劈死我算了。（叶兆言《陈小民的目光》）

(43) 样板团有什么好处？——好处多了！（模範劇団ってどんなところがいいの？——いいところは多いよ）（汪曾祺《讲用》）

这些例子中的"了$_2$"，根据前面第二部分介绍的李晓琪(2005)的分类就不能解释为"表示事态的变化"，而要解释为"表示对结果抱有自信的肯定的语气"。这些例子的日译文也都和时体没有关系。现在的问题是，我们如何找出"了$_2$"的两个意义之间的关联？① 一般认为"表示变化"和"表示语气"都是"了$_2$"所具有的意义。如果这一点不被否定的话，"了$_2$"就是一个多义词。从理论上来说，多义词的各个意义之间一定存在着某种形式的相互关联。

我们试着利用事件脚本来找出"了$_2$"的两个意义间的内在联系。首先我们把(39)至(43)统一为"选择判断"事件。这样的话，这些事件就都会包含"在多个可能的结论中选出一个"这样一个阶段。如果选出来的结论存在以下的特点，即"选出来的结论不同于历来的普遍认识或有别于大多数人的看法，现在重新认识并确认"，或者"选出来的结论在说话者和听话者之间还没有形成共识，现在重新确认"的话，就很有可能以此为契机链接到"新情况的出现"，用"了$_2$"来表示这个结论的出现。请比较例(43)和例(44)：

(44) 其实地上本没有路，走的人多了（歩く人が増えた），也便成了路。（鲁迅《故乡》）

(43)的"多了"是在"多"和"少"之间做出二选一的判断，结果是选择了"多"。正如句末加上的感叹号所示的那样，有纠正听话人常识的含义在里面。而(44)的"多了"则是说的数量的逐渐增加，只是客观地叙述形容词"多"的"自变性"语义特征因"了"而实现，"多了"本身并没有任何其他言外之意。根据张国宪(1995)的研究，例(44)的"了"为"了$_1$"而不是"了$_2$"。例(43)以"选择判断"脚本为背景，例(44)以"程度变化"脚本为背景。

3.2 对外汉语教学语法，如果讲得过于抽象则难以实用，无法有效地预防偏误的出现。但另一方面，如果讲得过于个别和具体，又会增加学习者的记忆负担，而且也不利于他们理解和掌握现象的本质。在这个意义上，基于事件脚本进行的语法描写或许有可能解决对外汉语教学语法既追求抽象又追求实用的矛盾。

参考文献

陈贤纯 (1979) 句末"了"是语气助词吗？,《语言教学与研究》第1期。

---

① 杉村博文(2006)曾对此作过尝试。

井上优（2003）「のだ」文と“的”構文,《中国語学》250 号。

李晓琪（2005）《现代汉语虚词讲义》,北京大学出版社。

陆庆和（2006）《实用对外汉语教学语法》,北京大学出版社。

木村英树（1997）“变化”和“动作”,载《桥本万太郎纪念中国语学论集》,内山书店,东京。本文据《日本现代汉语语法研究论文选》,北京语言大学出版社,2007 年。

木村英树（2006）「持続」·「完了」の視点を超えて—北京官話における「実存相」の提案—,《日本語文法》,くろしお出版。

杉村博文（2006）句尾助词“了”的语义扩张及其使用条件,《汉语教学学刊》第 2 辑。

杉村博文（2007）让所有的语言都拥有一部基于汉外对比的教学语法,《汉语教学学刊》第 3 辑。

王光全、柳英绿（2006）同命题“了”字句,《汉语学习》第 3 期。

吴丽君等（2002）《日本学生汉语习得偏误研究》,中国社会科学出版社。

张宝林（2006）《汉语教学参考语法》,北京大学出版社。

张国宪（1995）现代汉语的动态形容词,《中国语文》第 3 期。

朱德熙（1982）《语法讲义》,商务印书馆。

宗守云（2003）“我 V 了”与“他 V 了”,《语法研究与探索》(十二),商务印书馆。

F. Ungerer & H. J. Schmid (1996) *An Introduction to Cognitive Linguistics*, Longman.

Yuen Ren Chao (1968) *A Grammar of Spoken Chinese*, Univ. of California Press.（丁邦新译《中国话的文法》,商务印书馆,2002）

（日本　大阪府,大阪大学语言文化研究院）

最小语言平台与思维功能习得
——兼议 CEFR 欧洲框架

史有为

摘 要:"最小语言平台"就是满足日常最小交际需要水平的语言体系,属于二语习得的关键阶段。"思维功能习得"是语言真正习得的主要标准之一,也是二语习得的一个质变阶段。这是二语习得的两个原创性假说。CEFR 欧洲框架提出了完全不同的一套语言习得评价标准,并在某种程度上支持了这两个假说。它将对第二语言汉语教学和教材编写发生深刻的影响。

关键词:第二语言汉语教学;最小语言平台;思维功能习得;CEFR 欧洲框架

〇 引言

我们在对日本学生汉语教学实践中逐渐悟出一种应用理论,可能会对教学有帮助,会让学生在学校里更有效率地习得汉语,而这恰恰是对外汉语教学成功的关键。这一理论就是关于最小语言平台及其习得的假说。这一假说由最小语言平台和思维功能习得两部分组成。近来的 CEFR 欧洲框架对这两个假说有着支持作用,因此很值得我们为此做些相关探讨。

一 关于最小语言平台的假说

1.1 假说之一:最小语言平台

语言的有效率教学就是首先要设法建立最小语言平台,然后才能更有效率地逐步扩大和完善这个语言平台。这个**最小语言平台就是满足日常最小交际需要水平的语言体系**。如果这个语言平台能及时在教学中建立,那么以后的学习将越来越容易、越来越快;反之则越来越困难。因为,语言习得类似滚雪球,有了球核以后,就会越滚越大,雪球体积的增速会越快。如果这个球核不正或者残缺，那必然会影响到雪球滚动的方向以及未来的形状，甚至会影响雪球发展并完成的可能性。

最小语言平台的设想是有根据的。大家可以发现小儿在第一语言的习得过程中，是经过一个"入门"过程的：从不懂到似懂非懂，再到真懂；从听懂一两个关键词到几乎全部听懂语句中的每个词；从说单词句（用一个词作为句子），到会说双词句（用两个词构成动宾短语或主谓短语的句子），到说出配合有必要虚词的句子。这个"入门"过程使小儿逐渐建立起一套母语的最小平台，从而帮助他在该平台上植入并生长更多的语言材料。建立这个平台是一次语言习得的飞跃。这个飞跃大约在3岁左右实现。从此，儿童就可以飞速发展其语言能力，类似滚雪球地扩展词汇和句式、框架，逐渐掌握在语境下的使用和语义。第二语言习得当然不同于母语习得，但在最小语言平台及其习得这一点上是相似的。最小语言平台应该由三部分构成：最基本交际情景，最低量基础词汇，最基本语法项目。当然还要加上非常必要的语言运用实践，但这已不在最小语言平台范围之内。这个平台可能最先在语言理解/接收方面得以实现，然后才在语言表达/输出方面也实现。这两个过程非常重要。而只有这两个过程都实现了，我们才能说这孩子已经学会说话，也即建立起最小语言平台了。二语习得也有类似的情况，只是它有另外的参与因素，还有更多的有利和不利因素在影响习得过程。

1.2 最小语言平台的基础背景——最基本交际情景

语言是首先用来交际的，而交际都是有情景的，而且是围绕该情景的话题展开的。所谓情景就是语言交际各方为了某个目的而共处于一个具体实景—事件或共同认同某一设定场合—事件范围。言语的话题以及语篇，就是围绕着该设定情景并依据事件的发展而展开。因此，设定最基本交际情景就是规定了语篇内容的大致范围，从而也规定了词汇的大致范围，规定了最小语言平台的所需。在这一方面当然就不同于母语习得，因为儿童的交际需要和交际情景都非常狭窄，而成人的第二语言交际和情景就与成人的母语交际和情景较为接近，当然在广度和深度上会有些区别。撇开儿童和成人的差别，从更一般角度看，语言交际与情景也是一个成长过程。最核心的部分，也是最早接触的交际与情景是个人和家庭及其基本日常生活，其他交际和情景是一层加一层地围绕在前者之外，逐渐扩展，形成一个同心圆。当然，儿童和成人这两类语言习得的语言交际和情景都始终存在特异性，每个家庭和每个个人接触的方面会有些不同，但其依然可以找到共同的核心范围。在一般的情况下，人的语言习得就如同同心圆，一层一层地增长或成长。而最基本的交际情景则是二语在初级阶段最需要使用的部分。我们认为现在行之有效的许多教材应该是有意无意地符合这个过程的。因此我们可以对这些教材所设情景和话题加以统计归类，从而获得更具客观的情景类型。根据我们对许多教材的统计归纳，参考有关的大纲[①]，并从教材编写和教学经验中总结，最基本交际情景可以归纳为20类。从同心圆的角度看这20类可以大致分出四层：

核心层　1家庭、2身体、3饮食、4衣着

中　层　5住房、6起居、7天气、8时间、9医疗

外　层　10学校、11学习、12体育、13自然、14交通、15购物

最外层　16邮电、17储蓄、18旅游、19休闲、20社会交往

但是，每一个交际和情景都有深浅，都可以分出两个层面。为了方便教学和教材编写，这20类从接近程度看可以合并成16个交际情景，甚至还可以再聚合为便于提纲挈领的8大类，见表1：

表1

A家·住	1家庭；　5住房；6起居	E健	12体育；2身体/9医疗
B衣·食	3饮食；　4衣着	F行	14交通/18旅游；19休闲
C天	13自然/7天气；8时间	G商	15购物；16邮电/17储蓄
D学	10学校；11学习	H社	20社会交往

1.3　最小语言平台的构成(1)——最低量词汇

这是最小语言平台的基础材料，也是该平台成功的关键。经过我们这几年的研究，500至600个词汇单位大概就可以满足构筑最小语言平台的需要。而针对日本的情况，我们选出了562个左右词汇单位(内含：封闭性词语176个，开放性词语386个)，认为可以应付最小语言交际的需要(参见附录1)。这562个词汇单位的选出有五个方面的依据：依据HSK词表和初级汉语教学词汇大纲；依据在日本交际的具体情况而加以调整；依据对日本所使用教材的调查；依据“交际场”理论(有关论述见下文1.4)内的相关性和共现关系；依据教学经验。这些语词的词性分布情况如表2：

表2

词类	名	动	形	数	量	代	副	介	连	助	语气	拟	叹	短
分计	203	141	71	21	38	25	27	10	7	7	4	0	0	8

① 例如赵敬、于慧编的《日语交际口语》(中国宇航出版社，2004)把交际功能分为85项；杨寄洲主编的《对外汉语教学初级阶段大纲》(北京语言大学出版社，1999)将功能分为117项，将情景分为63项。

我们把这562个词汇单位分成封闭性和开放性的两大类，并相应地分成两个表(见分别作为范围和样品的表3和表4；全表可参见史有为2008)。前一类封闭性词语共176个，是通用性的，大多是语法词，因此也是汉语语法的基础项目，任何交际都需要使用。例如表3所列的18类词语组成了封闭性词语表：

表3

名词性	1数目词；2指代词；3方位词；4时间词
副词性	5否定词；6程度副词；7范围副词；8语气副词；9时间副词
动词性	10助动词；11趋向动词；12兼语句使令动词；13双宾语句动词；14谓宾句动词
辅助性	15介词；16助词；17连词；18语气词

后一类开放性词语共386个，是对交际有选择性的，可以按照功能—话题分类。这功能—话题的分类实际上与以上所说的交际情景的分类是可以重合的[①]。它们既是情景，也是交际范围、交际内容和话题。这样我们就把开放性词语分为16大类。

1.4 关于"交际场"理论与组配式词表

我们采用以名动形三类为主的组配式框架设计成新型的词表。这样的词表架构是根据一种"交际场"的理论拟制的。

"交际场"是我们在教学实践中提出的：即任何一次有意义的交际都形成一个语言的场，其中的语词都处于该场之中，而且彼此有相当密切的相关性，包括互相交叉的意义相关以及某种语法相关。而从语词角度看，除了专职性功能词以外，几乎所有的语词都带有或多或少的适用于某些交际场景的背景。它们是功能的一种，也是构成语感的一个方面。这样的"场"就是交际场。因此这些语词之间就产生较高的相关性和共现关系，例如名词和量词、形容词的相关，名词跟动词的相关。这种相关性和共现关系就是组配式词表的根据。(史有为2008)

新词表框架可以举例如下，见表4(**黑体**表示重复词首见；*斜体*加下划线，表示重复词再次出现)：

---

① 日本《高等学校の中國語と韓國鮮語學習のめやす(試行版)》(財団法人國際文化フォーラム 2007，東京)刊载了试订高中阶段汉语和朝鲜语的"交际能力指标(草案)"。其中在汉语教学方面分16个话题区域，具体是：

1. 自己、友人、家属；2. 日常生活；3. 学校·教育；4. 交通·旅行；5. 购物；6. 饮食；7. 人际交往；8. 休假·游乐；9. 衣着·时装；10. 身体·健康；11. 自然环境；12. 居住；13. 地区社会；14. 节日；15. 汉语和中国；16. 日语和日本

这是日本首个类似教学大纲的指导方案，大学阶段至今还没有类似的方案。这16个话题区域与本文所载16个交际情景或功能—话题大类十分近似。这两个话题分类表是各自独立拟制的，互相没有影响或参照。

表 4

类型	名词	量词	动词	形容词	常用短语
家庭	家、人、**男**、**女**； 年龄/年纪、名字； 爸爸/父亲、妈妈/母亲、哥哥、弟弟、姐姐、妹妹、孩子、儿子、女儿	**家**、口、**个**、岁	**有**、**是**、**叫**、像、**爱好**	**好**、**漂亮** 老、年轻； **多**、**少**	多大 （补充推荐词语） 爷爷/祖父、奶奶/祖母、姥姥/外祖母、叔叔、爱人
住房	房子、楼、房间/屋子、厕所； 窗户/窗子、门、桌子、椅子、**床**； 箱子、包； 灯/电灯、钟、电视机、收音机； **东西**	**座**； 层； 间、**个**； **张**、把、**床**、**台**	**住**、**在**、**有**； **朝**、**放**； **开**、**关**	**新**、**旧**、**高**、**大**、**小**	（补充推荐词语） 锁[名词]、锁[动词]、摆；宿舍、厨房、洗澡间
购物	商店、**东西**；钱	**种**、**件**、**个**、元/块、角/毛、分	**数**（三声）、**算**、**买**、**卖**、**给**、**加**	**贵**、**便宜**、**满意**；**大**、**小**、**轻**、**重**、**新**、**旧**、**好**、**多**、**少**、**破**、**坏**	**有时候**、**差不多** （补充推荐词语） 百货商店、超市、减、 价钱、逛

1.5　最小语言平台的构成(2)——最基本语法项目

包括基本短语结构，基本句型或常用句型，基本的情态、体貌和语气。其中又分为一级和二级两类。它们都是基本的、典型的或常用的类型，而并非这些术语含义内所包括的全部语法项或语法点。这种限制是必需的。因为在入门和初级阶段，课文的字数和教学时数以及学生消化并实践的可能性都是有限制的。请看表 5：

表 5

	基本短语结构	基本句型	基本情态	基本体貌	基本语气
一级	动—宾 偏—正 述—补 主—谓 介—宾 数量—名	主谓句(SV/SA) 是字句(判断句) 名词谓语句 有字句 单宾语句(SVO) 双宾语句(SVOO)	可能 必须 意愿	达成/实现 持续 经历	陈述 否定 疑问 祈使/命令 确认强调 程度强调

<table>
<tr><td>二级</td><td>谓—结果补语
谓—趋向补语
谓—可能补语
谓—介系补语
连动结构
兼语结构</td><td>谓宾句
受动句
把字句
存现句
连动句
兼语句</td><td></td><td></td><td></td></tr>
</table>

1.6 最小语言平台的相对性

最小语言平台的边界应该是模糊的，其构成的三个项目也是如此。也就是说，它们都有相当的弹性，容许词汇、语法以及交际情景在保证基本面的前提下有适当的浮动或调整。这是因为，二语教学不是工厂统一的机械加工。须要根据不同学员的不同国度、不同民族、不同文化背景和不同母语以及不同学习需求做相应的调整。这样的相对性不但不是违反科学，反而更是二语教学中人本理念和科学理念的体现。

二 关于思维功能习得的假说

2.1 假说之二：获得思维功能是语言真正习得的主要标准之一

思维功能是与交际功能几乎同等重要的一项基本语言功能。交际功能是最基本的语言功能，思维功能是伴随交际功能而来的一种基本语言功能。虽然思维的某些类型可以不依赖语言，比如儿童在语言习得前的以实体为代码的简单思维行为，艺术家的灵感和形象思维，哲学家、科学家等的悟觉、灵感和“立体思维”。但是从一般的最大量的情况来看，语言的交际功能和思维功能二者犹如一张纸的正反两面，没有交际也就没有思维，没有思维也就谈不上交际。当然，思维时的语言形态与交际时的语言形态会存在某些不同。最显著的就是交际时的语言几乎是详备的、完整的、合乎逻辑的，而单纯思维时的语言则往往是简略的、不完整的、跳跃的、速度更快或更慢的。但是当思维和表达几乎合一时，也就是表达的同时必然存在思维，这二者的同一性就非常突出。例如演讲时说出的句子应当就是思维的外显；边思考边写作时，思考的句子就是写出的句子；又例如修改文稿语句时，反复斟酌中的文句既是思维所得，也是表达所见。从语言系统的角度看，思维和表达/交际所用语言无疑是同一个系统，而且无此即无彼。人们一向只关注语言的交际功能，但实际上要真正学会一种语言，必须能够以这种语言来思考，获得思维功能，这才是真正把语言植入了大脑，真正习得了语言。由于二语交际也可以通过母语翻译来完成。故而笼统地说获得二语交际功能，或仅仅依据某二语可以交际，并不能证明该二语已经真正习得。测试思维功能是否已获得的方法最主要的就是用切断可能依赖母语的翻译过程。这个过程主要反应在语速和反应时间上。另外还可以反应在紧张感的有无以及程度上，反应在流利自如的程度上。不给予母语翻译的时间，观察对二语反应的快慢，可能是最简单的测试。

思维有理解、思考和表达几种类型/方面。在交际中这几种类型/方面是同时存在并作用的。一般来说，母语和二语的理解思维习得先于思考思维和表达思维的习得。几乎每个具有初级目标语水平的留学生都有这样的体会，刚到目标语（二语）国家时，根本听不懂当地人的话，从努力分辨出二语（目标语）中一些词并努力寻找母语中的对应词，到逐步不需要寻找母语对应词而能自然领悟（即听懂）一些关键词语，一直到大约三个月以后才能完全听懂；从用母语边思考边翻译成二语表达开始，到断续地以二语和母语交替思考然后二语表达，直到完全直接用二语思考并合一表达；从使用二语说话紧张得出汗、疲劳或头疼，到轻松自如同母语一般。这一过程就是一种抛弃母语中介并实现二语思维的飞跃。二语实践告诉我们，二语思维功能习得的重要性毋庸多议，因为只有获得了思维功能，最小语言平台才能发挥迅速生长或再增长的作用，才能真正通畅地用以交际。因此尽快实现二语/目标语思维就是语言教学成功另一高度的指标。

2.2 实现思维功能的途径和方法

在最小语言平台上有可能经过多次使用，逐步摆脱母语的中介，成为最低需要的思维工具。最小语言平台要达到具有思维功能的水平，可以通过两个途径实现。一个是不断多次使用，从而飞跃到可用以思维，另一个就是在迈入更高阶段学习中实现。从目前实践经验来看，后者，即不企图在初级阶段达到思维功能的习得，而是在初级到更高级别学习的过程中稳步地达成，是一个更为多见而可靠的实现类型。这样评估将会防止急躁，并对教学起着稳步、实在、有效的作用。

成人第二语言习得的有些环节很像儿童的母语习得。但是，二者还是很不相同。儿童母语习得的时候除了极少副语言之外没有其他工具可以依靠，因此，必须依靠它来交际和思维。这个时候，交际和思维功能的获得是同时的。因此儿童很容易实现母语的思维能力。但是第二语言的成人教育不同，根深蒂固地使用母语交际并思维的习惯非常妨碍第二语言的真正习得，尤其是思维能力的获得。母语能力越强，对母语的依赖性也就越大，第二语言的根植就更不容易。交际还可以通过内部翻译来实现，而思维却无法通过母语翻译。因此，用第二语言进行思维是一次质的飞跃。

摆脱母语实现二语思维是最难的。只有用强制性的快速反应式的交际（包括听、说、读），才能逐渐摆脱母语，实现飞跃。鉴于理解思维先于思考、表达思维的原理，训练过程可以分阶段各有侧重。这个过程首先是实现听和读，进而扩展到说。听和读的纯二语理解训练须要在熟悉词汇和基本语法框架的基础上进行，尤其是对词汇的熟悉。因为，听和读的直接二语思维或理解往往先经过个别以及部分实体和功能关键词理解这一中间站，然后到达基本理解，也即基本听懂读懂。而完全依靠二语表达则需要输入更多的语句模式，除了听和读之外，还需要记忆文句甚至语篇。记忆可以有多种方式，最典型最传统的是背诵，多听多读，反复听反复读，兴趣型的听和读，多种类型的复述，抄写和模仿写作等等，这些都属于记忆或即属于增加语法模式和增强记忆的范畴。

2.3 语言习得辩证

从上所述，真正的或完整的第二语言习得成功应该包括两个方面：一个是在容许有母语作辅助的条件下以二语进行交际，另一个是能够不依赖母语作为中介或辅助进行思维并交际。这两个方面其实也就是二语学习的两个阶段。而第二个阶段更具有决定意义，是语言习得的飞跃或质变。而建立最小语言平台是更有效、更快速地实现二语习得的一个模式。建立该平台的过程包括：二语平台的多次使用，并在同目标语环境对接过程中逐步修正或调整，逐步建立第二语言的语感；二语平台逐渐扩大、逐渐完善；二语使用范围扩大和深度增加。这个平台的建立也是一种飞跃，由此将可以更快地进入更高阶段的习得过程。

三 CEFR与语言习得二假说

3.1 关于CEFR的语言评价框架

CEFR或称CEF（Common European Framework of Reference for Languages），

即"欧洲语言共同参照框架"①。CEFR 包括三个方面：学习、教学、评价（Learning，Teaching，Assessment）。CEFR 着重于沟通不同语言和测试体系的评价标准，以保证求职时的公平和流动。由于其制订者的权威性已经被公认为一种最有影响力的标准，被三十多个国家和地区所接受，多个国际英语考试标准甚至主动实现与其对接。根据制订者的说明，制订 CEFR 的目的应该是：

（1）为了促进欧盟的沟通、合作与团结。

（2）为了提高评价的精确度、透明度和可比性，并沟通不同评价标准。

（3）为了明确界定教学目标和教学方法，以促进教育。

（4）为了有利于职业流动。

该文件制订的依据是：不同语言的平等权利和语言的多样性。

CEFR 所界定的语言能力，是全面的语言沟通能力②。具体可归纳成 4 项：

（1）一般能力（general competence）。

（2）语言沟通能力（communicative language competences）。

（3）语言活动（language activities）。

（4）语言使用的社会情境（social contexts）。

它按照听、说、读、写、互动等方面界定语言能力，并界定能力指标（descriptors），以便说

---

① 《欧洲语言（学习、教学、评测）共同参照框架》（CEFR，Common European Framework of Reference for Languages：Learning，Teaching，assessment），中国也有的翻译为"欧洲语言能力等级共同量表"，台湾翻译为"欧盟语言能力指标"，日本翻译为"ヨーロッパ言語共通参照枠"。CEFR 是经过长达二十多年的研究、修正，并于 2001 年在欧盟议会上通过的。2001 年被欧盟成员国采用。CEFR 包括三个方面：学习、教学、评价（Learning，Teaching，Assessment）。采用该框架的会员国包括：英国、法国、德国、意大利、比利时、丹麦、卢森堡、荷兰、爱尔兰、希腊、西班牙、葡萄牙、奥地利、瑞典、芬兰、塞浦路斯、捷克、爱沙尼亚、匈牙利、拉脱维亚、立陶宛、马尔他、波兰、斯洛伐克、罗马尼亚、保加利亚，这些国家使用 CEF 共同语言参考架构于课程设计，教学方法、教材规划、师资培训与评测工具。其中有 14 个国家已经以此作为课程规划与测验设计的蓝图。欧洲以外还有中国的台湾和香港以及加拿大、新西兰、日本、智利、墨西哥、哥伦比亚等国家或地区将此定为语言测试的统一标准。

② CEFR 所界定能力的描述要点（descriptors）：

1）**一般能力**（general competence）。包括知识（knowledge）、人格特质（characteristics and personality traits）、技术（skills）、学习能力（ability to learn）。

2）**语言沟通能力**（communicative language competences）。包括语言文字能力（linguistic competence）、社会语言能力（sociolinguistic competence）、语用能力（pragmatic competence）。语言文字能力包括音韵、构词、语义、语法等能力；社会语言能力涉及社会文化因素，如礼貌规范、性别、阶层等语用差别；语用能力涉及语言的功能（functions）、语言的连贯（coherence and cohesion）、文本类型（text types）等。

3）**语言活动**（language activities）。包括听、说、读、写以及互动，听与读属于语言的接收（reception）行为，说与写属语言的产生（production）行为表现，另有对话以及咨商讨论等，属于语言的互动行为（interaction）。

4）**社会情境**（social contexts）。语言使用的社会情境指涉广泛，包括：a. 四种生活领域（domains：个人家居生活、公共场所、职业场所与教育场所）；b. 情境（situations：如人、事、时、地等）；c. 条件（conditions：如说话环境、参与人数、时间限制等）；d. 主题（themes：如饮食、娱乐等）；e. 功能（functions：如询问、指认、建议、描述等）；f. 任务（tasks：如找工作、问路、做简报等）；g. 媒介类型（media：如面对面、电话、电视、录音等）；h. 文本类型等（text types：如典礼、讨论、面试、报纸、期刊、信函等）；i. 策略（strategies：如自我修正、重复、澄清等）。

明学习者所能表现的语言行为(speech acts)。其评价指标分成3类6级[①]:

A级,基础用户(Basic User):A1起步级;A2初晋级

B级,独立用户(Independent User):B1中入级;B2优升级

C级,精通用户(Proficient User):C1熟练级;C2精通级

从六个级别的名称及其衡量内容(参看附录2CEFR分级评价表)来看,该框架的评价语言完全一反以往,以正面的具体交际范围、沟通能力、信息质量等语句来描述界定,其所注重的是语言的功能(functions),能在真实情境下发挥作用的能力,而不仅仅是传统对语言文字的认知能力。显然,CEFR本质上放弃了传统以词汇量和语法项目为测试评价的体系,改为以交际能力作为语言水平衡量标准。这蕴含着推崇交际/功能教学法的教学理念,并以交际功能作为沟通不同语言之间的标准。因此,这是一个带有革命性的框架。CEFR虽然开始只是个评价系统,并非考试标准,但已经逐渐在不同欧盟国家发展成一种考试标准。许多英语考试系统也纷纷打出与CEFR对接的旗号,声称自己与CEFR相当。目前,已经有专门机构对此细化为测试系统[②]。而多个国家和地区,包括日本和中国的台湾、香港地区也对此做出了对接的反应,有的已经开始具体化。

3.2 CEFR界定的再分解

CEFR以具体的正面的功能类用语,清晰地给出能力程度,而且涉及语言使用的各个方面,与传统的测试标准大不一样。为了更清楚认识CEFR标准的构造,并联系以

---

① CEFR所定六级语言整体能力评价系统的译名有多种,对照如下:

CEFR英语用词	英语原义	方绪军译语	台湾译语	本文译语
A1. Breakthrough	突破	起步级	入门级	起步级
A2. Waystage	逐步	初阶级	基础级	初晋级
B1. Threshold	门槛,界限,开端	入门级	进阶级	中入级
B2. Vantage	优势,有利	良好级	高阶级	优升级
C1. Effective Operational Proficiency	有成效熟练,熟练	熟练级	流利级	熟练级
C2. Mastery	熟练,精通,全控	优秀级	精通级	精通级

② 欧洲的ALTE(The Association of Language Testers in Europe,欧洲语言测试学会)已经对此框架作"细化",这体现在两个方面:其一,根据语言交际的不同领域,将语言能力分为普通能力、社交和旅游所需能力、工作所需能力和学习所需能力等四个领域,分别给予"能做"的描述;其二,对以上四个领域的各个等级分为"听/说"、"读"、"写"三项,分别进行"能做"描述(参见方绪军2007)。又如:2006年9月6日,全球最大的国际性专业英语教育机构——华尔街学院(WSI)宣布:该学院成功完成了一项将其英语学习梯级课程与剑桥大学ESOL考试中心的BULATS考试(即剑桥商务语言测试,以下简称"博思考试")进行等级对应的研究。结果显示,WSI梯级课程从"初级"到"专家级别"的各梯级学习课程与博思考试的相关级别非常吻合,从而完成了与CEFR的对应,并正式投入使用。

上两个假说，我们需要作进一步的分解。A、B、C三级的界定语言实际上可以归纳为8类。其中A级和B级是两个最基本的语言级别。一般大学语言专业大概只能达到这两个级别。请看表6：

表6

语言交际的分解	A1 起步级	A2 初晋级	B1 中入级	B2 优升级	C1 熟练级	C2 精通级
1. 理解能力	△能了解日常表达方式。	▲能了解大部分切身相关领域的句子及常用词语(例如：非常基本之个人及家族资讯、购物、当地地理环境，工作)。	◇针对一般职场、学校、休闲等场合，常遇到的熟悉事物时，在收到标准且清晰的信息后，能了解其重点。	◆能了解具体及抽象主题的复杂文字的意义重点。	☆能了解多知识领域且高难度的长篇文字，认识隐藏其中的深意。	★对所有听到、读到的信息，能**轻松地做概观式了解**。
2. 交际范围	△基础需求：能介绍自己及他人并能针对个人背景资料，例如住在哪里、认识何人以及拥有什么事物等问题作出问答。	▲针对单纯例行性任务能够做好沟通工作，此一任务要求简单直接地对所熟悉例行性的事务交换信息。	◇在目标语言地区旅游时，能应付大部分可能会出现的一般状况。	◆主题涵盖个人专业领域的技术讨论。	☆针对社交、学术及专业的目的，能弹性地、有效地运用言语工具。	★甚至能于更复杂的情况下，随心所欲地自我表达且精准地区别出言外之意。
3. 表达能力	△能使用熟悉的日常表达方式，作简单的交流。	▲能简单地叙述出个人背景、周遭环境及切身需求事务等状况。	◇能叙述经验、事件、梦想、希望及志向，对看法及计划能简短地解释理由及做出说明。		☆能流利随意地自我表达而不会太明显地露出寻找措辞的样子。 ☆针对社交、学术及专业的目的，能弹性地、有效地运用言语工具。	★能由不同的口头书面信息作摘要，再于同一简报场合中重做论述及说明。甚至能于更复杂的情况下，随心所欲地自我表达且精准地区别出言外之意。

4. 流畅自如程度				◆有一定的流畅度且不会感到紧张。	☆能流利随意地自我表达而不会太明显地露出寻找措辞的样子。	★甚至能于更复杂的情况下，随心所欲地自我表达且精准地区别出言外之意。
5. 词语范围	△使用非常简单之词汇以求满足基础需求。					
6. 信息传输速度/质量	△能在对方语速缓慢、用词清晰的前提下作简单的交流。		◇收到标准且清晰的信息后，能了解其重点。	◆能即时地与母语者进行互动。	☆能流利随意地自我表达而不会太明显地露出寻找措辞的样子。	
7. 写作能力（范围与程度）			◇针对熟悉及私人感兴趣之主题能简单地撰稿。	◆能针对相当多的主题撰写出一份完整详细的文章，并可针对所提各议题重点做出优缺点说明。	☆能清楚地针对复杂的议题进行撰写，结构完整地呈现出体裁及其关联性。	★能由不同的口头书面信息作摘要，再于同一简报场合中重做论述及说明。
8. 有无协助	△提供协助的前提下作简单的交流。					

仔细地观察，CEFR 的这 8 个方面的界定是不需要遵守对称和平衡要求的，也就是需要什么就提出什么，是实用性的。比如，其中的 A1 级有 6 个方面的界定，而 A2 级只

有3个方面，意味着A1的6个方面在A2已经达成；B级的分布更不一样，增加了表达质量和写作，缺少了另一些方面。这跟以前的一些测试标准大不一样。又比如对词汇的要求，在A2、B1、B2，甚至C1、C2中再也看不到这方面的具体要求，基本上隐含于交际范围的界定之中，也就是不作硬性的规定。同时我们又看到框架中明确地提出了交际范围和交流程度的要求，这在1和2两项中表露得非常清楚。我们以为这是很正确、很明智的，对编写教材提供了全新的指标，同时又留下弹性的空间，编写者更可以放手从实际的交际需要出发。而且这也是符合教学和教材实际的。而在另一些方面，CEFR也一反传统，要求得比较明确比较具体。比如4、6、7三项。这些，对今后的语言教学有着重大的参考和指导意义。

然而仔细查看下，有些项目的空缺或描述还是有些遗憾，对语言教学来说，缺少了某些明确标准，需要进一步细化确定。例如第4项"流畅自如程度"，B2、C1、C2的部分表述，像"随意地""随心所欲地"这些界定，就过于综合、笼统、模糊，需要再分析、再细化。又如第6项"信息传输速度/质量"中B1"标准且清晰的信息"，进一步的意思是"语速不快不慢而且吐字清楚，信息表达所用的句子比较完整和标准"。总的来说，这样的要求具有相当的弹性，容许教材编写者有主观选择，尤其在词汇方面，更有弹性，比HSK词表更适合于教材编写①。

3.3　CEFR的评价标准为最小语言平台假说提供了支持

CEFR的基础级(A1/A2)实际上就是对最小语言平台的认可。请看对A1级标准进一步的分解：

(1) 理解能力：能了解日常表达方式。

(2) 交际范围：基础需求：能介绍自己及他人并能针对个人背景资料，例如住在哪里、认识何人以及拥有什么事物等问题作出问答。

(3) 表达能力：能使用熟悉的日常表达方式，作简单的交流。

(4) 词语范围：使用非常简单之词汇以求满足基础需求。

---

① 从CEFR对各等级的描述看来，该框架是以具体"能做"什么作为界定的。方绪军(2007)简单介绍了西方对CEFR不足之处的描述："当然，CEFR也有许多不足之处，如在量表的适用条件、效度验证、"能做"描述语等方面，都还有不少需要完善的地方。但这些不足，多是在操作层面上的。人们对CEFR的基本框架和原则并没有疑义。"

关于CEFR的评价，还可参看2007年6月6～7日中央教育科学研究所心理与特殊教育研究部主任孟万金教授在越南河内"语言评价——国际标准与认证(Language Assessment - International Standards and Recognition)"研讨会上所作题为"中国的英语考试反思：欧洲共同语言框架的启示(Reflection on English Testing in China: Insights from CEF)"的专题报告。

(5) 信息传输速度/质量:能在对方语速缓慢、用词清晰的前提下作简单的交流。

(6) 有无协助:提供协助的前提下作简单的交流。

这6项是3.1节所介绍的“一般能力、语言沟通能力、语言活动、语言使用的社会情境”四项要求的具体化,也更能容易把握。从这些界定中可以看到,这个评价标准并不是以语法为主导,相反,是强调了一个一个完整的交际情景,一个一个完整的语篇,也即CEFR中所指出的日常交际的语言表达方式,包括一套一套表现为交际中的完整意义。这是最小语言平台的具体化。显然,这跟一般的水平标准很不相同。在这个阶段,“能在对方语速缓慢、用词清晰并提供协助的前提下作简单的交流”,这说明所学到的第二语言还不是真正的习得,还需要母语的辅助或转换。

3.4 CEFR对思维功能习得假说提供了支持

CEFR对A、B、C在第6项“信息传输速度/质量”的界定内容实际上包含了对语速和流利度的要求。比如A1级的“语速缓慢、用词清晰”就是还存在母语的中介作用;B1级的“收到标准且清晰的信息后,能了解其重点”,就是一种较快速的语言接收与理解;B2级的“即时地与母语都进行互动”,实际就是快速的语言反应,就是能够以目标语进行快速思维的另一种表述。又比如第4项“流畅自如程度”在三个级别提出了要求:B2的“有一定的流畅度且不会感到紧张。”C1的“能流利随意地自我表达而不会太明显地露出寻找措辞的样子。”C2的“甚至能于更复杂的情况下,随心所欲地自我表达且精准地区别出言外之意。”这些带下划线的部分只有在以二语思维的条件下才能达到的。可见B1级的“收到标准且清晰的信息后,能了解其重点”还只是被动地听懂,完成了以二语作思维功能中的接收部分,只是以二语作半截子思维工具。只有完成B2级的学习后才能完全以二语思维并流利交际。(参看表6)

以上分析告诉我们,CEFR在分级和界定中确实包含着这样的思想:A1级加A2级的程度所习得的顶多只是最小语言平台,而且从语速缓慢的限定来看,还不到习得思维功能的程度。B1级是可以被动地以二语快速理解,即获得思维功能的一个侧面,是达到了思维功能习得的第一阶段。B2级要求的才是主动的思维并表达,具有完全的思维功能。可见,需要经过A1、A2和B1、B2这四个阶段才能达到真正获得二语思维功能的目标。因此,从A1级到B2级的教学过程非常重要,是决定真正习得语言的关键过渡段。而最小语言平台的建立也是需要经过几个阶段才能逐渐建立的。最初建立的是需要“提供协助”的,有母语中介的相对平台。经过A2阶段,到了B1阶段才能建立被动理解型的平台。只有到了B2阶段完成,才能达到习得完全思维功能的最小语言平台。这也就是说,最小语言平台的完全建立和习得是在逐渐扩大习得语言项目的过程中完成的，这大约相当于我们习惯所说的中级结束阶段。

3.5　余言

HSK是个考试标准，CEFR名义上是评价系统，就其实质而言也是一种测试标准。我们常说：考试是根指挥棒。一个终点指挥起点，似乎于理不合。的确，语言测试是由语言教学内容和教学理念来决定，来指挥的。但是如果不是出于成绩的好坏，而是出于学习考试内容的需要，那么考试在某种程度上指挥教学内容或教材编写，影响教学理念及教学方法，却也有其合理之处，值得研究和关注。CEFR虽然不是为对外汉语教学设计的，但对对外汉语教学有启发，有参考，而且会有影响。现在看来，CEFR对教学和教材的影响将可能在淡化语法、强化交际能力和综合能力的大原则下进行。我们预期对外汉语教学及其教材的发展也会在类似的方向下进行。

参考文献

北京语言大学汉语水平考试中心编（2006）《实用汉语水平认定考试应试指南及真题分析》，北京语言大学出版社。

北京语言大学汉语水平考试中心编（2007）中国汉语水平考试HSK（改进版）样卷，北京语言大学出版社。

北京语言大学汉语水平考试中心"HSK改进工作"项目组（2007）汉语水平考试（HSK）改进方案，《世界汉语教学》第2期。

方绪军（2007）CEFR对汉语测试研发的启示，《世界汉语教学》第2期。

史有为（2008）对外汉语教学最低量基础词汇试探，《语言教学与研究》第1期。

（日本　千叶县，明海大学　名誉教授）

附录1

按音序排列最低量基础词汇表（562单位）

说明：

凡是两个词合在一起，中间插有斜线的，都只作为一个单位计算。如果前后两个词的首字不一致，则用黑体（如"**姥姥/外祖母**"），并再颠倒前后，重复出现一次（用黑斜体加下划线表示，如"***<u>外祖母/姥姥</u>***"），安排在另一首字的音序位置，但不重复计数。

A[4] 啊[语气词]、爱、爱好、安静

B[35] 八、把[介词]、把[量词]、**爸爸/父亲**、吧[语气词]、白、百、班、半、帮助、棒球、包[动词]、包[名词/量词]、饱、报/报纸、杯[量词]、杯子、北、倍、被、本、比、比较、笔、笔记、笔记本、必须、毕业、-边/-面[和方位词结合]、变、遍、**别/不要**、别人、病[动词/名词]、不、***不要/别***

C[27] 才、菜、厕所、层、茶、差、差不多、长、常常/常、场、唱、朝[动词/介词]、车、车站、吃、迟到、出、穿、船、窗户/窗子、床[名词/量词]、春天、词典、次、从、存、错

D[45] 打、打-的、打算、大、大概、**大夫/医生**、带、戴、但是、当然、到、倒[动词、去声]、低、地方、地铁、弟弟、第-、地、的、得、**灯/电灯**、等[动词]、等[助词]、(一)点儿/(一)些、点/点钟、电、***电灯/灯***、电话、电视、电视机、电影、东、东西、冬天、懂、动、都、读、短、对[形容词]、对[量词]、对不起、多、多大、多少

E[5]饿、儿子、耳朵、二、而且

F[17]发、发-烧、翻[动词]、饭、饭店、**房间/屋子**、房子、放、放-假、飞机、非常、分[量词]、分[货币单位]、份[量词]、风、封、***父亲/爸爸***、副[量词]

G[25]干净、感到、感-兴趣、刚才、刚刚/刚、高、高兴、告诉、哥哥、歌、个、各、给、**跟/和**、更、工作、公司、公共汽车、刮-风、拐-弯、关、关照、贵、国家、过[动词]、过[助词]

H[32]还[副词]、孩子、海、寒假、**汉字/字**、**汉语/中国话**、好、好吃、好久不见、好看、好听、好玩儿、**号/日**[量词]、***和/跟***、河、很、喝、黑、红、后、呼吸、花儿、话、画、画儿、坏、还[动词]、黄、回[动词]、回答、会、活、火车、或者

J[33]机场、几、记、寄、加、家、架、间、见-面、件、健康、将来、教、**角/毛**、脚、叫、**教材/课本**、节[量词]、结果、姐姐、借、今天、今年、近、进、经过、精神、九、酒、旧、就、句[量词]、句子、觉得

K[19]咖啡、开、看、看-病、看见、咳嗽、可爱、可能、可以、客气、课、***课本/教材***、口、哭、裤子、块[量词]、**块/元**、快[形容词]、快[副词]、筷子

L[23]拉、来/-来、蓝、老、老师、了[助词/语气词]、累、冷、离-开/离、礼物、里、练习、凉快、两、辆、零、留学生、六、楼、旅游、绿、路、乱

M[22]**妈妈/母亲**、马上、吗、买、卖、满、满意、忙、慢、***毛/角***、没/没有、没-关系、妹妹、门[名词]、门[量词]、-们、米饭、-面/-边[和方位词结合]、面包、面条、名字、明年、明天、摸、***母亲/妈妈***

N[23]拿、哪、哪里/哪儿、那、那里/那儿、那么、男、南、难、难受、呢、能/能够、**你/您**、**你好/您好**、你们、年、年级、年龄/年纪、年轻、***您/你***、***您好/你好***、女、女儿、努力、暖和

P[8]怕、旁边、朋友、便宜、票、漂亮、瓶、破

Q[20]七、骑、起床/起来、汽车、千、铅笔、前、钱、浅、琴、轻、清楚、晴、请/请-[-问/-

进/坐]、请-假、秋天、球、取、去/-去、去年

R[10]让、热、人、认识、认真、*日/号*[量词]、日语、容易、肉、**如果/要是**

S[45]三、散-步、山、商店、上[动词]、上[方位词]、上-课、上午、少、什么、身体、深、生词、声音、十、时候、时间、是、事情/事儿、收、收音机、手、手表、手机、书、书包、舒服、数[上声]、暑假、树、刷牙、双[量词]、水、谁、睡/睡觉、说、死、四、送、宿舍、酸、算、虽然、岁、所以

T[26]他/她/它、他们/她们/它们、台、太、太阳、弹[-琴]、汤、躺、**疼/痛**、提、踢、天[名词/量词]、天气、甜、条、跳、跳-舞、听、听见、同学、同意、*痛/疼*、头、头发、图书馆、推、脱

W[19]袜子、外[方位词]、完、玩儿、晚、晚上、碗、万、忘/忘记、为、为了、为什么、位、闻、问、我、我们、握、*屋子/房间*、五

X[41]西、洗、洗澡、喜欢、戏、下[动词]、下[方位词]、下-课、下午、夏天、先生、咸、现在、相信、箱子、想、像、小、小姐、小时、笑、(一)些/(一)点儿、鞋、写、谢谢、新、信、星期、星期二、星期六、星期日/星期天、星期三、星期四、星期五、星期一、行李、姓、休息、学/学习、学生、学校、雪

Y[36]颜色、眼睛、眼镜、痒、样子、药、要、*要是/如果*、一、(一)点儿/(一)些、一定、一会儿、一起/一块儿、衣服、*医生/大夫*、医院、以后、以前、椅子、因为、应该、有点儿/有些、用、邮票、有、有趣、有时候、有-意思、右、鱼、雨、*元/块*、远、愿意、月、月亮、云、运动

Z[45]在[动词/介词]、**在/正在**[副词]、再见、咱们、早、早晨/早上、怎么、怎么样、站、张、照片、照相机、这、这里/这儿、这么、着、真/真的、整齐、*正在/在*[副词]、只[副词]、只[量词]、支[量词]、纸、中、*中国话/汉语*、中间、中午、钟、种[量词]、重、住、祝/祝贺、准备、桌子、*字/汉字*、自己、自行车、总是、走、足球、嘴、最、昨天、左、坐、座、做

附录2

CEFR分级评价表

A	A1(起步级) Breakthrough	能了解并使用熟悉的日常表达方式,及使用非常简单之词汇以求满足基础需求。能介绍自己及他人并能针对个人背景资料,例如住在哪里、认识何人以及拥有什么事物等问题作出问答。 能在对方语速缓慢、用词清晰并提供协助的前提下作简单的交流。
	A2(初晋级) Waystage	能了解大部分切身相关领域的句子及常用词(例如:非常基本之个人及家族资讯、购物、当地地理环境,工作)。 针对单纯例行性任务能够做好沟通工作,此一任务要求简单直接地对所熟悉例行性的事务交换信息。 能简单地叙述出个人背景,周遭环境及切身需求事务等状况。
B	B1(中人级) Threshold	针对一般职场、学校、休闲等场合,常遇到的熟悉事物时,在收到标准且清晰的信息后,能了解其重点。 在目标语言地区旅游时,能应付大部分可能会出现的一般状况。 针对熟悉及私人感兴趣之主题能简单地撰稿。 能叙述经验、事件、梦想、希望及志向,对看法及计划能简短地解释理由及做出说明。
	B2(优升级) Vantage	能了解具体及抽象主题的复杂文字的意义重点。 主题涵盖个人专业领域的技术讨论。 能即时地与母语者作互动,有一定的流畅度且不会感到紧张。 能针对相当多的主题撰写出一份完整详细的文章,并可针对所提各议题重点做出优缺点说明。
C	C1(熟练级) Effective Operational Proficiency	能了解多智识领域且高难度的长篇文字,认识隐藏其中的深意。 能流利随意地自我表达而不会太明显地露出寻找措辞的样子。 针对社交、学术及专业的目的,能弹性地、有效地运用言语工具。 能清楚地针对复杂的议题进行撰写,结构完整地呈现出体裁及其关联性。
	C2(精通级) Mastery	对所有听到、读到的信息,能轻松地做观想式了解。 能由不同的口头书面信息作摘要,再于同一简报场合中重做论述及说明。甚至能于更复杂的情况下,随心所欲地自我表达且精准地区别出言外之意。

外国学生汉语数量补语句习得研究*

肖奚强　芮晓玮[①]

提　要:从二语教学需要出发,本文考察了数量补语句的六种基本下位句式。通过统计分析语料库中用例分布情况,得出外国学生的习得顺序,总结出各句式的教学重点和难点,提出分级教学建议。另外,本文还通过设计调查问卷,探求不同国别外国学生的习得倾向。

关键词:数量补语句;中介语;偏误;习得;教学建议

数量补语句,顾名思义是指由数量短语充当补语的句子。数量短语作为汉语语法系统中的一类特殊的短语,是汉语表量的重要方式。由于数量补语句在形式上与汉语中的独特词类——量词相结合,在语义上具有表示有关动作数量变化的典型性,以及常跟在动词、形容词后的结构特点,因此易被识别。但看起来简单的数量补语句,其内部却有着复杂的制约条件,如:动词与数量结构的语义选择,数量补语与宾语的句法位置,限制数量词数量的副词的句法位置等等。对外国学生来说,想要准确地把握数量补语句的意义、用法及位置,并非易事。

到目前为止,专门研究数量补语句偏误和习得的文章还较为少见,只有零散的几篇:贾颖(1985)、王琴霄(1990)、周小兵(1997)和张雅冰(2005)。纵观以上的研究,不难发现:现有的研究只局限于时量补语句的部分,动量补语句的部分几乎没有涉及;所研究的成果多为对句式和使用规则的总结、归纳,缺乏对外国学生阶段习得情况的探讨;针对不同母语背景学生习得差异的考察,也还处于空白状态。因此,本文拟在南京师范大学中介语偏误信息语料库的支持下,在对本族语者语料和中介语语料进行系统研究的基础上,结合问卷调查,找出数量补语句习得的重点和难点,以期为汉语作为第二语

* 本文系国家社会科学基金项目(项目编号:06BYY024)的部分研究成果。

① 肖奚强,男,文学博士,南京师范大学国际文化教育学院教授,对外汉语专业博士生导师,北京语言文化大学对外汉语研究中心兼职研究员,上海师范大学对外汉语学院兼职教授。主要研究兴趣为现代汉语语法和对外汉语教学。芮晓玮,女,文学硕士,江南大学国际教育学院教师,研究兴趣为对外汉语教学。

言的教学过程和教材编写提供有益的参考。

一　本文所考察的句式分类

根据数量短语的不同语法功能，本文先把数量补语句划分为时量（句式Ⅰ）、动量（句式Ⅱ）两类基本句式。然后根据句式Ⅰ、Ⅱ内部句法结构的不同，分列出六个下位小类：

句式Ⅰ：	ⅠA：	$NP_1 + V + TL$	我休息了半天。
	ⅠB：	$NP_1 + V + NP_2 + TL$	他学汉语才一年。
	ⅠC：	$NP_1 + V + TL +$（的）$+ NP_2$	我每天要听一个小时（的）录音。
句式Ⅱ：	ⅡA：	$NP_1 + V + DL$	你过来一下，有事和你商量。
	ⅡB：	$NP_1 + V + NP_2 + DL$	他真的骗过我一回。
	ⅡC：	$NP_1 + V + DL + NP_2$	她发了一通脾气后，气也消了。

其中，V代表谓语位置上的动词，NP_1代表主语位置上的名词结构，NP_2代表宾语位置上的名词结构，TL代表时量短语，DL代表动量短语。各句式成句条件如下：

除了无量动词以外，几乎所有的动词都可以进入句式ⅠA。时量补语句对NP_1的限制微乎其微，NP_1可以是名词或代词，是动作的实施或受事。

句式ⅠB的自足性很低，需通过在动词后加“了/过”；在句尾添加助词“了”；在动词前或时量成分前加限制性修饰成分；或者是使之处于一定的语段之中等方法才能成句。句式ⅠB中的NP_2多是定指性强的成分①，包括人称代词（人的全名、半名、代称），“这那+（量词）+普通名词”，“领属性定语+普通名词”，表地点的专有名词、代词或表示处所的短语。

与句式ⅠB相比，句式ⅠC的V只能是表示行为动作持续的动词。句式ⅠC中的NP_2不能是代词或是定指性很强的名词，而是一些表类指的名词性成分。

句式ⅡA中的动词可以是及物动词、不及物动词、形容词或是由两个动词构成的联合短语。动量短语做补语时，一般要求与动态助词“了、过”同现。

句式ⅡB中的V为有量及物动词。对于句式ⅡB，最重要的是考察NP_2和DL句法顺序的制约因素有哪些方面。统观目前学者的研究成果和实际语料，主要有以下几个方面：当NP_2为代词时，不论DL由哪个动量词构成，作为补语的DL都要放到代词

① 方梅（1993）从信息的角度，指出动词后的名词性宾语的位置倾向于表示旧信息；王静（2001）指出个别性强的成分靠近动词。两种解释在一点上是重合的，即这里的名词性宾语倾向于表示定指。

的后头；当DL为借用动量词时，如果V后有宾语，类指名词和代词一样，也只能放在动词的后面；当NP_2的作用是对前面提及的对象进行回指时，这时发话人也常常采用句式ⅡB。

句式ⅡC中的V也为有量及物动词。与句式ⅡB不同的是，在句式ⅡC中，NP_2表示的是新信息，作为必有成分，进入句式ⅡC的NP_2不能为代词，而只能由名词或名词性短语充当。根据表述语义的不同，动量补语句对数词有不同的要求：当动量短语是对过去行为的统计时，只要次数符合人们的常规认知，数词一般不受限制；但如果动量短语是对未发生动作的预测量，或者在语义上不是准确计量，而是表示一次短促的动作时，数词只能是"一"。

为了清楚明晰地得到外国学生习得轨迹，我们将分节从正误用例两个方面考察外国学生时量、动量补语句的习得状况。

二　时量补语句习得情况考察

我们从90万字（初、中、高级各30万字）的南京师范大学汉语中介语偏误信息语料库中共检索到时量补语句236例，占数量补语句所有用例的57.42%，其中正例169例，误例67例，偏误率相对较低，占句式Ⅰ全部用例的28.39%。

（一）正确用例使用情况

我们把时量补语句各下位句式在不同学习阶段的使用频次和使用频率情况制成表1：

表1

	初级（30万字）		中级（30万字）		高级（30万字）	
	使用频次	使用频率（%）	使用频次	使用频率（%）	使用频次	使用频率（%）
句式IA	15	8.87	33	19.53	28	16.57
句式IB	39	23.08	30	17.75	9	5.33
句式IC	8	4.73	5	2.96	2	1.18
总计	62	36.68	68	40.24	39	23.08

注：各句式各阶段使用比例＝各句式各等级的正确使用频次/句式Ⅰ的正确使用频次

1. 初级阶段（62例）

由表1可知，初级阶段，句式IB的使用频次高于其他两个句式之和。其中，高频出现“来/到 + 中国 + TL”(31 例)、“学/学习 + 汉语 + TL”(7 例)格式。TL 局限于“年、月”。

(1)我来中国五个多月了。(一年级 韩国)

(2)我已经学中文两年多了。(一年级 韩国)

句式 IC 中,除 1 例使用了动宾式离合词“睡觉”外,其他 7 例均为“学 + TL + 汉语”格式:

(3)然后我在汉阳女子大学学了两年的汉语。(一年级 韩国)

(4)下课以后,我去学校食堂吃午饭,然后回宿舍睡一个小时觉。(一年级 喀麦隆)

虽然外国学生对句式 IA 的使用率低于句式 IB,但使用的动词却相对丰富,除了“学、来”外,还出现了“住、走、爬”等。TL 除了“年、月”外,出现了“天”和“小时”:

(5)因为长城很长,我们走了一个半小时。(一年级 韩国)

(6)我来南京以前,我在杭州住了一年。(一年级 美国)

2. 中级阶段(68 例)

在中级阶段,外国学生对句式 IA 的使用量增加,句式 IA 不再局限于对书本或对教师用例的模仿,动词与补语的使用呈现多样化。动词出现了“想、睡、读、交谈”,时量词出现了“晚上、学期”等临时借用时间量词。更值得注意的是,此阶段的句式 IA 还出现了表短时约量的“一会儿”:

(7)回家之后我哭了一个晚上。(二年级 俄罗斯)

(8)我们愉快地交谈了一会儿,他们听说我还没有中文名字,……(二年级 芬兰)

句式 IB 和句式 IC 的使用情况与初级阶段相比变化不大,仍以“来/来到”、“学/学习”为主,但两句式中都出现了动宾式离合词带时量补语的正确用例。

(9)爷爷的家在平壤城外,离城较远,需坐一个小时车。(二年级 朝鲜)

(10)我已经结婚几年了。(二年级 古巴)

3. 高级阶段(39 例)

高级阶段,外国学生可以造出更为符合汉语习惯的时量补语句。但使用频次明显少于初、中级阶段,这一方面可能是与外国学生的表达需求有关,初、中级外国学生刚学习了这一句式,处于使用的“高发期”,而高年级留学生写作话题扩大,不再局限于对自己留学生活的介绍。另一方面则是因为外国学生习得了其他更为复杂的句式表达法,时量表达的出口扩大，进入平缓使用阶段。下面例(11)至例(13)分别为句式 IA、IB、IC 用例：

(11)我在南京已经呆了两年，……，好像这里住了一辈子。（三年级 俄罗斯）

(12)害了中国人，害了中国 600 多年。（三年级 韩国）

(13)她是广西大学的英语教授，在南京曾学过一年中文。（三年级 巴基斯坦）

（二）偏误用例使用情况

时量补语偏误用例共 67 例，根据偏误类型的不同，由高到低的排序为：错序 33 例(49.25%)＞遗漏 17 例(25.37%)＞冗余 11 例(16.42%)＞替代 6 例(8.96%)。

1. 错序偏误(33 例)

错序偏误在各等级偏误用例中比例都是最高的（分别占初级的 60.6%，中级的 40.7%，高级的 28.6%），根据错序成分的不同，可分为三种情况。

1)时量短语的错序(23 例)

(14) *我学了口语一个月。（一年级 韩国）

(15) *我姓名塔娘阿，我两年学习汉语了。（一年级 西班牙）

(16) *……我就会说一点中文，因为我(工)作了六个月在南京。（一年级 日本）

例(14)为宾补错序，此类偏误共 11 例，主要出现在初、中级阶段的句式 IC 中。例(15)为状补错序，此类偏误共 8 例，集中出现在初级阶段的句式 IA 和句式 IB 中。例(16)为状宾错序，此类偏误共 4 例，也分布在初级阶段。

2)“了”字错序(6 例)

(17) *我 2002 年去北京学习半年了，当时，我交很多中国朋友。（一年级 韩国）

(18) *我认识一个人已经结婚了 3 年，可是她现在准备离婚。（二年级 韩国）

“了”在对外汉语教学中是个难点，初、中级阶段的外国学生，乃至高年级的学生都很难准确掌握“了$_1$、了$_2$”的使用方法。

3)修饰性成分的错序(4 例)

(19) *我的爱好是弹钢琴，我弹了已经十五年了。（二年级 日本）

(20) *虽然我住在中国二个月多，可是我的汉语水平提不高。（二年级 日本）

修饰性成分错序多出现在中级阶段，修饰时量短语的成分如“整整，差不多，大约”

等可放在 TL 之前或之后。例(19)外国学生显然泛化了这一结论，把“已经”置于了动词后。例(20)中应为“两个多月”，学生没有分清“年、天”与“月、小时”在与数词结合构成时量短语时的不同。

2. 遗漏偏误(17 例)

遗漏偏误有三种情况：“了”字遗漏、动词遗漏和量词遗漏。各举一例：

(21) *在日本的大学学习中文两年^。(一年级 日本)

(22) *虽然小杨每天^十五个小时，但是他的工资不太高。(二年级 意大利)

(23) *我学习汉语六^月了。(一年级 韩国)

“了”字遗漏共出现了 12 例，占遗漏类偏误的 70.59%。动词遗漏类偏误共 4 例，占 23.53%。时量补语句有时可以省略主、宾语，但一定要有谓语动词。量词遗漏只出现了 1 例。“月”和数词直接组合后，仅表示时间，不表时量，因此必须加上单位量词“个”。

3. 冗余偏误(11 例)

冗余偏误数量不多，集中出现在初、中级阶段，包括“了”字冗余 6 例、修饰成分冗余 4 例和动词冗余 1 例。

(24) *我学了汉语已经 6 年半了。(二年级 日本)

(25) *来南京快半年多了，我的留学生活还不错。(一年级 日本)

(26) *我来中国已经二个月多过了。(二年级 韩国)

4. 替代偏误(6 例)

由于时量补语表义明确，动词和时量补语的使用和搭配也相对比较简单。所以，替代类错误相对较少：

(27) *今年我们已经结婚十周年了。(一年级 日本)

(28) *他已经这里过得半年，……(二年级 韩国)

初级阶段替代偏误主要出现在数词、量词的使用上。例(27)中“周年”是名词，它与数词相结合，表示的是确定的某一时点，如“今天是我们结婚十周年”。因此，需要把“周年”改为“年”。中高级阶段偏误偶发性较强，例(28)“得”应替换为“了”，“得”后只能加表示状态的“好/不好”。

综观时量补语句的偏误分析，我们可以得出以下三点：

第一点，时量短语的句法位置是时量补语句教学的重点，在时量补语句 67 例偏误用例中，共出现了 TL 与 NP_2 位置错序类偏误 19 例。其中 16 例出现在初级阶段。出错的主要原因是外国学生不了解数量补语句的语义和语用特征，对句法结构的限制规则掌握薄弱。

第二点，“了”字偏误是时量补语句教学的难点，“了”字偏误共 25 例，覆盖上面所提到的所有偏误类型。

第三点，初级阶段的错误多集中在构成要素本身，如“时量短语、数词、了”等方面。中高级阶段修饰成分偏误增多。

三　动量补语句习得情况

我们从 90 万字（初、中、高级各 30 万字）的南京师范大学汉语中介语偏误信息语料库中共检索到动量补语句 152 例，占数量补语句所有用例的 36.98%，其中正例 95 例，误例 57 例，错误率达到了 37.5%。

（一）正确用例使用情况

我们根据外国学生使用的动量词统计了一个细化量表。见表 2：

表 2

等级	总例	句式ⅡA		句式ⅡB		句式ⅡC	
		例数	使用的动量词	例数	动量词	例数	动量词
初级	18	9	次、下、跳			9	次、下
中级	37	15	次、下、跳、遍、回	3	次	19	次、下、趟
高级	40	23	次、下、跳、遍、声、顿、番、趟、圈、眼	4	次、眼	13	次、下、趟
总计	95	47		7		41	

外国学生动量补语句的使用情况与时量补语句间的差异很大：

1. 动量补语句出现频次随学时的增加逐渐上升，没有出现时量补语句中的波动现象。外国学生在先习得使用频次较高的“下、次”等专用动量词，然后是“眼、顿”等借用动量词，基本反映了教材、大纲中“循序渐进”的编写原则。

2. 句式ⅡA 的使用频次最高，有 47 例，占到整个动量补语句正确用例的一半。这可能与此种形式是动量补语句的最典型格式有关。

3. 由于句式ⅡB对出现在DL、NP_2的成分有一定的句法限制，和时量补语句正确使用频次句式IB>句式IA>句式IC不同，动量补语句的正确使用频次为：句式ⅡA>句式ⅡC>句式ⅡB。句式ⅡB的正确使用频次最低，在初级阶段出现了空缺，说明外国学生对此句式的习得较晚。

从表2中可以清楚地看出，动量补语句各下位句式所使用的动量词随着等级的上升呈现出规整地递增。为避免累述，我们将不再按次类分等级进行逐一说明，而根据各等级动量词的增加情况进行统一介绍。

初级阶段的外国学生掌握的动量词极其有限，学生高频使用"V一下"和"VN次"。"V一$下_1$"[①]表示动作的时间是少量的，语感上带有轻微或轻松的意味，不表示动作的回数。固定格式"V一跳"仅有1例。

(29) 我来介绍一下儿。(一年级 韩国)

(30) 我大概六岁的时候住过一次医院。(一年级 韩国)

(31) 我吓了一跳，我一次也没见过韩国的总统，别国的总统也没见过。(一年级 韩国)

中级阶段的外国学生使用的动量词在初级"下、次、跳"的基础上增加了"遍、回"，但扩展的范围并不大，基本还是在专用动量词范围之内。

(32) 译成过罗文的日本、中国、印度等故事书我都读了几遍。(二年级 罗马尼亚)

(33) 火车的喇叭响了三回，然后火车慢慢地停下来。(二年级 越南)

高级阶段的外国学生对动量词的使用明显丰富起来，既包括专用动量词，也包括借用动量词。

(34) 坐在我旁边的男孩子脸色苍白，瞟了我一眼。(三年级 日本)

(35) ……，好像把自己当什么专家似的得意扬扬地描述一番。(三年级 韩国)

(二) 偏误用例使用情况

和时量补语句一样，动量补语句的57例偏误用例中，高频出现错序、遗漏类偏误。偏误类型排序为：错序30例(52.63%)>遗漏15例(26.32%)>替代7例(12.28%)>冗余5例(8.77%)。

---

① 动量词"下"的表达功能多样，可分为"$下_1$、$下_2$"，参见相原茂、沙野译(1984)《数量补语"一下"》，《汉语学习》第4期。

1. 错序偏误(30 例)

根据错序成分的不同,可以分为三种情况。

1) 动量短语的错序(11 例)

(36) *来中国以后,已经三次感冒了。(一年级 日本)

(37) *第一次来中国我还没习惯中国的气候,……,所以我得过感冒两次。(一年级 老挝)

例(36)为状补错序,此类错序共 7 例,由于动量短语在句法结构中常做补语或状语①,初、中级学生在使用过程中经常对这两种句法成分产生混淆。例(37)为宾补错序,此类错序共 4 例,集中出现在初级阶段,说明此阶段的外国学生对充当 NP_2 的不同成分的句法位置限制还很模糊。在 DL 错序中,带离合词的 DL 错序类偏误,错误率极高,错误原因明显,我们把它们单独归为一类进行分析。

2) 带离合词的动量短语错序(14 例)

离合词是初、中等程度,甚至是高等程度的外国学生容易出现的错误,他们经常把离合词当作一个词来使用。例如:

(38) *她教我汉语,我们一个星期三次见面。(一年级 韩国)

(39) *我好几次敲门,但是谁也没有开门了。(二年级 日本)

(40) *那时代想女人不可以结婚两三次。(三年级 韩国)

现代汉语离合词带动量短语的扩展方法一般是,在构成离合词的动词性语素和名词性语素之间插进数量成分。外国学生显然没有掌握动量短语与离合词间的位置关系,而把动量短语用作状语或补语来修饰离合词。

3)主宾错序(5 例),这部分偏误只出现在初、中级阶段。例如:

(41) *我的一位中国朋友介绍一下。(一年级 韩国)

(42) *那么我下次写信的时候、南京名胜古迹介绍一下吧。(二年级 日本)

以上两例分别来自韩国和日本,这类错序是受学生母语的 SOV 语序的负迁移所致,将 NP2 误置在了 V 前。

2. 遗漏偏误(15 例)

此类型语法偏误出现的位置通常有两种:“了/过”遗漏、动量短语遗漏。

1)“了/过”遗漏(7 例)

---

① 根据杨娟(2004)对动量短语占据的句法位置的数据统计。

(43) * 我来^中国很多次。(一年级 韩国)

(44) * 但是我们(后来)交流^好几次,……。(二年级 日本)

2) 动量短语遗漏,此类偏误共 8 例,初、中、高级各阶段的外国学生皆出现了此类偏误。

(45) * 我介绍^我的中国朋友。(一年级 韩国)

(46) * 这教法难以用几句话来说清楚,但我在这儿敢于解释^。(二年级 日本)

(47) * 他这样说完,在我腮上亲^……。(三年级 韩国)

3. 替代偏误(7 例)

动量补语句对各个组成成分 V、DL 和 NP_2 都有一定的限制,各个具体动词和动量短语之间也有不同的选择和限制条件。如果不清楚这些限制条件,外国学生很容易造出错误的句子。先看以下的三个用例:

(48) * 老师笑了一点,可是没说别的。(一年级 美国)

(49) * 我把我的汉语学习的经验说一会儿。(二年级 美国)

(50) * 开始讲这个故事以前我得解释一点儿我城市的名字。(三年级 俄罗斯)

以上三例分别摘自初、中、高级三个阶段,把表短时微量的"一下$_1$"错用为"一点、一会儿"。除了动量词"下"外,外国学生对其他动量词的辨识也存在问题:

(51) * 我跟他第二次见面是在山西路广场,……他突然在我腮上亲了一次。(三年级 韩国)

(52) * ……,但他说,我必须再去一遍,到那儿拿报失的证明。(三年级 韩国)

"次"表示动作的次数,一般用于反复出现的动作。较之于"一下","一次"没有表示动作持续时间很短的语义内涵,因此,例(51)用"一下"更为合适。例(52)应把"遍"替换为"趟"。"去"常与"趟"连用,表示"一去一回"的路程量。而"遍"表示一个(套)动作行为从开始到结束的整个过程,如"读了三遍、写了两遍"。

4. 冗余偏误(5 例)

冗余类偏误主要出现在初级阶段,中级阶段仅有 1 例。冗余成分主要是动量短语,根据冗余原因的不同,可分为:

1)DL 与状语矛盾(3 例)

(53) *你们请多多照顾一下。(一年级 韩国)

(54) *我常常被老师批评了一顿,的确我们和他的感情很好。(一年级 喀麦隆)

动量短语中数词为"一"时,表示短时微量或动作频次少,不能和表示常量的"多多、常常"连用,语义上相互排斥,二者只能选其一。

2)不该用而用(1例)

某些外国学生只知道动量补语可以表达动作的量,为了突出动作的量,而采取动量补语的表达方式,却忽视了语义的问题。例如:

(55) *我要慢慢地前进一步。(二年级 韩国)

例(55)学生本欲表达"慢慢地、一步步地前进"之义,却误采用了动量补语句的方式突出了动作的频次,造成表达结果偏离了自己的原义。

除动量短语的冗余外,初级阶段的外国学生对动量短语的把握还不是十分到位,出现了:

(56) *我们一个星期见一个次。(一年级 韩国)

综观动量补语句的偏误分析,我们可以得出以下两点:

第一点,动量短语的句法位置仍是教学的重点,在57例偏误用例中,共出现了25例DL错序偏误。其中初级阶段13例,中级阶段7例,高级阶段5例。出错的主要原因是外国学生还不理解动量短语作状语与作补语的语义和语用区别,以及对离合词带动量补语的句法规则掌握薄弱。

第二点,离合词带动量补语的句法位置、动词与动量补语的制约条件是动量补语句教学的难点,这两类偏误在初、中、高三个阶段都有出现。其中,离合词带动量补语的句法位置错序共14例,动量短语替代、遗漏类偏误共15例。

四 与本族人使用情况的对比分析

我们通过对中介语语料(90万字)和本族人语料(90万字)中的数量补语句进行穷尽性检索,统计出数量补语句各下位句式的使用次数及其所占的百分比,对比结果如下:

表3

	IA	IB	IC	ⅡA	ⅡB	ⅡC	合计
外国学生正例数	76	78	15	47	7	41	264
外国学生误例数	38	17	12	20	12	25	124

外国学生总例数	114	95	27	67	19	66	388
百分比(%)	**29.38**	**24.48**	**6.96**	**17.27**	**4.90**	**17.01**	**100**
本族语者用例数	183	12	21	225	54	111	606
百分比(%)	**30.02**	**1.98**	**3.45**	**37.12**	**8.91**	**18.32**	**100**

为了更直观地比较母语使用者与外国学生使用上的差异，我们根据上表绘制了柱状图：

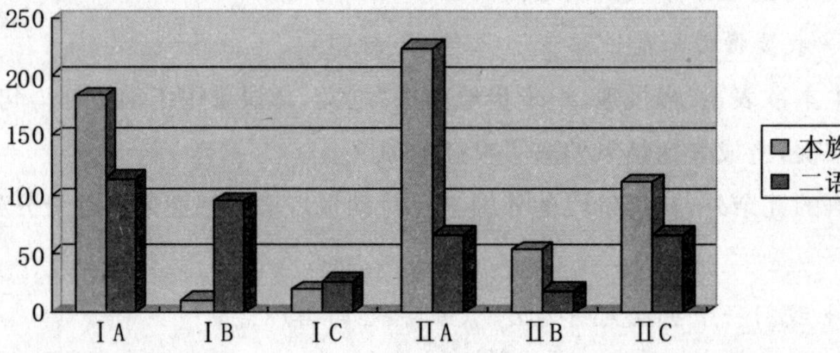

图1

从以上图表中我们发现：

1. 在语料总量相同的情况下，本族人数量补语句的使用次数是外国学生使用次数的1.5倍，本族人的使用频率总体上高于外国学生，这说明外国学生在使用数量补语句时有一定的回避倾向。

2. 本族语者句式Ⅱ＞句式Ⅰ，外国学生句式Ⅰ＞句式Ⅱ。本族语者对句式Ⅱ的使用远远大于对句式Ⅰ的使用。二语使用者对动量词的掌握不足是造成动量补语句使用频次远远少于本族人的最直接原因。这种不足包含两个方面：一是动量词习得范围上的不足。二是习得后使用量上的不足。根据我们第二节中的统计，外国学生对动量词的使用有一个明显的渐进过程。到高级阶段才基本完成常用专用动量词的习得，新增加的动量词因为习得的时间不长，常常只出现零星的几例。而在本族语者语料库中，不仅多出现了“场、通、记、遭”等专用动量词，更出现了“把、脚、掌、针”等借用动量词。并且每个动量词的使用量都大大高于二语使用者。

3. 各句式的出现频次存在差异。外国学生对句式IB的使用频次是本族语者的近8倍。这一方面和教材的设置、学生的实际表达需求有关，另一方面则源于学生的强化使用。

五　数量补语句习得顺序探讨

通过上文的分析，我们已对外国学生数量补语句的习得情况有了大体的认识。现在我们根据上文统计数字，运用正确使用相对频率法，尝试给出二语使用者内在的习得顺序。

正确使用相对频率法建立在这样一种假设上："在语料库出现的语料中，句式的正确使用频次或正确使用相对频率越高，就越容易，越早习得。"①根据上文的统计数字，制表如下：

表 4

语料类型 使用情况 下位句式		正确使用相对频率	中介语语料（90万）				
				总例	初 30万	中 30万	高 30万
1	IA:V + TL	19.59%	正	76	15	33	28
			误	38	14	18	6
2	IB:V + NP + TL	20.10%	正	78	39	30	9
			误	17	11	5	1
3	IC:V + TL + NP V + TL + 的 + NP	3.87%	正	15	8	5	2
			误	12	9	3	0
4	ⅡA:V + DL	12.11%	正	47	9	15	23
			误	20	8	8	4
5	ⅡB:V + NP + DL	1.80%	正	7	0	3	4
			误	12	8	4	0
6	ⅡC:V + DL + NP	10.57%	正	41	9	19	13
			误	25	12	7	6
			合计	388	142	150	96

注：正确相对使用频率的计算方法是：各句式在各学时等级上的正确使用相对频率＝某句式在各学时等级上的正确频次/各学时等级上句式的出现频次之和。

① 参见施家炜(1998)。

从表中可以看出，我们根据正确使用相对频率法得出的数量补语句习得顺序为：

句式 IB＞句式 IA＞句式ⅡA＞句式ⅡC＞句式 IC＞句式ⅡB

结合本族语者的使用频次，我们拟出数量补语句的教学顺序：

第一阶段：句式 IB、句式 IA

第二阶段：句式ⅡA、句式ⅡC

第三阶段：句式 IC、句式ⅡB

六 不同国别留学生习得状况考察

（一）调查设计

本调查主要想考察不同国籍的外国学生习得上是否存在差异，探讨他们在习得过程中会受到哪些因素的影响。我们选择了在南京师范大学、南京理工大学、南京晓庄学院学习汉语的初、中级阶段汉语进修生作为调查对象。本调查时间为 2007 年 12 月至 2008 年 2 月，发放调查问卷 86 份，回收有效问卷 55 份。问卷调查主要采取联词成句的形式。

（二）调查分析

通过对回收问卷的筛选，我们选取外国学生语料分布密集的越南、韩国、欧美和日本四个群体的外国学生语料进行考察，剔除了语料分布零散的蒙古、老挝、俄罗斯等国家。根据问卷中统计出的数字制成了外国学生联词成句错误率表，见表 5。

表 5

句式	越南（16 份）	韩国（15 份）	日本（8 份）	欧美（7 份）
IA	0.563	0.867	0.625	0.429
IB	0.125	0.133	0.250	0
IC	0.438	0.733	0.375	0.286
ⅡA	0	0.133	0	0
ⅡB	0	0.333	0.125	0.286
ⅡC	0.438	0.733	0.500	0.143
平均	0.261	0.489	0.313	0.191

注：某国学生某句式的错误率＝该国学生该句式错误用例数/该国学生该句式总例数。

为了方便观察，我们把表5转化成折线图，见图2：

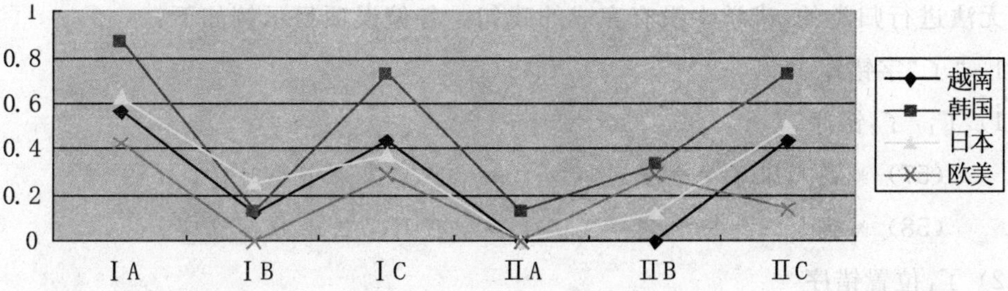

图2

从以上图表中可以看出：

1. 不同国别的外国学生习得数量补语句时，存在一定的共性，我们以错误率0.4作为基数，观察图2可知：句式IA、IC、ⅡC的错误率较高，半数以上（包括半数）超过0.4；而句式ⅡA、IB、ⅡB的错误率较低，半数以上（包括半数）低于0.4。这说明，数量补语句各下位句式习得难度在一定范围内客观存在，不会随教学主体的变化而变化，我们对各句式的下位类进行分级教学是切实可行的。

2. 不同国别的外国学生的习得情况也存在一定的差异：除句式IB外，韩国学生各句式的错误率明显高与其他三个国家；而欧美学生除句式ⅡB外，各句式的错误率普遍低于其他三个国家。补语作为汉语系统中的一种特殊的句式，上述四个国家的母语系统中均不存在这一语法构造，那么造成这种差异的原因是什么呢？纯粹是偶然因素造成的吗？不同母语背景的外国学生的错误原因会不会具有某些倾向性？为了回答这些问题，我们对这四个国家学生的偏误用例的类型比率进行了统计。

表6

项目 \ 误率 \ 国别			韩国	越南	日本	欧美
1	"了"字错序	了$_1$/了$_2$错序	0.30	0.46	0.28	0.25
		了$_1$位置错序	0.02	0.15	0.06	0
2	NP_2与SL错序		0.36	0.35	0.11	0.25
3	SL误用为状语		0.26	0	0.33	0.50
4	NP_2错序		0.02	0.04	0.16	0
5	其他偏误		0.04	0	0.06	0

注：某国某项目错误比率＝该国该项目偏误用例数/该国偏误用例总数。

由于我们的调查问卷采用的是联词成句的题目类型，因此，我们所收集到的偏误类型均为错序类偏误，根据错序成分的不同，大体可归为以上五项。其中，其他类型偏误是指无法进行归类的，或学生没有完成的残句。各偏误项目示例如下：

1."了"字错序

1）$了_1$/$了_2$错序

(57) *我起床了半个小时。 → 我起床半个小时了。

(58) *我写二十分钟汉字了。 → 我写了二十分钟汉字。

2）$了_1$位置错序

(59) *我等你了一个小时。 → 我等了你一个小时。/我等你一个小时了。

(60) *我坐车了坐二十分钟。 → 我坐车坐了二十分钟。

2. NP_2与 SL 错序

(61) *我等了一个小时你。 → 我等了你一个小时。

(62) *昨天我找过两次老师。 → 昨天我找过老师两次。

3. SL 误用为状语

(63) *我三次见过他。 → 我见过他三次。

(64) *我二十分钟写了汉字。 → 我写了二十分钟汉字。

4. NP_2错序

(65) ？你我等了一个小时。 → 我等了你一个小时。

(66) ？我中国电影看过两次。 → 中国电影我看过两次。

通过对外国学生偏误项目的分国别考察，我们发现：

1."了"字错序类偏误在四个国家的外国学生偏误语料中所占比重都比较大，这说明"了"字的句法位置是数量补语句教学的难点之一。这一结论与我们第二节中对语料库中的数量补语语料进行分析后所得出的结论一致。在韩国语、越南语和日本语中都拥有和汉语助词"了"意义和用法相似但又不完全相同的词尾，外国学生以母语的时态观念来看待汉语中的"了"，这可能是韩、日、越三国学生频频产生错误的潜在因素之一。

2. 在偏误用例分析中，我们提出：SL 与 NP_2的错序类偏误也是数量补语句的教学重点。这一论点同样在问卷分析中得到了验证。如表 6 数据所示，此类偏误占韩国和越南学生的偏误用例的第一、二位。

3. SL 误用为状语类偏误出现在韩国、日本和欧美学生的调查问卷中。如果说上面两类偏误主要是由于语法点本身的难度等级造成的，那么此类偏误受语际迁移影响的因素更加明显。汉语中的谓语动词常常处于中心位置，句子的编排以动词为参照点，按照时间顺序来排列跟动词有关的成分。动词内部语义特征往往含有时间概念，既包括活动的起止时点或时段，也包括活动历时的长短。表示起始时间的成分应该放在动词前面做状语，而表示活动历时时间的成分，也就是活动开始到结束或结束之后对结果状态的时间的计量，是以动作完成为前提的，应该放在动词的后面做补语。而在韩语和日语中，句子是以谓语为终结的，所以其宾语前置，相对应的也只有时间状语的表达形式。因此，日韩学生常常会形成此类偏误。英国留学生此类偏误远高于其他类偏误是我们始料未及的。因为英语中的数量补语句和汉语常常是可以对译的，例如："我见过他三次。→I have seen him three times."那么，英语背景的外国学生为什么没有采取对译的形式，而把数量短语放在动词之前呢？我们认为可能的解释是：英语中没有补语之说，数量短语在句中充当状语。欧美留学生仅从定义上来区分数量结构，认为数量结构在句中做状语，反映在汉语里，出现在动词之前。

4. NP_2错序类偏误在日本学生的偏误用例出现较为集中。由于日语是 SOV 结构，受母语的影响，日本学生常会造出"我二十分钟汉字写了"这样的句子。

综上，作为汉语系统中的独特一类，数量补语句各下位句式的习得难度对各国留学生来说是大致相同的。但这并不意味着外国学生在学习过程中可以免受母语的影响。因为数量补语在构句过程中，还受到助词、副词、各成分句法位置等不同条件的制约。以韩国学生为例，由于受其母语的结构类型及语法助词等因素的干扰，韩国学生的偏误用例分布较广且偏误率较高。可以说，不同母语背景外国学生在学习过程中所产生的偏误具有一定的倾向性，只是这种倾向性不占主导地位。

七　大纲、教材的设置考察及教学建议

（一）教学大纲和教材的语法点设置情况

我们考察的两个大纲为：《高等学校外国留学生汉语言专业教学大纲(附件二)》(以下简称《专业》)和《对外汉语教学初级阶段教学大纲》(以下简称《初级》)。

1.《专业》对数量补语语法项目的安排情况：

一年级

1)动量补语：动词+数词和动量词

2)时量补语：动词+时间词语(时段)

二年级

涉及借用动量词：口、针、笔、拳、眼、声、脚

2.《初级》对数量补语语法点的安排情况：

动作持续的时间：主语+动词+(了)+时量补语+(的)+宾语

动作经历的时间:动词+时量补语

动作进行次数的表达:动词+数词+动量词(下/次/回/遍)等

两本大纲对数量补语句的设置各有特色,《专业》大纲注重对否定形式和SL位置的考察,《初级》则着重区分进入不同句式的V的句法限制问题以及各类句式表义的不同。《初级》对数量补语句的解释明显比《专业》精细。从各句式的排序来看,《专业》中把动量补语句放在时量补语句之前教授,显然是根据本族语者的使用频次高低来排序;而《初级》则相反,更符合外国学生习得数量补语句的大致规律。

对于教材,我们考察的两套教材为杨寄洲的《汉语教程》和李晓琪的《新汉语教程》。

1.《汉语教程》对数量补语句的语法点做出了如下安排:

1)第35课给出了"时量补语"这一语法项目

2)第41课给出了"动量补语"的用法说明

2.《新汉语教程》语法点安排情况如下:

第11课出现了"V+一下$_2$";在第12课出现了句式IA:"动词+时间词";在第23课出现了句式IC:"动词+时间词"带宾语;第36课开始讲解动量补语"次/趟/回":"数词+次/趟/回";第60课出现了句式IB。

相比较两本教材,我们可以看到:

1.《汉语教程》根据宾语成分的不同,进行了分句式教学,囊括了我们上文研究的所有下位类。而《新汉语教程》则没有讲解ⅡA。

2.《汉语教程》对时量补语句和动量补语句的各下位类在同一课时讲授,没有进行分级教学。《新汉语教程》则在对时量补语句进行分句式教学的同时,还进行了分级,把三个下位句式安排在三个不同的课时进行教学。

3.《新汉语教程》在对基本句式进行教学的同时,敏锐地觉察到了时态助词对留学生正确习得时量补语的重要性,强化了"了"的教学。

总体来看,一方面编纂者已经注意到了句式教学的重要性,对进入每一种下位句式的语义特征和句法条件进行了解释说明,尽管这种说明有时并不是很完备。另一方面,编纂者对各个下位句式切入的时间点安排不一,有时出现"一锅端"的状况,这样难免造成学生对知识点认识不清,从而出现各种各样的偏误。

(二)教学建议

根据上文得出的数量补语句各下位句式的习得顺序,综合习得情况与偏误分析,我们提出以下的教学建议:

1.数量补语句反映了人类认识范畴中最基本的量范畴,在日常表达中经常被使用，因此，我们应遵循现行大纲和教材的做法，把数量补语句的教学安排在初、中级阶段。

2．初级阶段(一)，主要教授外国学生实际需求高的句式IB和句式IA。由于句式IB和句式IA很难离开语气助词“了$_1$、了$_2$”独立成句，因此，我们建议应把句式IB和句式IA的教学安排在学生简单了解了“了$_1$、了$_2$”之后，以减少他们因“了”而造成的偏误。

3．初级阶段(二)，开始教授句式ⅡA和句式ⅡC，此阶段对动量词的覆盖不宜过宽，应遵循循序渐进的原则，依照本族语者的使用频次，由高到低逐课安排学生对“下、次、遍、趟”的学习。着重区别它们的不同，以及“下$_1$、下$_2$”的表义问题。

4．在中级阶段引入句式IC和句式ⅡB的教学。此阶段主要是强化学生对数量补语句各下位句式对V、NP_2的句法限制条件的掌握，也就是对SL句法位置的认识。由于句式ⅡB的引入，借用动量词也将在此阶段进入学生的视野，根据本族语者语料的统计，应重点教授“眼、顿、脚、把”等借用动量词。

5．在高级阶段，我们应在设计课文时，有意识地扩展学生对动量词的认识范围。使学生在平日的学习中，增加对动量词的知识储备。

6．尽管由于语际迁移造成的偏误并不占主导地位，但外国学生在习得数量补语句的过程中，还是会受到来自母语的影响。因此，在针对不同国别外国学生进行汉语教学时，汉语教师可在辅导时灵活掌握。

参考文献

陈小红（2002）数量补语的用法和位置，《暨南大学华文学院学报》第3期。

方　梅（1993）宾语与动量词语的次序问题，《中国语文》第1期。

戴耀晶（1997）《现代汉语时体系统研究》，浙江教育出版社。

国家汉办（2002）《高等学校外国留学生汉语言专业教学大纲》，北京语言文化大学出版社。

贾　颖（1985）关于时量补语的另外两种格式，《语言教学与研究》第1期。

蔺　璜（2003）数量短语及相关问题，山西大学硕士学位论文。

李大忠（1996）《外国人学汉语语法偏误分析》，北京语言文化大学出版社。

李汉威（1998）怎么分析谓语动词后面的数量短语，《汉江大学学报》第4期。

李晓琪（1999）《新汉语教程》，北京语言文化大学出版社。

李宇明（2000）《汉语量词范畴研究》，华中师范大学出版社。

刘街生、蔡闻哲（2004）现代汉语动量词的借用，《世界汉语教学》第3期。

刘月华（2001）《实用现代汉语语法》(增订本)，商务印书馆。

刘小梅（1994）汉语数量词的语义分辨及进行式动词组中数量词的使用，《世界汉语教学》第4期。

马庆株（1984）动词后面时量成分与名词的先后顺序，《语言学论丛》(第13辑)，商务印书馆。

倪春元、徐乃为（1995）数动量词组语法功能补说，《南京师范大学学报》第3期。

邵敬敏（1996）动量词的语义分析及其与动词的选择关系，《中国语文》第3期。

施家炜（1998）外国留学生22类现代汉语句式的习得顺序研究，《世界汉语教学》第4期。
吴凌云（2003）动量短语句法歧解初探，上海师范大学硕士学位论文。
王　静（2001）"个别性"与动词后量词成分和名词的词序，《语言教学与研究》第1期。
王琴霄（1990）对比维语中的状语与汉语中的时量补语、程度补语，《中央民族学院学报》第6期。
相原茂（1984）数量补语"一下"，《汉语学习》第4期。
杨　娟（2004）动量短语在句法结构中的位置及意义，南京师范大学硕士学位论文。
杨寄洲（1999）《汉语教程》，北京语言文化大学出版社。
杨寄洲（2002）《对外汉语教学初级阶段教学大纲》，北京语言文化大学出版社。
张雅冰（2005）对外汉语教学时量补语的偏误分析，《辽宁教育行政学院学报》第11期。
周小兵（1997）动宾组合时带时量词的句式，《语言教学与研究》第4期。

（210042　南京，南京师范大学国际文化教育学院；
214122　无锡，江南大学国际教育学院）

附录：

调查问卷

1. 国籍：__________ 2. 母语：__________ 3. 汉语学习时间：__________
4. 是否考过HSK？（Y/N）　HSK成绩：__________

把下列词语按正确的顺序排列：

例：了　休息　我　五天 ………… 我休息了五天。

起床　他　了　半个小时 ………… __________
他　两　了　趟　去 ………… __________
等　我　你　一个小时　了 ………… __________
汉字　二十分钟　了　写　我 ………… （昨天）__________
两次　过　看　中国电影　我 ………… __________
我　他　过　三次　见 ………… __________
了　一个小时　睡　我　觉 ………… __________
了　我　睡　睡　一个小时　觉 ………… __________
了　我　理　发　一个小时 ………… __________
结　他们　十年　了　婚 ………… __________
一天　帮　了　忙　他 ………… __________
几次　帮　了　忙　他 ………… __________

用 想 我 你 电话 一下 的 …………… ____________________

过 两次 昨天 我 老师 找 …………… ____________________

没想到 我 他 了一脚 踢 …………… ____________________

课 了 停 停 三次 我们 …………… ____________________

二十分钟 坐 坐 了 我 车 …………… ____________________

二十分钟 坐 了 的 我 车 …………… ____________________

回国 了 多 两年 他 …………… ____________________

参军 了 差不多 两年 他 …………… ____________________

对外汉语语音教学两则

陆丙甫

〇 导言 研究性描写和教学性描写

语音描写应该因目的而有所不同,要区分研究性的和教学性的。从对外汉语教学的实际出发,应该把跟教学无关的一些传统的研究性描写加以简化、修改,从而减少干扰,使学生更容易直接把握需要掌握的关键所在。教学性的描写要起到防止易发、常发错误的效果(陆丙甫、谢天蔚 2004)。下面我们用两个实例来说明这一点。

一 对四声发音要点的把握

汉语的声调是母语为非声调语言的学生的大难点。许多学者都主张教学中要简化四声的处理。如赵元任(1980) 先生根据他在海外教汉语的经验认为,"声调区别的要求,从声音上讲起来,是很宽很宽的,是不严格的,只要类不混就行了"。赵金铭(1988)也曾指出,"五度标调法应用于教学并非十分有效;汉语声调的羡余特征干扰了声调的学习"。

根据笔者的经验,要做到四声"类不混",并且排除"羡余特征的干扰",最简单方法就是强调四声的特征分别是"高、升、低、降"。阴平、阳平、去声的区别性特征分别为"高、升、降",无需多说。需要讨论的是为什么上声的区别性特征是"低"调呢。

传统上认为上声是个"降升调",标为 214,但许多人主张应该标为 2114[①],因为其特征部分是个低平调,两头的降、升都不稳定,容易在语流中消失。一些教师也根据实践经验,认为把上声称为低平调在教学上也更方便。据石锋、王萍(石锋 2007)的大样本实验统计,上声的调值实际上是 213,而不是传统上所说的 214。如果沿用 2114 这种

① 笔者手头一时找不到主张把上声标为 2114 的论著。但上网用"上声调值 2114"一查,有许多网站文章都主张这样标注。

同时标示时段的方式,那么上声的调值就应该根据石锋等的实验改为2113。

这一修正,首先就弱化了上声本调的升调性质。其次,石锋、王萍的实验统计还发现,实际说话中,升调性质还会进一步弱化:前置时发211的“半上”,后置时发212(更精确的说法是2112),比起单独念的213(即2113),升调性质进一步弱化。总之,除了单独念(citation form)之外,在实际语流中第三声总是发生变调,除了变成第二声以外,就是变成211或2112。跟其他三声明显的“高、升、降”相比,不妨说其特征就是“低”。既然上声在多数场合发低调的半上,那么,不妨把低调看作上声的无标记基本形式,而反过来把全上的曲折调看作单念时的变体。

我们可以用下面的两个小句来帮助学生掌握四声的区别性特征。

Zhōng guó yǔ diào, gāo yáng dǐ jiàng

中 国 语 调, 高 扬 底 降

每个小句中的四个字,正好按照四声的顺序排列。学生记住了这两个小句,也就同时记住了四声的区别性特征。第二个小句中代表上声的“底”,意思就是把声音发得尽可能的低,好像到达了底部一样。笔者的经验表明,在介绍上声的开始阶段,戏剧化地、做作地、夸张地把上声发得尽可能低沉,有利于学生把握上声的特征。精确地说,就是把上声发成“嘎裂声”(creaky voice)那样的“超低调”,用朱晓农(2004)的说法,就是“低沉的叽里嘎拉声”,“先发一个降调,降到最低时,再使劲一低就是了”。也就是比五度中最低还要低的声调。朱晓农(2004)同时也指出,“嘎裂声并不是一个很罕见的现象,在日常随意说话中,低调字如北京话的上声字和广东话的低平调子,有时也能观察到嘎裂声。孔江平(个人交流)的北京话录音语料中,也注意到某些北京人的上声带有嘎裂声的特征。

这样简化后,四声各自的特征就更明显。并且这些简化的特征也容易找到跟这些特征接近的英语发音来示范,为英语背景的学生掌握四声提供了方便的说明。升调相当于英语的疑问调,长而上扬,降调相当于重音,短促而有力。高低音的分别比较容易,相当于唱歌中的高调和低调,或者说C调5和1之间的区别。这样处理后四个声调的特征都很明确,便于学生掌握。以下是一些例子:

调号	特征	例子	英语
1-3	高-低	黑板、黑海	Peter
1-4	高-降	黑暗、黑色	big car
2-2	升-升	头皮、头疼	John? Yes? (中间没有停顿)
2-4	升-降	头绪、学费	Yes? Good! (中间没有停顿)

3-1	低-高	老师、北京	Peter?
3-2	低-升	假牙、假如	Japan?
3-4	低-降	比较、底片	Detroit
4-1	降-高	大风、大家	Oh, man!（中间没有停顿）
4-2	降-升	大门、大楼	Yes! No?（中间没有停顿）
4-4	降-降	大概、大豆	Right! Right!（中间没有停顿）

对外汉语教学中学生学习声调的另一个困难是，发第一声高长调难以在同样的高度上维持一定的长度，以及发第二声升调时难以持续上升到所需要的高度。所以在指出四声基本特征之后，不妨再向学生强调一下：高调和升调都比较长，而低调和降调都比较短。这些教学要点可以总结如下：

阴平：高长　　阳平：升长　　上声：低短　　去声：降短

其中"高、升、低、降"是区别性的第一特征，而"长、短"为辅助性的第二特征。

此外，传统的"阴、阳、上、去"的名称和顺序，只是因袭传统音韵学的做法。从教学的方便来说，不但毫无用处，而且是额外干扰。例如，为了理解这四个术语的意义，学生就要记住"上"字的上声这一另读，而这个另读在其他场合毫无用处。

采用"高、低；升、降"这样反映区别性特征的名称后，也可以不必再继续使用原来"阴平、阳平、上声、去声"或"第一、二、三、四声"的称呼。因为这些称呼除了反映音韵学的传统外，对实际发音没有任何启发意义。而"高长、低短；升长、降短"这样的名称，直接反映了各个调类的特征，名、实一致，富有启示性；学生知道声调名称也就掌握了声调的发音特点。

二　"开、合、齐、撮"的排列

现行各种汉语教材的声韵组合表格中，韵母的排列顺序是根据传统音韵学的"四呼"，即"开口呼、齐齿呼、合口呼、撮口呼"的顺序排列的。这种排列，不能很好反映声、韵组合的规律，对教学并不适用。

我们建议按照"开、合、撮、齐"的顺序排列（见附表），因为撮口呼韵母的分布介于合口呼韵母和齐齿呼韵母之间，这样处理能够最大程度地简化声韵组合表，最大程度地凸现四呼韵母的区别之处和相似之处。

之所以把撮口呼放在齐齿呼和合口呼之间，原因是作为前高圆唇音的撮口呼的性质介于作为前高音的齐齿呼跟作为圆唇音的合口呼之间，这也导致了撮口呼韵母跟声母的组合能力上也介于齐齿呼和合口呼的组合能力之间。

在这张声韵组合表中，声母可分三组：

B-组：b，p，m，f；d，t，n，l

Z-组：z，c，s，zh，ch，sh，r；g，k，h

J-组：j，q，x

最明显的组合特点有两条：

1．首先是明确了Z-组跟J-组的对立互补关系，如区域(2)所示(见附表)。根据这个对立，韵母可分两类：以前高元音［i-／ü-］起头的齐齿呼、撮口呼韵母和其他。

撮口呼韵母在跟Z-组和J-组合时，表现跟齐齿呼相同；而在跟B-组结合时，表现则跟合口呼相似。因此，将撮口呼韵母安置在合口呼跟齐齿呼之间最合适。

2．B-组声母组合能力最强，几乎可以跟其他所有韵母组合，主要的例外是：如区域(2)所示，b，p，m，f从不跟合口呼复韵母、撮口呼所有韵母组合。

总之，调整后的表格，更能够反映声韵组合在分布上的连续性。当然，这里只是对现行的表格作了初步的调整，可以进一步改进之处还很多。如ong根据书写形式而没有归入合口呼。其实，根据实际发音，应该是ung，也是一个合口呼韵母，应该挪到uan后，可以使表格显得更整齐、规律。其实，当初制定汉语拼音方案时之所以采用ong而不用ung，主要是考虑到u形体上跟出现率极高的n相似，视觉识别效果不如o好。

同样，iong发音是更接近üung(yung)，也是撮口呼，应该把它移到ün(yun)后才好。这也可使表格中声韵组合的规律性更明确。

经过这样处理后，声、韵组合表中的分布会呈现出更大的规律性，空白格子和非空白格子的分布都会更加集中而凸现了连续性。

上述声、韵组合表格的改进，不仅方便教学，而且也符合语音原理。

参考文献

陆丙甫、谢天蔚(2004)对外汉语教学的经济原则，《汉语学习》第4期。

石　锋(2007)汉语语音教学笔记，《南开语言学刊》第一辑。

赵金铭(1988)从一些声调语言的声调说到汉语声调，《第二届国际汉语教学讨论会论文选》，北京语言学院出版社。

赵元任(1980)《语言问题》，商务印书馆。

朱晓农(2004)台州方言中的嘎裂声中折调，《庆祝〈中国语文〉创刊50周年学术论文集》，商务印书馆。

(330031　南昌，南昌大学；200234　上海，上海高校比较语言学E研究院)

附表

普通话声、韵组合表

	1	2	3	4	5	6	7	8	9	10	11	12	13	14	15	16	17	18	19	20	21	22	23	24	25	26	27	28	29	30	31	32	33	34	35	
														wu	wo	wan	wen	wei	wa	wai	wang	*yu*	*yue*	*yuan*	*yun*	yi	ya	yao	ye	you	yan	yin	ying	yang	yong	
	a	**o**	**e**	***-i***	**ai**	**ei**	**ao**	**ou**	**an**	**en**	**ang**	**eng**	**ong**	**u**	**uo**	**uan**	**un**	**ui**	**ua**	**uai**	**uang**	**ü**	**üe**	**üan**	**ün**	**i**	**ia**	**iao**	**ie**	**iu**	**ian**	**in**	**ing**	**iang**	**iong**	
b	ba	bo			bai	bei	bao		ban	ben	bang	beng		bu												bi		biao	bie		bian	bin	bing			**b**
p	pa	po			pai	pei	pao	pou	pan	pen	pang	peng		pu												pi		piao	pie		pian	pin	ping			**p**
m	ma	mo	me		mai	mei	mao	mou	man	men	mang	meng		mu						(2)						mi		miao	mie	miu	mian	min	ming			**m**
f	fa	fo				fei		fou	fan	fen	fang	feng		fu																						**f**
d	da		de		dai	dei	dao	dou	dan	den	dang	deng	dong	du	duo	duan	dun	dui								di		diao	die	diu	dian		ding			**d**
t	ta		te		tai		tao	tou	tan		tang	teng	tong	tu	tuo	tuan	tun	tui								ti		tiao	tie		tian		ting			**t**
n	na		ne		nai	nei	nao	nou	nan	nen	nang	neng	nong	nu	nuo	nuan	nun					nü	nüe			ni		niao	nie	niu	nian	nin	ning	niang		**n**
l	la		le		lai	lei	lao	lou	lan		lang	leng	long	lu	luo	luan	lun					lü	lüe			li	lia	liao	lie	liu	lian	lin	ling	liang		**l**
z	za		ze	***zi***	zai	zei	zao	zou	zan	zen	zang	zeng	zong	zu	zuo	zuan	zun	zui																		**z**
c	ca		ce	***ci***	cai		cao	cou	can	cen	cang	ceng	cong	cu	cuo	cuan	cun	cui																		**c**
s	sa		se	***si***	sai		sao	sou	san	sen	sang	seng	song	su	suo	suan	sun	sui																		**s**
zh	zha		zhe	***zhi***	zhai	zhei	zhao	zhou	zhan	zhen	zhang	zheng	zhong	zhu	zhuo	zhuan	zhun	zhui	zhua	zhuai	zhuang															**zh**
ch	cha		che	***chi***	chai		chao	chou	chan	chen	chang	cheng	chong	chu	chuo	chuan	chun	chui	chua	chuai	chuang															**ch**
sh	sha		she	***shi***	shai	shei	shao	shou	shan	shen	shang	sheng		shu	shuo	shuan	shun	shui	shua	shuai	shuang								(1)							**sh**
r			re	***ri***			rao	rou	ran	ren	rang	reng	rong	ru	ruo	ruan	run	rui	rua																	**r**
g	ga		ge		gai	gei	gao	gou	gan	gen	gang	geng	gong	gu	guo	guan	gun	gui	gua	guai	guang															**g**
k	ka		ke		kai	kei	kao	kou	kan	ken	kang	keng	kong	ku	kuo	kuan	kun	kui	kua	kuai	kuang															**k**
h	ha		he		hai	hei	hao	hou	han	hen	hang	heng	hong	hu	huo	huan	hun	hui	hua	huai	huang															**h**
j																						***ju***	***jue***	***juan***	***jun***	ji	jia	jiao	jie	jiu	jian	jin	jing	jiang	jiong	**j**
q											(1)											***qu***	***que***	***quan***	***qun***	qi	qia	qiao	qie	qiu	qian	qin	qing	qiang	qiong	**q**
x																						***xu***	***xue***	***xuan***	***xun***	xi	xia	xiao	xie	xiu	xian	xin	xing	xiang	xiong	**x**
	1	2	3	4	5	6	7	8	9	10	11	12	13	14	15	16	17	18	19	20	21	22	23	24	25	26	27	28	29	30	31	32	33	34	35	

中介语词汇与现代汉语词汇对比分析*

邢红兵

摘　要：我们认为了解留学生词汇的使用情况可以从两个角度入手：词的使用频率和词的用法。本研究希望通过对留学生词汇和现代汉语词汇使用情况的对比分析来了解留学生汉语词汇的掌握情况。文章首先介绍了数据库的基本数据，并对比了两个词表在词性分布、词的使用频度等方面的差异。文章的主要结论有：(1)留学生词汇系统中词汇数量小于现代汉语常用词汇，但是数量的分布和现代汉语类似。(2)留学生各类词的使用和现代汉语有差别，特别是虚词。(3)和现代汉语相比，留学生存在词语泛用、词语使用不足等情况。

关键词：中介语；词汇；汉语；对比分析

一　引言

在汉语作为第二语言习得研究领域，词汇习得研究相对薄弱。近年来，研究者强调词汇及其相关研究在汉语词汇教学中的作用。陈贤纯(1999)认为对外汉语教学效率比较低的主要原因是词汇量问题没有解决，导致学生交际能力上不去。杨惠元(2003)提出要"强化词汇教学，淡化句法教学"，强调词汇教学的重要性。李如龙等(2004)提出对外汉语教学应该"以词汇教学为中心"，提出问题的原因在一定程度上是因为汉语教学中对词汇教学重视不够。邢红兵等(2006)从用法的角度提出要加强词语用法方面的研究。陆俭明(2007)指出："汉语词汇研究是很难，但我们还是要鼓励大家去啃这块硬骨头，要用力去研究，因为词汇研究太重要了。"陆先生认为从应用的角度来看，词汇研究要加强的主要在以下两方面：一是词语用法的研究；二是加强词语教学的基础性应用研究。

从目前词汇研究现状来看，很少研究能够真正涉及到汉语学习者的心理词典及其

---

* 教育部人文社会科学重点研究基地重大项目"留学生汉语词汇习得的计算机模拟研究"(项目编号：08JJD740063)的资助研究。

表征问题，对汉语学习者的词汇系统认识并不深入。我们觉得了解留学生词汇的使用情况可以从两个角度入手：使用频率和用法属性。使用频率观察留学生能否使用以及使用次数，这类数据我们可以和汉语母语者相比，使用过多或者过少可能都是需要关注的。另一类是用法，用法包括词的搭配关系、词的语法功能等在实际使用方面的情况（邢红兵等 2006），词的用法同样也存在用法过多或者过少的情况，使用过多可能存在泛化，使用过少可能是使用者对该词的用法掌握不够。本文将从对“汉语中介语语料库词表”（以下简称“中介语词表”，该词表中包含的词简称为“中介语词”）和“现代汉语研究语料库词表”（以下简称“汉语词表”，该词表中包含的词简称为“汉语词”）两个词表中的词的对比的角度对留学生词汇的组成及其使用情况等方面进行分析。

二　数据库和研究思路

本研究将通过对比分析两个数据库中标注词性的词的数量及其使用情况，了解留学生的词汇使用情况，分析的角度包括：词汇的数量和分布情况、两个词表中词语的包含关系及其相对频度、两个词表中词的频率差异等。

我们统计的“汉语中介语语料库”总词次为 432145 次（不含标点符号），全部中介语语料中出现的分词单位共有 17576 个，如果按不同词性分列（例如“站”作为名词和“站”作为动词，各自独立），共有 18515 条。“现代汉语研究语料库”的总词次为 1227164 次（不含标点符号），“汉语词表”按不同词性分列，总词数为 50137 条。两个词表包含的信息包括词性标记、使用词数和使用频率（百万分之）。本研究我们将两个词表合并得到一个新数据库。总的来看，“中介语词”的数量比“汉语词”少很多，只达到 37%，原因可能是“现代汉语研究语料库”的语料数量比“汉语中介语语料库”大。

“汉语中介语语料库”中共有 503033 词次（包括标点等符号）的语料，我们从“现代汉语研究语料库”中也抽取了同样词次的现代汉语语料，生成了一个词表，该词表共有 24987 个词，这说明，同样是 50 万词左右的语料，留学生使用的词语要比现代汉语的语料库使用的词语少 6000 多条。这表明留学生词汇系统和汉语的词汇系统在词语丰富性上有一定的差距，词具体的分布及其使用情况如何，我们将从以下几个方面分析两个数据库：(1)词表中包含的词的比较。主要了解两个词表中那些词是共同的，那些词是各自独用的；(2)两个词表的词性的分布情况。通过分析词性，对比两个词表各类词语的数量和使用情况；(3)对比各个频度等级的词语，分析“中介语词”和“汉语词”在各个频级的差异，特别是两个词表高频词上的差异，以“汉语词表”作为参照，了解“中介语词”在使用上是否均衡。

三　两个词表中的词的数量和使用

3.1　各类词的数量和分布

我们首先对两个词表中各类词的数量及其所占的比例进行了统计。我们按照王还(1995)的分类，将名词、动词、形容词、数词、量词、代词归为实词；介词、连词、副词、助词、象声词、叹词、语气词归为虚词。我们对两个词表中的各类词语的数量及其比例分析如下。

表1　各类词的数量及比例

			名词	动词	形容词	数词	量词	代词	
实词	词数	汉语词	26754	12623	5158	1708	591	299	
		中介语	9951	4377	2076	733	229	100	
	比例(%)	汉语词	53.36	25.18	10.29	3.41	1.18	0.60	
		中介语	54.17	23.83	11.3	3.99	1.25	0.54	
			副词	助词	连词	叹词	介词	语气词	象声词
虚词	词数	汉语词	1937	137	302	88	224	93	223
		中介语	567	39	141	13	80	22	43
	比例(%)	汉语词	3.86	0.27	0.60	0.18	0.45	0.19	0.44
		中介语	3.09	0.21	0.77	0.07	0.44	0.12	0.23

从数量的分布来看，“中介语词”中各类词语的数量都少于“汉语词”，比如“中介语词表”中的名词是9951个，“汉语词表”中的名词有26754个。如果我们从两个词表中各类词所占的比例来看，两个词表中各类词语的比例分布基本一致，这说明“中介语词表”中各类词语的分布接近“汉语词表”。但是，总体上来看，实词的比例基本能够达到或超过“汉语词表”的比例，但是虚词基本都没有达到“汉语词表”的比例，这说明留学生运用虚词的情况要比实词略差。

3.2　各类词的使用情况

3.2.1　各类词的词次分布

词次是词的使用次数，词次总数是指各类词中全部词语的使用次数之和。通过观察词次累计数，可以了解语料库各类词的动态分布以及各类词的动态使用情况。表2

我们统计了两个词表中各类词的词次总数及其所占的比例。

表 2 各类词的总词次分布情况表

实词		名词	动词	形容词	数词	量词	代词	合计	
词次	汉语词	357842	304171	76552	59309	48404	89878	936156	
	中介语	106137	95670	31056	16133	17174	46372	312542	
比例(%)	汉语词	29.16	24.79	6.24	4.83	3.94	7.32	76.28	
	中介语	24.62	22.19	7.20	3.74	3.98	10.76	72.49	
虚词		副词	助词	连词	叹词	介词	语气词	象声词	合计
词次	汉语词	94434	95618	27004	2444	49679	20931	898	291008
	中介语	41071	44028	14975	71	17035	1324	64	118568
比例(%)	汉语词	7.7	7.79	2.20	0.20	4.05	1.71	0.07	23.72
	中介语	9.53	10.21	3.47	0.02	3.95	0.31	0.02	27.51

从表 2 的数据可以看出,从总词次来看,两个词表存在一定差距,表现为"中介语词表"中实词的总词次分布比例比"汉语词表"中实词的分布比例低,其中名词、动词和数词的分布比例少于"汉语词表",代词、形容词和量词的分布比例多于"汉语词表";"中介语词表"中虚词的总词次分布比例比"汉语词表"的分布比例高,其中副词、助词和连词的分布比例多于"汉语词表",叹词、介词、语气词和象声词的分布比例少于"汉语词表"。

3.2.2 词的平均使用次数

词的平均使用次数是指一类词的总使用次数除以这类词的总数量,比如说"汉语词表"中名词的总使用次数是 357842 次,名词总数是 26754 个,这样名词的平均使用次数是 13.38 次,对比各类词的平均使用次数,可以比较各类词在语料库中被使用的情况。"汉语词表"和"中介语词表"中各类词的平均使用次数如下。

表 3 词的平均使用次数统计表

		名词	动词	形容词	数词	量词	代词	平均	
实词	汉语词	13.38	24.10	14.84	34.72	81.90	300.60	19.86	
	中介语	10.67	21.86	14.96	22.01	75.00	463.72	17.89	
		副词	助词	连词	叹词	介词	语气词	象声词	平均
虚词	汉语词	48.75	697.94	89.42	27.77	221.78	225.06	4.03	96.86
	中介语	72.44	1128.92	106.21	5.46	212.94	60.18	1.49	131.01

从平均使用次数来看,两个词表中实词的平均使用次数更接近,其中"中介语词表"代词的平均使用次数高于"汉语词表"。虚词差别较大,比如"中介语词表"的助词、连

词、副词等平均使用次数高于“汉语词表”，而语气词和叹词的使用又低于“汉语词表”，这说明在留学生的表达中，助词和代词的使用可能存在一定程度的泛用情况，而语气词、叹词等明显存在使用不足的问题。上述的数据表明，各类词语在使用上各有特点，差异明显，这可能需要进行更深入的研究。

3.3 频级对比

我们将两个词表按照使用频率的等级(我们简称为“频级”)进行分类，本文使用的频率是指每一百万次中该词出现的次数。我们将使用频率大于等于100的词语确定为高频词，使用频率从50(含)到99的词语为次高频词，使用频率10(含)和49之间的词语为中频词，使用频率5(含)和9之间的词语为次低频词，使用频率在5(不含)以下的词语为低频词。两个词表中各个频级词语的数量和比例见表4。

表4 两个词表中词的频级分布情况

频级	高频	次高频	中频	次低频	低频
汉语词	1338	1158	5947	4570	37124
比例(%)	2.67	2.31	11.86	9.12	74.05
中介语词	1064	678	3237	2165	11371
比例(%)	5.75	3.66	17.48	11.69	61.42

从统计的结果来看，“中介语词表”中使用频率在5以上的词共有7144个，占全部中介语词的38.58%，5以下的词占61.42%，而“汉语词表”中使用频率在5以上的词共有13013个，占全部汉语词的25.96%，5以下的词共有37124个，占74.05%。从各个频率段来看，留学生使用的词语中，高频词的数量也是有很大差距，比如说使用频率在100以上的高频词“中介语词表”和“汉语词表”还有274词的差距，这说明“中介语词”和“汉语词”相比，除了低频词以外，其他频级的词的比例都高于“汉语词”，这个数据表明，“中介语词”中留学生频繁使用的词的数量更为集中。

四 两个词表中词的关系分析

4.1 两个词表中词的包含情况

4.1.1 两个词表各类词的包含关系

我们首先对两个词表中的词的出现情况关系进行了分析，我们将语料库中没有标注词性的词语、词缀等归入其他类。两个词表共有的词有 11374 个，占“中介语”词表的 61.43%，“中介语”词表专有的词语共有 7141 个，占“中介语”词表的 38.57%。我们将没有在“中介语词”中出现的“汉语词”占全部汉语词的比例定义为欠缺率。

表 5 两个词表各类词的共用关系

实词	名词	动词	形容词	数词	量词	代词	其他
共有	5168	3228	1551	260	197	84	109
专有	4783	1149	516	472	33	16	56
欠缺	21809	9556	3887	1460	416	224	200
欠缺率	0.81	0.75	0.71	0.85	0.68	0.73	0.65
虚词	副词	助词	连词	叹词	介词	语气词	象声词
共有	496	35	116	13	78	18	21
专有	71	4	25	0	2	4	10
欠缺	1486	117	202	75	151	75	215
欠缺率	0.75	0.77	0.64	0.85	0.66	0.81	0.91

从表 5 的数据来看，各类词都有 60%以上的欠缺率。名词、动词、形容词 3 类词属于开放的类，在“汉语词”中也存在大量的低频词，因此“中介语”词有很高的欠缺率很正常，但是副词、助词、连词、叹词、介词也存在大量的词没有出现过，问题可能就比较大，这可以明显看出虚词的掌握和应用层面还有非常明显的不足。

4.1.2 “中介语词”欠缺词分析

我们分析了“中介语词”中所欠缺的词，总体上看，欠缺词的频度不高，另外，各类词的分布也不均衡，在欠缺的高频词中，书面化词占绝对优势。下面我们列举一些在“汉语词表”中频率较高的词作为例词。

名　词：信息、体制、资产、机制、宏观、决策、优势

动　词：开展、落实、决策、调控、推进、收购、突破

形容词：健全、广阔、众多、优越、坚实、妥善、深远、紧迫

量　词：千瓦、人次、幢、艘、担、缕、株、栋

代　词：咋、何、干啥、干嘛、俺们、咱俩、旁人

副　词：先后、大力、尚未、能否、整天、愈、一贯、相继、从未、及其

助　词：而言、来着、所在、也罢、得了、之久、之余

连　词：为此、别说、以至、倘若、加之、若是、抑或

叹　词：嗬、嗨、呦、呸、妈呀

介　词：针对、依照、鉴于、本着、自打、凭借

语气词：咧、哩、呗、喽

由于“汉语词表”来源的语料库是书面语占主体的语料，所以，相比之下，留学生欠缺的高频词书面色彩的特点表现明显，特别表现在名词、动词、形容词三类实词上。

4.1.3 “中介语词”专有词分析

我们也分析了“中介语词”专有词。“中介语词”的专用词包括以下几个部分：(1)偏误合成词，这类词是留学生通过各种规则自己造的(邢红兵 2003)，例如“另人、独个儿、导人、兵人、大求”等。(2)错词。这类词是由于错字、别字等原因造成的错误的词，例如代词“这儿里、那儿里、这如些、这理、别得”等，副词“经已、乘机、真得、怎什么、一溜地、收先”等，连词“或着、总之说、既而、既便、反且、但然”等。这两类词在“汉语词”中不会出现。(3)名词、动词、形容词中有一些词语属于“中介语词”专用词语，例如名词“同屋、女朋友、生词、小卖部、春卷、老朋友、花瓶”等，动词“喝酒、见怪、付款、举手”等，形容词“叛逆、好喝、自大、知趣、口渴”等，这类词语体现了“中介语词汇”的一些特点。

4.2 频度分布不均衡分析

我们将两个词表中词的频率进行了对比，发现“中介语词”中有些词的使用频率远远高于在“汉语词表”中的频率，例如动词“旅行”在“中介语词表”和“汉语词表”中的频率(百万分之)分别是 495.21 和 17.93，助词“的话”的频率分别是 768.16 和 39.12，“所以”分别是 4181.48 和 236.32，“别的”分别为 992.73 和 81.49，我们把这类词语叫做“中介语相对高频词”。同样，也有一些词在“中介语词表”中的使用频率远远低于“汉语词表”，例如，名词“政府”在“中介语词表”的频率是 224.46，在“汉语词表”中的频率是 823.85，形容词“精神”分别是 182.81 和 665.76，量词“些”的频率分别是 80.99 和 885.78，我们把这类词叫做“中介语相对低频词”，两类词合起来称为频度分布不均衡的词。我们将频度差异最大的两类词列出如表 6：

表 6　“中介语词”相对高频词和相对低频词例词表

	中介语相对高频词	中介语相对低频词
名词	同屋 听力 口语 汉语 小孩子 课文 语法 新年 气温 寒假 留学生 名胜 早上 古迹 自行车 天气	科技 资金 结构 领域 爹 部长 方针 形式 法规 室
动词	同屋 下雪 喝酒 做饭 下课 旅行 下雨 上课 起床 玩儿 回国 练习 唱歌 留学 走路 回家 爱好 喜欢 跳舞 复习	指导 监督 开发 保障 改造 规划 投资 确定 应用 谈判

形容词	有意思 有名 马虎 好吃 暖和 差不多 舒服 感兴趣 快乐 冷 亲爱 聪明 高兴 愉快 特别 着急 奇怪 漂亮 大概 可爱 安静 方便 贵 好看	整个 全面 重点 深入 及时 积极 完善 合理 科学 突出 坚决
量词	年级 点钟 星期 小时 度 天 分钟 节 岁 个 床 件 篇 封 部分 班 点 次	级 批 股 项 届 户 些 类 颗 套 台
代词	别的 什么的 各种 有的 这些 另外 她们 他们 那儿 别人 那时 我们 怎么样 我 每 她 大家 它们 这样 那么 那些	咱 啥 其 诸 大伙 余 诸位 此之 各 自个儿 自 本身
副词	快要 极了 有时候 一点儿 差不多 有点儿 常常 很 还有 一起 互相 非常 一边 特别 比较 一共 大概 好像 马上 到处 慢慢	逐步 则 仅 尚 即将 均 绝 快速 赶紧 极为 一再
助词	的话 以外 什么的 等等 一般 来说 左右 不过 似的	之 所 以来 之外 来讲 着
连词	所以 比如 但是 还有 一边 因为 可是 虽然 然后 另外 如果 而且 不单 或者	及其 不是 则 若 即便 或许 及 要不是 就是 以 以及
介词	因为 跟 除了 比 为了 到 从 用 在	将 距 凭 冲 经 据 依据 同 以 任 沿 为 随 连同
语气词	了 的 而已 罢了 好	哇 啦 嘛 呀 哪 啊
叹词		啊 哎呀 呀 哎

从这两类词的对比来看,"中介语词"表现出了以下几个方面的特点:(1)高频词口语词占优,并且使用频率高;(2)书面词使用频度低或者没有使用。赵金铭(2004)强调对外汉语教学应该培养学生既会"说的汉语"也会"看的汉语",既可以进行口头语言的表达,也可以进行书面语言的表达。从留学生的词汇使用来看,问题确实如此,留学生表达中明显大量使用口语词汇,而对书面词汇较少或者不会使用。(3)熟悉词得到了大量的运用,而不熟悉词没有出现或者使用频率很低。

五 结论

本研究通过对"中介语词"和"汉语词"的数量和频度的对比发现,留学生书面表达时使用的词汇系统在丰富性、语体特征两个方面都和现代汉语有一定的差距,具体表现在以下几个方面:(1)留学生同样词数的语料库中使用的词数量要比同样词量汉语语料库的总词数少。(2)有相当数量的词的使用词数远远低于现代汉语或者没有出现过,表明这类词语还不能为留学生使用或普遍使用。(3)留学生使用的词汇中,存在一定程度的过度使用问题,有大量的词使用频度远远高于汉语词汇。(4)留学生的书面表达中,大量使用口语词汇,书面语词汇表达不丰富。

从这些结果来看，留学生的词汇系统丰富性不够，使用不均衡，可能是留学生词汇系统获得过程中的难点，针对这样的问题，我们教学中应该注意扩大留学生词汇量，并且加强词汇用法方面的训练。由于本研究采用的词表书面语的语料数量占多数，和留学生中介语在语体上存在一定差异，因此对比还有一定的局限。对词汇系统的研究停留在使用频度的分析方面还不够，还需要对词语的实际使用情况（包括语法功能、搭配关系等方面）进行深入分析，这样才能更全面地了解留学生在词汇获得过程中的相关问题。

参考文献

陈贤纯（1999）对外汉语中级阶段教学改革构想，《世界汉语教学》第4期。

李如龙、杨吉春（2004）对外汉语教学应以词汇教学为中心，《暨南大学华文学院学报》第3期。

陆俭明（2007）词汇教学与词汇研究之管见，《江苏大学学报（社会科学版）》第3期。

王　还（1995）《对外汉语教学语法大纲》，北京语言学院出版社。

王又民（1994）汉语常用词汇分析及词汇教学，《世界汉语教学》第2期。

邢红兵（2003）留学生偏误合成词的统计分析，《世界汉语教学》第4期。

邢红兵、张文坚、江诗鹏（2006）面向对外汉语教学的谓词句法属性统计研究，《语言教学与研究》第3期。

杨惠元（2003）强化词语教学，淡化句法教学——也谈对外汉语教学中的语法教学，《语言教学与研究》第1期。

赵金铭（2004）"说的汉语"和"看的汉语"，《汉语口语与书面语教学》，北京大学出版社。

（100083　北京，北京语言大学对外汉语研究中心）

韩国学生"给"及相关句式习得研究*

周 文 华①

摘　要:汉语中的"给"及相关句式使用复杂,四种典型句式之间存在着部分变换关系;且"给"在韩语中有两种对应形式,而四种句式在韩语中只表现为三种。这两方面都造成了韩国学生习得"给"及相关句式的困难。韩国学生在习得"给"及相关句式时,一直受到母语使用规则负迁移和目的语使用规则泛化的双重影响,偏误较多。因此,在教学中,应该从韩汉对比的角度对"给"及相关句式的使用规则进一步细化,并进行系统的教学,以帮助学生习得。

关键词:"给";习得;偏误;负迁移;规则泛化

现代汉语中的"给"有多种词性和用法,因此,由"给"构成的相关句式也复杂多样。"给"作为介词时,与"为、替、向、对"等多个介词在语义和用法上有交叉。且"给"的动词义与介词义在一些情况下很难区分,因此,关于"给"的动介区分问题,学界一直意见不一。这给汉语教学,尤其是对外汉语教学造成了一定的困难。对于这个错综复杂的"给",一般的教学大纲和教材只是把它的词性三分为动词、介词和助词,而对其相关句式以及与相关介词的区别介绍很少,甚至不作介绍。这对外国学生"给"及相关句式的习得是不利的。

通过对语料的初步考察,我们发现韩国学生在"给"的习得方面,出现很多偏误,而且呈现一定的规律性。因此,本文拟在汉韩对比的基础上,通过对语料的考察,分析韩国学生习得"给"及相关句式的难度等级,剖析偏误产生的原因,从而为对韩"给"字及其相关句式的教学提供参考。

---

* [基金项目]本文系肖奚强教授主持的国家社会科学基金项目(项目编号:06BYY024)的部分研究成果。本文的写作得到导师肖奚强教授的悉心指导,谨致谢忱。错漏之处当由笔者本人负责。

① 周文华,男,汉族,现为南京师范大学国际文化教育学院对外汉语专业博士生,研究方向为语言习得理论与应用。

一　汉语“给”及其韩语对应形式分析

(一)汉语中“给”的词性及相关句式划分

1. 汉语中“给”的词性

关于“给”的词性划分,学界的意见一直是不太统一的。这种不统一主要体现在两个方面:一是“给”到底有几种词性?最普遍的看法是“给”有动词、介词、助词三种词性,《现代汉语词典》和一些汉语教学大纲及教材采用的都是这种分法。但有一些学者,如齐沪扬(1995)认为“给”的词性只有动词和介词,没有助词。二是动词“给”与介词“给”的区分,这是分歧比较大、争论比较多的一个问题。朱德熙(1979)所讨论的“给”的四种动词相关句式中,第一种和第三种从吕叔湘(1980)的论述看,都是介词句式。齐沪扬(1995)也持有与吕先生一样的观点,并认为“给予”义是介词赋予的。

实际上,“给”在“从古代的动词向现在介词发展的过程中,‘尚未完全演化完成,未能完全独立’,‘仍留有动词的残影’(李纳、Thompson 1983)。因此,即便作为介词看,在语义上与‘动词‘给’有密切的联系’(李纳、Thompson 1983)。”①这在语法化发展过程中是很正常的现象。作为本体研究,应该关注“给”的词性发展变化。而对于教学,尤其是对外汉语教学来说,是无法、也不必把这种交叉的情况完全展现给学生的。因此,本文不纠缠“给”的词性问题,而直接从句式的角度对相关句式进行考察。

2. “给”字相关句式划分

关于“给”字句式,有许多学者讨论过,比较早而且有影响力的是朱德熙(1979),他在文中讨论了三种“给”字句:

S1:Ms + D + 给 + M’ + M

S2:Ms + D + M + 给 + M’

S3:Ms + 给 + M’ + D + M

以及与“给”字句密切相关的双宾句式:

S4:Ms + D + M’ + M

---

① 转引自齐沪扬(1995)。

朱先生的研究主要是对进入格式的动词作出分类描写与分析。后来，朱德熙(1983)又进一步讨论了包含动词“给”的复杂句式，所谓复杂句式是指在S1—S4后头再加上一个动词或动词性结构的句式。王凤敏(2005)也讨论了四种“给”字句式，其分类跟朱德熙(1979)完全一样，其实质是在朱先生分析的基础上对进入格式的动词分类再进一步细化。

结合语料的考察可以发现这三种“给”字句是最常用的典型句式。双宾句的使用量也很高，但其他动词构成的双宾句与本文的讨论无关，所以我们把双宾句中的动词限定为“给”，得到本文讨论的四种“给”字句：

1)句式Ⅰ，其格式为：(N_1) + 给 + N_2 + N_3，属于典型的给予义双宾句，“给”在句中承载“给予”义，主语N_1可省略。句式Ⅰ在60万字的本族人语料①中共出现75例，占全部用例数(526例)的14.26%。例如：

(1)尽管乔安妮给了他不少安慰，但普卢默仍然摆脱不了噩梦的折磨。

(2)我问：“什么时候给我那个‘符’呢？……”

2)句式Ⅱ，其格式为：(N_1) + V给 + N_2 + N_3，也是一种典型的双宾句，复合词“V给”在句中表达“给予”义，主语N_1通常也可省略。句式Ⅱ在本族人语料中共出现42例，占7.98%。例如：

(3)她奉献给广大读者一颗滚烫的心。

(4)警方交给他一些带有标记的美元和一个录音机，由他携款赴约。

朱德熙(1979)指出进入“V给”的动词V只能是给予类动词。动词V的进入使“给予”更加具体，因为动词V可以表明“给予”的方式。单独的动词“给”和不同的动词V构成的“V给”在表义上是不同的，请看下面三个例子：

(5)我给他一封信。

(6)我送给他一封信。

(7)我寄给他一封信。

3)句式Ⅲ，其格式为：N_1 + V + N_3 + 给 + N_2。从广义上讲，这种句式也可以表达一种“给予”，它不仅可以表达“给予”N_3某种具体的事物，还可以表达对N_3施加某种抽象的动作、行为。因此，进入句式的“V”范围要比句式Ⅱ大得多，但句式Ⅲ的使用并不比句式Ⅱ多多少。这种句式在本族人语料中共出现58例，占11.03%。例如：

(8)他们写信给边防团领导，发出了最后“通牒”。

(9)该俱乐部的一位负责人打电话给海盗公司，……

① 语料来源于1997年《作家文摘》。

朱德熙(1979)认为句式Ⅲ根据句中"V"的性质不同可分为三类,即"给予"类、"取得"类和"制作"类,这三类在表义以及与其他句式的变换上稍有不同①。句式Ⅲ是表达"给予"义的构式,其句式的语义不受句式中"V"的限制。

4)句式Ⅳ,其格式为:N_1 + 给 + N_2 + V + N_3。这类句式其实是一种很复杂的句式,从大的方面讲,有两种情况:一种是可以与句式Ⅲ互换的句式,也表达一种"给予"义。对于此类句式中的"给"的词性,学界一直争论不休,因为它处于动介两可的境地;一种是介宾短语作状语句式,句式中的"给"已完全虚化为介词,介引句中动作的对象,不可与句式Ⅲ互换。句式Ⅳ在本族人语料中共出现351例,占66.73%。例如:

(10)他给一个香港朋友发了一封电子信件。

(11)唐宁最后给我们唱了首民歌《克日仑河》,……

例(10)可以转换成句式Ⅲ,而例(11)不能转换成句式Ⅲ,例(11)中的"给"已带有介词"为"的语义了。

(二)韩语中"给"的对应分析

汉语中的"给"在韩语中有三种对应用法:

1. 动词用法

汉语中的动词"给"对应于韩语中的动词"주다",但韩语在使用"주다"时,句式中的动作对象后要加格助词"에게"。请看句式Ⅰ在韩语中的运用:

(12) 我给他一本书。

나는 그에게 책 한 권을 주다.
我 他(对) 一本书 给

2. 助动词用法

汉语中"V给"中的"给"对应于韩语中助动词"주다",用于动词词干后表示"为别人做某事",即表示"服务"和"补助"义,在动作对象后也要加格助词"에게"。可以看出,"주다"在韩语中身兼动词和助动词两职。其句式对应于汉语中的句式Ⅱ。例如:

(13) 我送给他一本书。

나는 그에게 책한권을 보내 주다.
我 他(对) 一本书 送 给

所不同的是,在汉语中非给予类的动词不能进入"V给"结构,但韩语不受此限制。

① 具体论述详见朱德熙(1979)。

例如：

(14) ？我买给他一本书。[①]

나는 그에게 책한권을 사주다.
我 他(对) 一本书 买 给

3. 与格助词用法

介词“给”在韩语中的对应形式是与格助词“에게”，“에게”接在名词(体言)之后，使其成为行动的间接涉及对象，表示接受关系。如它在句式Ⅲ中的运用，例如：

(15) 我送一本书给他。

나는 그에게 책한권을 보내다.
我 他给 一本书 送

以及在句式Ⅳ中的运用：

(16) 我给他写封信。

나는 그에게 편지를 쓰다.
我 他给 封信 写

(17) 我给他唱了首歌。

나는 그에게 처음으로 노래를 불렀습니다.
我 他给 一首 歌 唱

另外，汉语中与“给”意义接近的介词“为、替、向、对”都对应于韩语中的与格助词“에게”。

根据汉韩语的对比，我们可以对韩国学生“给”及相关句式的习得难度做出以下预测：

1)韩语在使用动词和助动词“주다”(给)时，都要在动作对象后加与格助词“에게”，这个与格助词“에게”对应于汉语中的“给”及“为、替、向、对”等几个介词，是一对多的分裂形式，因此习得难度最高。学生极易在不该用介词“给”的时候用，并且把“给”与“为、替、向、对”等介词混用。

2) 韩语中的一种句式在汉语中分裂为句式Ⅲ和句式Ⅳ两种句式，是一对二的分裂形式，所以句式Ⅲ和句式Ⅳ习得难度也较高。学生极易出现两种句式的混用现象。

3) 韩语对进入句式Ⅱ的动词没有限制，而到汉语中，只有给予类动词才可能进入句式Ⅱ，所以学生容易受母语的影响把一些非给予类动词用于句式Ⅱ，从而导致句式Ⅱ

① “买”是获取类动词，多数学者认为“买给”构成的句式不合法，我们检索了北大 CCL 语料库，也仅发现 1 例。说明这类句式的可接受度很低。

的使用错误。

4）韩语中有与句式Ⅰ一样的句式，母语知识可以正迁移到目的语中，偏误应该很少，习得难度最低。

二　“给”字相关句式使用情况考察

（一）“给”字相关句式在三种语料中的分布

在教学大纲和教材中均未见对“给”及相关句式的语法点设置，但这并不代表在各种教材的课文中没有“给”字句。为此，我们建立了一个54万字的对外汉语教材课文语料库①，并检索到四种“给”字相关句式694例。可以看出，字数只有本族人语料（60万字）90%的教材语料中出现的“给”字相关句式却是本族人语料（526例）的1.3倍，可见，对外汉语教材中的“给”字句很多，学生在学习过程中会遇到大量的“给”字句。同时，学生在日常生活中也大量使用“给”字句，我们在60万字的中介语语料②中检索到“给”字句637例，其中正确用例514例，偏误用例123例（包括无法确定句式的偏误用例65例）。所以，可以看出，虽然没有“给”的语法点设置，但课文中并不缺乏“给”字句。“给”在教材和学生语料中的出现频率都非常高。下面让我们看一下各句式在三种语料中的分布情况。见表1：

表1

	句式Ⅰ	句式Ⅱ	句式Ⅲ	句式Ⅳ	总计
本族人用例	75	42	58	351	526
教材中用例	94	39	54	507	694
韩国学生正确用例	206	25	34	249	514
韩国学生偏误用例③	10	11	5	32	58
韩国学生用例合计	216	36	39	281	572

从表1可以看出，无论是在哪种语料中，句式Ⅳ使用频率都居于第一位，句式Ⅰ居

① 来源于杨寄洲主编的《汉语教程》（北京语言大学出版社，1999）、陈灼主编的《桥梁》（北京语言大学出版社，1996）和姜德梧主编的《高级汉语教程》（北京语言学院出版社，1990）的课文。

② 来源于南京师范大学中介语偏误信息语料库（韩国部分），分初、中、高三级，每级20万字。

③ 本表中的偏误用例不包括无法区分句式的用例，具体分析详见偏误分析部分。

于第二位，句式Ⅲ居于第三位，句式Ⅱ最少，而且句式Ⅱ和句式Ⅲ的使用量远少于句式Ⅳ和句式Ⅰ。这是正常的，因为句式Ⅰ和句式Ⅱ相对，句式Ⅰ是一种基本的给予句式，多数情况下可以满足交际的需要，使用量自然高一些。句式Ⅱ虽是一种表义更具体的给予句式，但进入句式的动词V要受到严格的限制，不是所有的动词都可以进入的，使用量自然低一些。句式Ⅲ中动词V的范围要比句式Ⅱ大得多，所以其使用要比句式Ⅱ多一些，但同时句式Ⅲ和句式Ⅳ之间也存在一定的转换关系，句式Ⅲ多可以转换成句式Ⅳ，但句式Ⅳ中的大部分不能转换成句式Ⅲ，因为句式Ⅳ中的"给"还承载着"替、为、向"等介词语义，所以句式Ⅳ所包括的内容要比句式Ⅲ多得多。不过，从总体上看，各种语料所反映的四种句式使用频率顺序一致，只不过韩国学生的句式Ⅰ使用超量，其他三个句式使用不足而已。对于学生句式Ⅰ使用超量，我们推测或许是日常交际的需要，让学生大量使用"给予"句式，同时句式Ⅰ是表达给予义的最简单句式，所以学生都倾向于使用句式Ⅰ。

（二）韩国学生"给"字相关句式使用考察

下面我们看看韩国学生各句式在不同学习阶段的分布情况。见表2：

表2

		句式Ⅰ	句式Ⅱ	句式Ⅲ	句式Ⅳ	总计
初级	用例数	41	12	6	71	130
	百分比	31.54%	9.23%	4.62%	54.62%	100.00%
中级	用例数	65	14	5	101	185
	百分比	35.14%	7.57%	2.70%	54.59%	100.00%
高级	用例数	100	8	14	77	199
	百分比	50.25%	4.02%	7.04%	38.69%	100.00%

在初级和中级阶段，各种句式的分布情况与本族人和教材的分布基本一致，且两个阶段没有大的变化。但到了高级阶段，学生的用例出现了很大的反差，可以说各种句式的分布顺序都产生了变化，说明学生在高级阶段对"给"字句式的使用不太稳定。这与普遍的教学规律是相违背的。由此也反映出学生对于"给"字句式的习得缺乏系统性，否则是不会出现这种现象的。

下面再看一下各句式在不同阶段的正确率比照表：

表 3

	句式Ⅰ			句式Ⅱ			句式Ⅲ			句式Ⅳ		
	总例	正例	正确率	总例	正例	正确率	总例	正例	正确率	总例	正例	正确率
初级	43	41	95%	15	12	80%	9	6	67%	82	71	87%
中级	71	65	92%	19	14	74%	5	5	100%	114	101	89%
高级	102	100	98%	11	8	73%	16	14	88%	85	77	91%

从正确率的分布和发展来看,句式Ⅰ的习得情况最好,句式Ⅳ的习得情况次之,句式Ⅲ的习得有较大反复,句式Ⅱ的习得情况最差。从正确率反映出来的习得顺序应该是:句式Ⅰ＞句式Ⅳ＞句式Ⅲ＞句式Ⅱ。这个顺序与前文分析的四种句式的对应关系是一致的。说明这一顺序是符合句式的结构规律的。

同时,韩国学生"给"及相关句式使用的一系列超常现象提醒我们,学生对语言的习得需要语法教学,适当加强语法规则的教学,可以引导学生顺利地习得各种语法项目。结合前文与本族人和教材中使用情况的对比及分析,我们认为可以分层次、分阶段对"给"字相关句式进行教学。可以把根据正确率得出的习得顺序在教学中进行实施、推广。

三　韩国学生"给"及相关句式偏误分析

韩国学生的"给"及相关句式的偏误可以分为三类:第一类是"给"字冗余,即不该用"给"而用"给"的偏误;第二类是"给"与相关词语和用法区别不清而引起的误代;第三类是"给"字相关句式中的偏误。三种偏误形式在不同学习阶段的具体分布请看表 4:

表 4

		"给"字冗余	"给"字误代	句式偏误	合计
初级	用例数	15	17	19	51
	百分比	29.41%	33.33%	37.25%	100%
中级	用例数	8	8	24	40
	百分比	20%	20%	60%	100%
高级	用例数	7	10	15	32
	百分比	21.88%	31.25%	46.88%	100%

从表 4 可以看出:第一,从总体上看,偏误数量是逐级下降的;第二,句式方面的偏误一直是最多的;第三,三种偏误形式虽在总量上逐级减少,但各学习阶段的比例变化

不大,说明三种偏误形式一直伴随着学生的习得,较难改正。下面,就这三种情况逐一分析。

(一)"给"的冗余

1. 动词"给"的冗余

动词"给"的基本语义是"给予",但给予双宾句的第二个宾语应该用名词,不能用形容词或动词,学生把一些形容词、动词、离合词误当名词用,产生偏误。这类偏误有19例,占冗余类偏误总数(30例)的63.3%。例如:

(18) *我想给她感谢。

(19) *第一次去娱乐室的时候,她不会打,可是我给她教,每天去练习。

(20) *如果他到韩国,那么,我给他请客。

以上的三个例子都不应该用双宾句式,直接用一般的动宾句式就可以了。可以改为:

(18') 我想感谢她。

(19') 第一次去娱乐室的时候,她不会打,可是我教她,每天去练习。

(20') 如果他到韩国,那么,我请他客。

有时,学生把"给"用于非"给予"义的双宾句中。例如:

(21) *大夫给我几个问题以后就开药了。

此例应改为:"大夫问我几个问题以后就开药了。"

2. 介词"给"的冗余

汉语中介词"给"的功能是介引施事①或对象,但并非在任何情况下都需要用"给"。而在韩语中,通常会在动作对象的后面加与格助词에게。学生受韩语的影响,同时把"给"的介引功能泛化,而在动作对象之前加"给",造成偏误。这类偏误有11例,占36.7%。例如:

(22) *而且我要把这样的幸福的感觉劝给别的人。

(23) *很多人常常问给我"你为什么学习汉语?"

(24) *我知道我是太浮躁,我不应该给他请帮忙可是他的太过分的行为令我

---

① 介引施事是"给"的被动用法,因中介语语料中只出现2个用例,且与本文讨论的四个句式关系不太大,所以本文并未将其列入考察范围。

恐怖。

(二)"给"的误代

1)将致使动词"使"误代为"给"。有13例,占误代偏误总数(35例)的37.1%。例如:

(25) *对我来说作者的旅行记给我很感动。

(26) *春天的景色给人们心情愉快。

这种误代的产生并不是因为韩语中"给"有"使、让"的用法,而是因为受到"给予"义双宾句用法的影响,把"给予"义双宾句使用规则泛化所致。因为,从广义上理解,"致使"也带有一种"给予"的含义。但上述两例不符合"给予"式双宾句的结构,因为这两例中的"我很感动"和"人们心情愉快"都是主谓结构,而不是两个独立的名词性成分。所以这两例都不能用"给",而应该用"使"或"让"。

2)将"对"误代为"给",有9例,占25.7%。例如:

(27) *她给我说,"借卫生品。"

(28) *这个机会给我很重要。

3)将"跟"误代为"给",有10例,占28.6%。例如:

(29) *她给我学韩国语。

(30) *下次,我要给您再联系。

以上四例都是受到韩语中与格助词"에게"使用的负迁移所致。

(三)相关句式的偏误

1. 句式Ⅰ的偏误

句式Ⅰ作为一种典型的简单"给予"义双宾句,其给予义是动词"给"独立承担的。这与韩语的语法不一样,所以学生很易受韩语语法的影响,在动作对象前加一个介词来介引这个名词,而把"给"置后。这类偏误是句式Ⅰ的典型偏误,共出现5例,占句式Ⅰ全部偏误数(10例)的50%。例如:

(31) *所以对我们给深刻的印象。

(32) *我对老板给钱,他却不好意思收。

正确的句子应为:

(31')所以给我们深刻的印象。

(32')我给老板钱,他却不好意思收。

第二种情况是直接宾语不符合双宾句的要求,共出现4例,占句式Ⅰ全部偏误数的

40%。例如：

(33) *这样给人既洁白又沧桑。

(34) *这样的事情都给我学汉语的乐意。

例(33)中的"洁白又沧桑"是形容词，不符合双宾语句的要求，应在其后加"的感觉"，使其变成一个名词短语。例(34)把"乐意"改成"快乐"。

还有一例是助词"了"的位置出现错误：

(35) *但是那个电影给我们了想像力，所以我很喜欢那个电影。

此例中的助词"了"应加在动词"给"之后。

2. 句式Ⅱ的偏误

句式Ⅱ也是一种典型的双宾句式，虽然偏误的数量不多，但与使用频次相比，偏误率是四种句式中最高的。最典型的偏误是学生把不能进入"V给"的动词当作"V给"动词用，从而产生错误的句式Ⅱ，共出现6例，占句式Ⅱ全部偏误用例(11例)的54.5%。请看例句：

(36) *如果我不买给她衣服呀，皮鞋呀……

(37) *我以后有时间的时候常写给你信。

这两例都是错误的句式Ⅱ，可以改成句式Ⅲ或句式Ⅳ。

句式Ⅱ动词V的偏误还体现在动词V的遗漏和误代，共现4例，占36.4%。例如：

(38) *大学离我家很远，所以我离开家住宿舍，……弟弟给我一封信。

(39) *有的时候韩国朋友送给我几封信。

正如上文分析的那样，例(38)的表义不准确，根据上下文，"给"前应加一个"寄"字。例(39)也是同样的问题，应把"送"改成"寄"。这类偏误主要是因为学生对"给"与"V给"的表义区别不清所致。可以看出，句式Ⅱ的偏误主要集中在动词V上，这种偏误占了句式Ⅱ全部偏误的90.9%。

另外，还出现一例像句式Ⅰ中一样在动作对象前加"对"的例子：

(40) *我回国前对他送给一张的照片。

3. 句式Ⅲ的偏误

句式Ⅲ中的偏误主要是成分的遗漏。例如：

(41) *母亲每天让"我"两个鸡蛋给客房客人。

(42) *他母亲做给我。

例(41)在"我"的后面缺少动词"送"，例(42)没有上下文信息，我们不清楚学生说的是什么。查了学生作文以后,发现他遗漏了"中国菜"。

另外,只出现一例冗余"了"的偏误用例,但这个偏误与"给"字句的结构关系不大:

(43) *我常常写信了给他们!

4. 句式Ⅳ的偏误

句式Ⅳ的典型偏误是遗漏,共有17例,占句式Ⅳ偏误总数(32例)的53.1%。主要是动词的遗漏。例如:

(44) *……,所以我们给老师绰号"果糖"。

(45) *这种事故还给渔民经济上很大的影响。

例(44)在"老师"之后遗漏了动词"起",例(45)在"经济上"之后遗漏了"带来了"。这类偏误的产生还是受到"给予"义使用泛化的影响,把整个句子当成"给予"式双宾句。

这类偏误中还包括两例"了"的遗漏:

(46) *好久没给你写信。

(47) *好几年没给你写信。

这两例都遗漏了句尾语气助词"了"。

其次是错序型偏误,共有10例,占31.3%。错序型偏误有两种:一种是"给"字结构与动词性结构之间的错序。例如:

(48) *我介绍一下给您,我只有一个弟弟。

(49) *我很高兴亲自起名给它们。

例(48)不应该用"V给"结构,因为"介绍"不是"给予"类动词。例(49)中的"给"只能表达"替、为"等语义,不能表达"给予"义,所以应把"给它们"放于"起名"之前。

一种是助词"了、过"或修饰语的错序。例如:

(50) *你从来没有给我买衣服过,都是我用自己赚的钱买的。

(51) *……,然后每天三次给它喂食。

例(50)的"过"应该在"买"之后,例(51)中的"三次"应该在"食"之前,来修饰"食"。

剩下的5例偏误是冗余和误代,多不是典型的偏误,没有规律性。

四 结语

从以上的分析来看,韩国学生"给"及相关句式的习得难度与上文的预测基本一致:

1. 受韩语中与格助词"에게"使用的影响,"给"与相关介词的区别难度最大,出现的偏误最多。体现在"给"的误代和冗余。

2. 从正确率角度看句式Ⅲ和句式Ⅳ的习得难度处于句式Ⅱ和句式Ⅰ之间。

3. 句式Ⅱ的习得难度最高，各级的正确率都不高，而且其中 90.9%的偏误就是受母语影响的动词偏误。

4. 句式Ⅰ的习得难度最低。此句式不仅使用频率高，而且正确率也高。

但在偏误表现方面有不太一致的地方：

1. 句式Ⅲ和句式Ⅳ并不完全像预测的那样，在句式变换方面出现很多偏误。这两个句式出现最多的偏误是成分的遗漏。

2. 句式Ⅰ的习得难度不高，但并非完全受到母语正迁移的影响，相反，还受到与格助词“에게”使用的负面影响，出现很多介词冗余的偏误。

另外，按照对比分析的观点：外国学生在初级阶段受母语负迁移的影响较多，目的语规则泛化的影响较少；到了中高级阶段，母语负迁移减少，目的语规则泛化增多。这两种影响在中介语的发展中处于一种此消彼长的状态。但通过本文对韩国学生“给”及相关句式的偏误分析，我们发现这种此消彼长的规律并不十分明显，在很多情况下它们是交叉影响着学生的习得的。例如：

1. “给”字冗余和误代两类偏误中也有目的语规则泛化的影响，如：动词“给”的冗余（如例 18—21）、致使动词误代为“给”（如例 25—26）是受汉语“给予”双宾句使用规则泛化影响的。

2. 句式Ⅰ中第二大类偏误就是对目的语规则掌握不清导致的误代。

3. 句式Ⅳ中的动词遗漏，也是对句式Ⅳ构成规则掌握不清造成的。

综观各种教学大纲和教材都没有专门设置“给”及相关句式的语法点，但在初、中、高三级汉语教材中“给”的出现频率很高，在本族人和中介语语料中的出现频率也很高，说明“给”字相关句式在实际使用中的需求量很大。大纲和教材没有把它作为语法点来设置，但我们相信，教师在教学中遇到这样的句式时，还是会给学生们讲解的。不过，通过上文对韩国学生的使用情况考察来看，学生掌握得并不理想，母语使用规则的负迁移和目的语使用规则的泛化始终伴随着学生的运用，而且学生的使用中有很多超常的现象，说明现代汉语“给”及相关句式是学生学习的一个难点。所以，对于“给”字及相关句式的教学应该引起对外汉语教学的重视，应该把“给”字相关句式引入日常教学，使“给”的相关问题更加系统化、规则化，以帮助学生更好地学习。

根据前文的分析，我们认为“给”字相关句式的教学可以按如下顺序进行：

(1) 首先教授基本的“给予”义双宾句（句式Ⅰ），注意学生对“给予”义的泛化；

(2) 其次教授句式Ⅲ，指明其“给予”义的表达，对进入句式的动词作适当介绍；

(3) 然后教授句式Ⅳ，可以先进行“给予”义句式Ⅳ的教学，注意与句式Ⅲ的互换；

再进行介词句(非“给予”义)的教学,注意与相关介词用法的区别。

(4)最后进行句式Ⅱ的教学,着重针对进入句式的“V”的讲解。

另外,在教学的过程中要时刻注意“给”与相关介词“为、替、向、对”的区别,以减少学生的误代偏误。

参考文献

董付兰(2001)关于“NA 给 NBV(O)”结构及其教学,《湛江师范学院学报》第5期。

李晓琪(1994)介词“给、为、替”——兼论对外汉语虚词教学,《语法研究与语法应用》,北京语言学院出版社。

吕叔湘(1980)《现代汉语八百词》(2005 增订本),商务印书馆。

齐沪扬(1995)有关介词“给”的支配成分省略的问题,《上海师范大学学报》第4期。

王凤敏(2005)包含“给”的四种相关句式比较研究,《河南师范大学学报》第3期。

延俊荣(2004)NP_3 对“NP_1 + 给 + NP_2 + NP_3”合格度的制约,《语文研究》第2期。

朱德熙(1979)与动词“给”相关的句法问题,《方言》第2期。

朱德熙(1983)包含动词“给”的复杂句式,《中国语文》第3期。

(210097 南京,南京师范大学国际文化教育学院)

《汉语新闻阅读教程》评析与报刊教材编写

苏　婧

摘　要：综观目前已经出版的各类对外汉语教材，报刊教材的数量不仅相对较少，编写思路、设计安排与教材内容也彼此颇为相似，已成为对外汉语教材编纂的薄弱环节。

为进一步提高报刊教材的编写质量，笔者选择新近出版的较具代表性的《汉语新闻阅读教程》予以评析，认为其在编写上的优点是重视教材编写的实用性原则和知识性原则；但是其仍存编写针对性不够突出、科学性有待提高等缺点。在此基础上，笔者对报刊教材的编写提出了自己的建议。

关键词：《汉语新闻阅读教程》；报刊教材；科学性；针对性；临时教材

随着对外汉语教学事业的迅速发展，对外汉语教材也在不断推陈出新，种类与数量呈直线上升趋势。然而，综观目前已经出版的各类汉语教材，报刊教材的数量不仅相对较少，编写思路、设计安排与教材内容也彼此颇为相似，是对外汉语教材编纂的薄弱环节，亟待突破与提升。

有学者指出，当前对外汉语教学界出版的报刊教材无论是数量种类、还是整体质量水平，都落后于其他语言技能训练课的教材，其原因与报刊教材的时效性较强、编写起来费力不讨好有关，但更与对报刊教材的研究不足有关。①

因此，笔者选择了北京大学出版社新近出版的、较具代表性的一本报刊教材《汉语新闻阅读教程》，对其进行分析与评价，指出其编写方面的优点与不足；同时将结合报刊课的定位与特点，对报刊教材的编纂提出一些想法与建议。

一　报刊课的教学目标、课程定位

教材编写是为课程教学服务的，必须充分体现此门课程的教学目标和课程定位。

---

①　吴成年《对外汉语报刊教材的特点与编写原则》，《新疆师范大学学报》2007 年第 1 期。

笔者以为，目前报刊教材编写普遍不尽如人意，与编写者没有完全把握和理解报刊课的定位、特点与教学旨向有一定关系。有一些报刊教材编写者把报刊课视作"只读新闻的阅读课"，编写出的报刊教材与阅读课教材形似神也似，不仅迷失了自我特色，也难以发挥教学效果。所以，在对具体报刊教材进行剖析、并对报刊教材编写建言献策之前，笔者认为有必要先对报刊课的教学目标和课程定位进行梳理和分析。

报刊课在外国留学生长期进修汉语教学课程设置中，隶属于中、高级阶段的必修课或选修课，其教学内容主要是阅读并理解中国报刊上刊载的各类题材、各种体裁的文章。综合国家汉办《高等学校外国留学生汉语言专业教学大纲》对二年级中国报刊语言基础课和三年级中国报刊阅读课的要求[①]不难看出，报刊课的教学目标总体有三：一是培养和提高学习者阅读中国报刊的能力，二是训练和提升学习者以中文媒体为工具获得有关中国信息的能力，三是在掌握前两项能力的基础上，加深对中国文化和中国社会的认识与理解。

基于对报刊课教学目标的阐释，笔者认为报刊课的定位不妨从三个角度理解，这三个角度既是报刊课的教学重点，也可以凸显汉语报刊教材编写的重点：

首先，报刊课是一门专项语体课。报刊文章不同于一般的文学作品，报刊文章真实、实用，它的主要功能是迅速、准确、广泛、有效率并有效果地传递信息，因此在词汇、语体、文体、篇章上具有自身独有的特点，这意味着报刊教材的编写必须突出体现中文报刊的语言特点、写作特点和编辑特点，帮助学习者尽快熟悉中文报刊，进而提高阅读中文报刊的能力。

其次，报刊课也是一门技能训练课。报刊课并不仅以提高学习者阅读能力为唯一教学目标，而旨在为学习者的语言交际服务。报刊阅读与一般阅读不同之处在于：一般阅读是一种语言学习行为，包括对具体的句、段、篇的理解认知；而报刊阅读除了有一般阅读的这种特征外，还是一种使用行为，一种交际行为。[②] 报刊课的目的不在于让学习者习得语言知识，而是要培养学习者从中文报刊上又快又好地获得信息并交流信息的能力，即实际运用汉语的能力。这就要求报刊教材的编写必须注重对学习者汉语交际

---

① 教学大纲对报刊课程的开设有明确要求，对二年级开设的中国报刊语言基础课做出规定："本课程的教学目的是培养和提高学习者阅读中国报刊的能力，使学习者掌握一定数量的报刊常用词语和句式，积累必要的中国文化知识，了解中国报刊文章文体的特点和语篇结构规律，并掌握一些阅读技巧，能读懂一般的新闻报道、通讯和评论等报刊文章。"该大纲对三年级开设的中国报刊阅读课做出规定："本课程的教学目的是培养和提高学习者阅读中国报刊的能力，能够基本读懂一般性的中国报刊，使学习者具备一定的快速阅读和查找信息的能力，以及较强的跳读、猜读和一定的概括、提炼内容梗概的能力。"

国家对外汉语教学领导小组办公室：《高等学校外国留学生汉语言专业教学大纲》(附件二)，北京语言文化大学出版社，2002 年，第 210、213 页。

② 徐富平《汉语报刊阅读教学中的语感问题研究》，《云南师范大学学报》2005 年第 3 期。

能力的培养与训练，有助于学习者在实际生活中大量阅读报刊、准确把握新闻的核心内容。

此外，报刊课还是一门文化知识课。报刊文章包罗万象，真实准确，鲜活生动，潜藏着丰富的文化内涵、也折射着中国特定的文化心理。报刊课不仅是汉语学习者扩充汉语词汇量——尤其是掌握中国社会流行词语的重要方式，是其提高汉语阅读水平和汉语交际能力的主要途径，更是其获取中国信息、解读中国社会、习得中国文化的关键窗口，是他们逐渐理解、接受中国人的价值观念、交际方式、思维特点的有效渠道。正因如此，编写报刊教材，也必须充分体现第二语言教学“语言与文化相结合”的原则，教材的内容应当充分开拓汉语学习者的视野，展示当代中国丰富多彩的社会风貌和文化大观，成为中国社会各个方面的浓缩与集中展现；同时教材的注释与练习应当有意识地讲解并扫除学习者学习汉语的文化障碍，引导其进入目的语社会文化环境，帮助其与之充分交流融合。

二 《汉语新闻阅读教程》评析

2.1 《汉语新闻阅读教程》教材简介

刘谦功、王世巽编著的《汉语新闻阅读教程》①是“北大版新一代对外汉语教材·报刊教程系列”中用于对外汉语教学中高级阶段报刊课的教材，由北京大学出版社于2005年6月出版。该教材“旨在培养外国学生阅读中文报刊的能力，使其在学习、生活或工作中能从中文报刊中获取所需要的各种信息”②。

《汉语新闻阅读教程》遵循如下的编写原则：一，实践第一、以培养语言技能——主要是阅读技能——为主的原则；二，语言技能与中国当代社会背景知识相结合的原则。③针对这两项原则，该教材在编写时注重精读训练与泛读训练的相互补充、有效结合，每一课除了精读课文之外，还安排一至三篇新闻以供泛读；同时，该教材在设计上注重文化知识的讲解和传授，安排了文化背景导读、报刊知识介绍等内容。

《汉语新闻阅读教程》在内容上分专题编写，每一课为一个专题，共计20个专题。分别为中国和平崛起、大学生就业、读图时代、外国人在中国、上海的发展、扶贫事业、城市古迹保护、联合国改革、人口性别比、北京交通、汉语外来词、中国年俗、高科技发展、

---

① 本教材隶属于报刊教材，但本教材中的课文并不仅来自于报刊，还来自于其他新闻媒体，故题名《汉语新闻阅读教程》而非《汉语报刊阅读教程》。

②③ 刘谦功、王世巽《汉语新闻阅读教程》，北京大学出版社，2005年，前言。

世界遗产保护、防治艾滋病、上网问题、奥运会、经济全球化与文化一体化、人造美女、科学发展观，内容涵盖十分广泛。

《汉语新闻阅读教程》每一课的编写体例是：文化背景导读①、课文、生词、注释、练习、课后阅读文章、报刊知识。此外，书后还附有词汇索引、注释索引、英文字母缩略词索引、部分练习参考答案。其中，课文是教材的主体，生词、注释、练习主要是围绕课文所设计编排的，阅读文章后面只有"阅读检查"（即针对文章提出的一道主观或客观练习题）。

2.2 《汉语新闻阅读教程》的编写特点剖析

在这一部分，本文将按照《汉语新闻阅读教程》的编写体例，分别从"课文与阅读文章""生词表与注释"、"练习"、"报刊知识"、"辅助学习材料"五个部分对这本教材编写的情况进行剖析，阐释各个部分值得借鉴的长处和仍需改善的不足，并在此基础上对整本教材的总体特点予以总结。

2.2.1 "课文与阅读文章"编写的优缺点

作为一本文选式教材和一本"以培养语言技能——主要是阅读技能"的汉语教材，课文的选择与编写是教材编写的核心环节。课文选择得科学与否、实用与否、有没有针对性和代表性，往往决定着这部教材能否激发学习者的兴趣、热情与动力，能否达成既定的教学目标。此外，鉴于本教材强调"精读与泛读"相结合，故补充阅读材料的选择得当与否、有益与否，也对教学效果发挥着至关重要的影响。

笔者以为，《汉语新闻阅读教程》"课文与阅读文章"部分有以下两个优点。

第一个优点，选材注重多样性。这个优点可以从三个方面阐释。

首先，新闻主题多样，囊括中国社会的方方面面。《汉语新闻阅读教程》中共有 20 个专题，每个专题的主题各异，涉及时政、经济、科技、教育、健康、民俗、文化、交通、奥运、人口等各个方面的中国国情、发展情况、现存问题和未来趋势。其中，第 1 课中国和平崛起、第 17 课中国奥运会、第 20 课科学发展观，都是从前报刊教材中没有涉及、但却是当代中国最热门的话题。教材收入的新闻主题多样，好处在于不仅有助于汉语学习者全方位、多角度地了解最真实的中国社会，而且为他们提供了大量的跨文化资源，帮助他们消除文化隔膜、提升跨文化交际的能力。

---

① 每一课的"文化背景导读"其实就是对课文大意的两三句总结，列在课文之前。由于内容太过单薄，本文不对其进行分析评价。

其次，新闻来源多样，报纸、杂志、网络、电视，一应俱全。这一优点，也是《汉语新闻阅读教程》编撰的突破点之一。与绝大多数汉语报刊教材不同的是，这本教材中的新闻并不仅仅来源于报纸一种新闻媒体，而是各类媒体的新闻都有收录。58篇文章中，有7篇出自网络①，3篇来自期刊杂志②，1篇来自电视报道③，非报纸新闻的总数已经接近1/5。在余下的报纸新闻中，出处也不局限于《人民日报》、《人民日报海外版》、《光明日报》等几家中央党报，《南方都市报》、《今晚报》、《北京青年报》等地方大众报刊文也在收录之列。教材收入的新闻来源多样很有意义，因为伴随着时代的发展，人们获取新闻的渠道已经不仅限于报纸和期刊，电视、广播、网络都是新闻的主要载体、甚至已经成为主导载体，同时也是包括外国学生在内的各类社会人士了解中国实际情况的重要渠道。在教材编写中收入电视新闻、网络新闻，将有助于提高学习者在现实条件下对各类新闻和中国社会文化背景知识的获取能力和理解能力。

再次，新闻体裁多样，消息、评论、访谈对话、人物特写等都有所涉及。《汉语新闻阅读教程》中有相当一部分新闻属于"记者问、采访对象答"的访谈对话体裁，比如《北京交通路在何方》、《今天，我们如何过好年》等，语言接近口语，交际性很强。在现实生活中，媒体刊载或播出的新闻体裁是不一而足的，然而以往的报刊教材往往只选择消息，而忽视其他体裁的新闻。消息、评论、访谈、特写，各自有各自的语言特点，都需要汉语学习者接触和了解。教材收入的新闻体裁多样值得提倡，特别是人物特写和访谈对话，可读性比消息更高，信息含量和语言知识也更加丰富，不妨让学生更多学习。

第二个优点，文章较具时效性。

报刊课的主要教学内容就是新闻，而新闻最大的价值就在于它的时效性——即第一时间反映社会的新事物、新现象、新思维、新动态。材料的真实与新鲜，是报刊课在对外汉语教学体系中的立足之本。因此报刊教材在选材上必须重视时效性的把握，这也是相比普通汉语教材而言，评价报刊教材水平的特殊之处。

笔者对《汉语新闻阅读教程》中的课文和阅读文章进行了统计。这本教材于2005年出版，在总共58篇文章中，除了6篇没有标明出版时间（取自网络）之外，剩下的52

---

① 7篇分别是：《明珠璀璨耀东方》出自 www.sina.com，《航天技术的辉煌展示》出自 www.zaobao.com，《生命科学走向纵深》、《风力发电》、《机器人与我们融合》出自 www.bjkp.gov.cn，《经济全球化与文化多元化应该并行不悖》出自 finance.sina.com，《还有什么不可以人造》，来自 www.xinhuanet.com。

② 3篇分别是：《风云变幻话奥运》出自《新体育》，《全球化了的我在哪里》出自《读者》，《中国只能走资源节约模式的发展之路》出自《知识就是力量》。

③ 这篇是《国家人口和计划生育委员会主任张维庆谈出生人口性别比上升拯救中国四千万光棍》，出自中央电视台（北京青年报转载）。

篇文章中，2004 年媒体刊载的有 38 篇，2003 年媒体刊载的有 11 篇，另外还有 3 篇分别于 2002 年、2000 年和 1998 年刊载。70%以上的文章出自教材出版前一年的新闻媒体，其中还不乏 2004 年 12 月的新闻报道，可以说，这本教材整体的时效性还是比较强的。

"新闻的变动不居和教材的凝固静止是报刊教材编写中的一个矛盾。"①但对此并非没有解决之道，将固定教材与临时教材相结合就是一种重要方法——教师既向学生讲授现有报刊教材中的新闻，也可以自己临时选择一些最新出炉的报刊（媒体）新闻，融入到课堂教学之中。对于临时教材的添加，《汉语新闻阅读教程》的编写者也有所考虑，他们在前言中提出"如有需要，任课教师也可以选取其他相关的时文作为补充材料。"②这也从一个侧面证明，这本报刊教材的时效性是编写者十分重视的一个问题。

凸显多样性和讲求时效性，是《汉语新闻阅读教程》在"课文与阅读文章"部分在选料和编排方面的两个优点，也因此强化了这本教材的实用性。但"课文与阅读文章"部分在选料和编排方面依然存在两个缺点。

第一，选编欠缺科学性。

对外汉语教材的编写应当符合语言规律、语言学习规律和语言教学规律③。具体而言就是教学内容的编排要由简单到复杂；课文中的生字、生词和新的语法点要均匀分布，并且有一定的重现率；教材各个内容的安排和设计，要与教学目标相一致；等等。在"课文与阅读文章"部分，笔者认为编写的科学性不足。

首先，课文的难度没有遵循从浅入深的语言学习和教学规律。比如，第 1 课（有关中国和平崛起）的一篇课文和两篇阅读文章难度都不小，不仅篇幅长（均为几千字），而且其中两篇是评论性文章，文章思辨性很强，此外这三篇文章的生词林立，包括"无与伦比"、"趋利避害"这样的成语和"包产到户、经济特区"这样的中国特色词汇。相对而言，第 5 课（介绍多色彩的上海）、第 16 课（有关青少年文明上网问题）不仅文章本身简短、语言点较少，而且文化障碍并不多，这样的课文应当提前放置。诚然，这本教材整体定位就是给中高级的汉语学习者使用的，文章总体而言都有一定难度，但是"难度"也分出等级，教材应当把相对容易的文章放在前几课，而不是按照教师的意愿把中国人认为最重要的课文放在前面。否则，难免令初次接触本课程的学生产生挫败感和丧失积极性。

---

① 张崇富《问题与对策——报刊课之我见》，《汉语学习》1999 年第 4 期。

② 刘谦功、王世巽《汉语新闻阅读教程》，北京大学出版社，2005 年，前言。

③ 吕必松《汉语和汉语作为第二语言教学》，北京大学出版社，2007 年，第 112 页。

其次，属于同一课的主体课文和阅读文章互补性不强，不同课的课文与课文之间关联性不大、生词和报刊用语复现率很低。比如，第1课的课文与阅读文章二的体裁都是政论文，主题也都是中国为何选择和怎么行走和平崛起之路；第14课（世界遗产保护）课文和两篇阅读文章都是同一个报道角度：我国世界遗产岌岌可危，要申报、更要保护，且阅读一和二都是借专家之口表达这个主张。至于复现率低，与第20课的话题彼此差别较大、文章均来自现成新闻报道不无关系，但笔者以为既然教材在前言中称“选择的文章有一定的删改”①，就可以在编排后面的课文时改变一些词语和表达方式，主观地增加复现率和大纲词语，以便学习者更有效率地扩充词汇、掌握报刊用语。

另外，对于每课的阅读文章，编写者没有在文末列出生词表，而是仅在文中对生词标注拼音。这种方式虽然是一种创新，但笔者以为并不科学。阅读文章环节的设计，编写者点明是为了精读训练与泛读训练相结合，而泛读训练的一大目标就是培养学习者不借助词典、跳跃障碍阅读的能力，只标拼音、不在文末注释看似是为了达成这一目标，但事实上拼音对理解文意的作用甚微，对学生而言，只标注拼音的生词依然还是生词，而且拼音的插入还打断了他们阅读的连贯性。如果阅读文章着重培养学生的猜词和跳读能力，还不如完全不处理生词，恐怕效果更好。

第二，文章尚需针对性。

针对性是教材编写的重要原则，教材必须针对教学对象的需求和水平、针对教学课程的设计和教学目标的定位来编写。本教材的针对性尚需提高，主要在于课文话题的选择对学习者的需求体现不够。北京师范大学汉语文化学院的教授在编写《读报纸 学中文》前曾对175名二年级的留学生展开话题兴趣程度的调查，在25个话题中，旅游、留学、找工作这三个话题排在前三位，这在一定程度上反映了留学生对报刊话题的兴趣程度与该话题同自己生活的相关性有关，具有明显的实用性的特点②。本教材虽然剔除了以往报刊教材顽固偏爱的外交类文章，但是基本集中在中国崛起、科学发展观、航天技术辉煌成就等这类宏大深刻的主题，对留学生感兴趣的旅游、留学、餐饮、时尚、体育、娱乐几乎没有涉及。笔者以为，对外汉语报刊教材在编写之前，在吃透教学目标的情况下，对学习对象的国别、年龄、汉语水平、文化背景、学习需求进行收集、分析、研究和整理，应当在实践中予以落实，从而保证教学的针对性和实际效果。

---

① 刘谦功、王世巽《汉语新闻阅读教程》，北京大学出版社，2005年，前言。

② 吴成年《对外汉语报刊教材的特点与编写原则》，《新疆师范大学学报》2007年第1期。

2.2.2 “生词表与注释”编写的优缺点

《汉语新闻阅读教程》每一课都有生词表与注释。其中，生词表为主体课文中出现的新词语进行注音、释义（中英文）并标明词性，注释则为主体课文和阅读文章中出现的中国特色词语或一些专业术语进行文字较长的注解，没有拼音标注。每一课的阅读课文文后不设生词表。

词汇教学是报刊教学的一大重点，也是一大难点。主要在于报刊中有大量新词①、缩略语和字母词②、成语、专有名词、专业术语、固定用词，学习者既不了解词义，也存在文化上的生疏。尤其是新词、缩略语和字母词，很多是超纲词或者在字典中都查不到，但是这些新词语会经由大众媒体的广泛传播而迅速流行，并因其简洁明快的表达不断融入现代汉语语库之中，对汉语学习者的日常交际非常有益，也有助于他们了解社会的最新动态和时髦风尚。而成语、专业术语、固定用词和缩略语，或文化含量丰富，或体现汉语词汇的构词特点，对学习者掌握更多的汉语词汇大有裨益，理应纳入汉语学习者的学习范围。

《汉语新闻阅读教程》在“生词表与注释”方面的优点体现在如下两方面：

第一，注释编写体现知识性原则。

对外汉语教学不仅教授学习者汉语，也传授汉语文化和中国知识。虽然语言教学以交际实用为目标，但是文化背景知识的掌握程度往往决定着学习者交际的广度和深度。正因如此，吕必松将“知识性原则”列为教材编写一般原则中的一项③。《汉语新闻阅读教程》的注释编写体现了知识性原则，尽可能地将课文中涉及到的文化、历史、地理、时政、科学知识，一一介绍给学习者，以帮助他们充分了解课文、充分了解中国。

注释不仅对“小康”、“包产到户”、“经济特区”、“三峰叠加”、“改革开放”、“严打”这类具有中国特色的词语进行解读，也对“国家发改委”、“国务院”、“国家计生委”这类中国政府部门进行了释义，还对“小儿麻痹症”、“毛入学率”这类专有词语进行了注解，特别对“不孝有三、无后为大”、“三十年河东、三十年河西”、“身体发肤、受之父

① 新词多，是因为报刊刊载的主体是新闻，而新闻的生命就在于第一时间反映社会的新发展、新事物、新观念、新气象，新词语自然而然就会随之曾出不穷——报刊同时是使用新词和制造新词的词汇工厂。这其中既包括最新杜撰的词汇，比如“非典”、“忽悠”；也包括旧词语引申出新词义，比如“下课”、“粉丝”；还包括由添加词缀构成的新流行词汇，比如“上班族、啃老族、月光族”、“旅游热、公务员热、汉语热”等。

② 缩略语和字母词多，前者比如“东盟”、“六方会谈”，后者比如“CEO”、“PK”，很大程度上是由于新闻传播的实用性和经济性决定的——即在有限的版面上和有限的字数中要传递尽可能多的信息。

③ 吕必松《汉语和汉语作为第二语言教学》，北京大学出版社，2007 年，第 111 页。

母”、“清水出芙蓉、天然去雕饰”这些中国古典书籍中的成语、诗句进行了说明和解释，使学习者充分领略汉字的魅力和中国文化的博大。此外，“王安石”、“长征”这样的中国历史名人、历史事件，《城市规划法》、《中华人民共和国国家通用语言文字法》这类的法律法规，以及“拿来主义”、“钱钟书笔下的方鸿渐”这样的著名汉语文学作品中的主要人物和经典语句，在注释中也都有所体现。当然，极少数词语笔者以为其实是不必列入本教材的注释之中的，比如“联合国”、“哈佛大学”，“在大门上强行加顶的怪事”①之类，要么对学生而言已经不算“新知”，要么对学生而言没有理解和记忆的必要，加入注释有些多余。

第二，生词表内容较为丰富，实用性有所提高。

与之前的汉语报刊课程教材的生词表相比，《汉语新闻阅读教程》生词表的内容有所扩展。比如，比较同样是北京大学出版社出版的《新编汉语报刊阅读教程》（初、中、高级本）（吴丽君 2000），本教材的生词表不仅对词性予以了标识，而且也不再仅用英文的某个词解释汉语新词，而是以短小的中文句子/中文词组予以解释。

标注词性的好处是有助于学生掌握语用知识，在造句时更加得当、得体；用句释词而非词释词的好处在于：首先学习者的母语体系中未必可以找到准确合宜的对应词语，生硬“对号入座”容易限制学生对词语丰富义项的进一步了解和学习，另外用中文短句释义也有助于学生掌握在什么样的汉语语境下使用这一词语最为适当。不过《汉语新闻阅读教程》生词表的丰富与实用性的提高也是相对的，诸如词语的感情色彩、使用场合、例句、与容易混淆的词语的对比辨析等等，也可以进一步纳入生词表中，提高其对学习者的指导作用。

除了以上两点优点，《汉语新闻阅读教程》在“生词表与注释”方面还有两点缺憾，具体如下：

第一点，没有将报刊常用词组/句式予以注释。

报刊文章，尤其是时政类的消息，在经过了长期报道实践之后，形成了很多固定格式②。这是报刊文章的一大特色，比如，“据×报道”，“从××获悉”，“加大××力度”，“应××之邀，前往××访问”等。这些固定格式不仅体现着汉语遣词造句的规则和方法，更是学习者阅读报刊文章的一道门槛，掌握与否往往决定着他们阅读报刊文章（包

---

① 见《汉语新闻阅读教程》103 页，指 1995 年新建成的北京西站在主体建筑上耗费巨资强行加了一个中国古典式的大屋顶。

② 这与新闻工作者的工作模式和工作习惯有一定关系，新闻工作机构大多建有新闻资料库，记者和编辑会在采编一篇新报道之前，参考借鉴已有报道的报道口吻、报道框架和报道语汇，尤其是重大时政类报道，遣词造句一般是固定的。

括正式书面文章)的速度和效率。讲授报刊常用词组/句式,是报刊课的题中之义,也理应是报刊教材的编写内容①。

第二点,没有对报刊中长句、复杂句予以注释。

报刊文章中的长句和复句也比较多,这与报刊语言讲究逻辑严密、表述清晰有关,也与报刊文章需要节省字数和版面有关。报刊中的长句,主要指句中状语、定语、补语较多,通过增添修饰成分来增添语句表达信息的容量。报刊中的复句,主要指各种因果关系、转折关系、递进关系的复句,往往更重用意合而非形合,关联词语能省则省。长句和复句往往会成为学习者提高报刊阅读速度和理解报刊文章含义的主要障碍,甚至比繁多的新词更令他们头疼,"报刊语言的难度主要不在于新词的出现频率很高,而在于报刊选文在语言、篇章结构、写作方式上与一般阅读材料的不同,留学生也许认识选文中的每个字,却不一定能读懂整句话。"②因此,在注释中只对有文化深意的词语进行解释,恐怕是不够的。

2.2.3 "练习"编写的优缺点

《汉语新闻阅读教程》每一课在主体课文和阅读文章后都设置了练习,非主观练习题在书后附有答案。主体课文后的练习题一般有四道,题型包括:读后回答问题、按照正确顺序排列句子、选择正确答案、根据课文判断正误、概括段意、根据课文内容填空、请用汉语写出下列英文字母词的意思,共七种题型,阅读文章后的练习题只有一道(教材称为阅读检查),题型包括判断正误、回答问题两种。教材这部分编写的优点如下:

第一,课文练习题型丰富,契合教学目标。

课文后练习题中既包括对重要语言点进行操练的练习,比如"按照正确顺序排列句子"是针对句子结构和句意理解的巩固类练习,"选择正确答案"是针对生词、成语、文化知识设计的理解和记忆类练习;也包括对段落篇章理解能力进行训练的练习,比如"选择正确答案"、"读后回答问题"、"根据课文判断正误";还包括针对报刊语言特点的专项练习,比如"请用汉语写出下列英文字母词的意思";以及包括大量训练学习者多方面言语技能、尤其是汉语表达能力的主观应用类练习题,比如"概括段意"、"根据课文内容填空"、"读后回答问题"。丰富多彩的练习契合了报刊教学的目标,不仅培养和提高了学习者阅读汉语报刊的能力,而且培养他们用汉语报刊获取信息、交流信息的语言交际能力。

第二,补充阅读材料的练习数量与难度适当,适合学生自学使用。

---

① 在该教材第10课的"报刊知识"部分,对报刊常用格式进行了简单介绍,笔者在这里强调的是在每一课课文的后面,都及时列出并讲解本课出现的报刊常用格式。

② 徐富平《汉语报刊阅读教学中的语感问题研究》,《云南师范大学学报》2005年第3期。

由于课时所限，报刊教材中的阅读文章往往是留给学生课下自学使用的，主要目的是扩大学生的阅读量，实现精读与泛读的结合。对于这样的补充课文，需不需要设置练习，需要设置什么样的练习，往往需要慎重。没有练习，学生可能无法检验自己的阅读效果；练习题目过多、过难，学生可能就不会主动去做练习。笔者以为，设计一道练习题，主观题和客观题交叉出现是比较妥当的，但是如果练习是主观题，最好能够在书后附上答案。

《汉语新闻阅读教程》在练习部分的编写，也同样存在两点缺憾：

第一，有报刊课教学特色的练习不足。

报刊课与一般阅读课是不同的，其教学内容是报刊（媒体）上的新闻作品，而不是普通的文学作品。因此，报刊课的练习也应当体现报刊课的特色，而不是与阅读课教材中的练习相差无几。比如，在语体方面，报刊文章在语言表达上固定格式颇多，长句和复句也比较多，因此根据报刊固定搭配撰写一句话新闻，就可以成为一种巩固和应用型练习；还比如，在词汇方面，报刊文章中含有大量新词、缩略语和字母词等，练习中应当添加对缩略语的构词法的练习、对新词的造句/填空练习；再比如，在篇章方面，新闻标题与众不同、新闻结构独具特色①，那么就不妨设计训练新闻标题阅读能力的练习。如是，才能更好体现对外汉语教材编写的针对性原则。

第二，培养泛读能力的练习有待加强。

在实际生活中，阅读报刊往往是一种泛读行为，人们不会仔细阅读报刊（或其他新闻媒体）上的每一个字，而是通过浏览、扫读、跳读等方式，快速攫取所需信息。立足于实际的对外汉语报刊课，应当在报刊教材的练习设计中加强快速阅读能力的训练、猜读词语能力的训练、带着任务和要求进行有选择阅读的训练，培养学生独自克服生词障碍的能力，降低他们对教师和词典的依赖程度，这样才能更好体现对外汉语教材编写的交际性原则。

2.2.4 “报刊知识”的编写特点

《汉语新闻阅读教程》在每一课的最后都设置了“报刊知识”板块。20课共20个

---

① 新闻标题是新闻的眼睛，也是新闻主旨的凝练和新闻亮点的体现。汉语新闻标题有单行标题、双行标题和三行标题三种，这与一般文学作品标题大多为一行有所区别。另外，汉语新闻标题讲究修辞，比如对仗、押韵等，字数也相对较多，这与普通文章也有不同。新闻结构则因新闻的体裁而异，消息一般采取倒金字塔结构，导语蕴含的信息量最为丰富，新闻事实最为重要，次要信息呈递减状排在后面。特写一般以个人故事或某个场景开头，三两段描述后才会进入主题，重要信息往往散落在文章之中。评论则大多数以新闻事件为源，以“分论——分论——总论”或“总论——分论——分论”为文章架构，条分缕析，层次鲜明。汉语新闻结构和标题与一般汉语文章的差异，包括汉语新闻体例与英语（或其他语种）新闻体例的不同，如果学习者不了解，会影响其对汉语新闻核心信息的准确把握。

"报刊知识",介绍的内容如下:报纸与期刊、中国报刊的起源与发展、中华人民共和国的报刊事业、中国报刊的种类、报纸与杂志的"版面"、报纸与杂志的"栏目"、新闻的定义、新闻的五大要素、新词语简介、报刊常用句式、中国国家通讯社——新华社、《人民日报》简介、《光明日报》简介、《经济日报》简介、《北京日报》简介、《文汇报》简介、《今日中国》杂志简介、《中国国情国力》杂志简介、《读书》杂志简介、中国一些主要报刊的网址。不难看出,本教材"报刊知识"中介绍的内容大体可分为三类:中国报刊知识、新闻知识、中国知名报刊简介。

在报刊教材中编写的"报刊知识"是大有裨益且非常必要的,这不仅是课程特色决定的,也是为了通过背景知识的提供让汉语学习者更充分地了解中国的新闻事业、了解中国的知名媒体,进而更便利地在中国媒体上获取中文信息。笔者以为《汉语新闻阅读教程》的"报刊知识"比较丰富多彩,但还可以更加全面多元,比如还可以介绍报刊语言特点、报刊文章写作特点和编辑特点;介绍知名报人、著名新闻记者;介绍中国新闻奖项的设置和著名的获奖文章。此外值得一提的是,"报刊知识"虽然名称如此,但也不必局限在对"报刊"的介绍方面,对著名新闻媒体的介绍可以扩展到电视台、电台、网络,这将有助于学习者在课余广泛阅读和收听收看中文新闻。其实,本教材在课文收入时就已经纳入部分网络新闻和电视新闻,何不就势对中央电视台、新浪网、新华网予以介绍呢?

2.2.5 "辅助学习材料"的编写介绍

《汉语新闻阅读教程》在教材的最后,附有生词索引、注释索引、英文字母缩略词索引、部分练习参考答案四个辅助学习材料。这些材料给学习者提供了方便,增强了教材的实用性。遗憾的是,生词索引、注释索引和英文字母缩略词索引每一条目后面的数字表示的是课数而不是页数,学生查阅并不容易,这个细节的不科学难免令辅助学习材料的使用价值大打折扣。资料性、工具性,也是报刊教材生命力的有力保障之一①。辅助学习材料的设计和编排,应当得到报刊教材编写者更多的重视。

2.2.6 《汉语新闻阅读教程》的编写特点总结

综上所述,《汉语新闻阅读教程》在编写上的优点有二:一是重视教材编写的实用性原则,这一优点体现在选编课文和阅读文章时重视多样性和时效性,也体现在生词表和注释的内容有所扩充,还体现在练习题型丰富、难易适中;二是重视教材编写的知识性

① 吴雅民《关于汉语报刊阅读教材编写的一些认识和探索》,《北京市经济管理干部学院学报》2003 年第 4 期。

原则，这一优点体现在注释中对有中国文化特色的词语、中国古文典籍中名句、中国历史名人、重要历史事件、法律法规、政府部门名称一一介绍和解读，也体现在“报刊知识”部分的设置。

然而，《汉语新闻阅读教程》在编写上的缺点也很明显，而且在一定程度上影响了教学目标的顺利达成。缺点一是教材编写的针对性不够突出，包括在选择课文和阅读文章话题“以我为主”，也包括生词表、注释和练习中缺乏报刊教学特色，与一般阅读课教材无异；缺点二是教材编写的科学性有待提高，包括课文和阅读文章的安排没有遵循语言教学从浅入深的规律，也包括一些细节部分设计编写得不妥当——比如，生词索引和注释索引不标页码而标课数，阅读文章中的生词只标拼音不做其他处理，有一篇课文没有介绍新闻出处和刊载日期①，有几篇文章更像是科普小品而不是新闻作品②，等。

三　对编写报刊教材的几点建议

在对《汉语新闻阅读教程》这本出版较新、编写体例与编写优缺点具有一定普遍性的教材进行评析的基础上，在本部分笔者想对报刊课的教材编写提出一点建议，希望对报刊教材整体水平的提升有一定的参考价值。

建议一，在教材编写前，有意识、有计划、有目的地进行一些针对教学对象客观条件和主观意愿的科学调研，然后依据调研的结果有针对性地编写课文、选择阅读材料、安排生词和注释、设计练习等，这样才能最大程度地激发学生的积极性，并让学生感觉学有所用。值得一提的是，目前报刊教材普遍没有国别的差异，几乎都是中英文双语，然而来自韩国、日本的学生与来自美国、欧洲的学生对报刊课的需求和学习目标、以及对汉语新闻和中国文化的熟悉程度往往大相径庭，教材编写者应当对这一点有所思考。

建议二，在教材编写时，给临时教材的“加入”留下一席之地。固定教材和临时教材相结合使用，已经成为报刊课教学的一种通行做法，目的是为了解决固定教材难以“保鲜”的永恒弊端。这种教学方式是值得提倡的，但也存在因教师的水平各异、好恶不同以及准备仓促而导致教学的盲目性和随意性。在我看来，比较适宜的方式是在教材编写时就承认临时教材的存在，在每一课的最后专门辟出一个部分叫做“最新报道、你我来找”，辟出空白页面、并写明“请教师和学生共同寻找与本课话题相关的最新报道”，鼓

---

① 见《汉语新闻阅读教程》123页，《千年发展目标和联合国的作用》一文。

② 见《汉语新闻阅读教程》第13课的三篇阅读文章《生命力走向纵深》、《风力发电》、《机器人与我们融合》，203至207页。

励学生把自己看到或听到的新闻浓缩成一句话新闻、一段话新闻写在空白页面上，同时标明新闻的出处。这样在报刊课上，教师可以拿出自己选取的补充课文，学生也可以拿出自己寻找到的新闻，教师和学生之间、学生和学生之间还可以相互交流，这样不仅实现了教材的时效性和实效性，而且体现了报刊课教学的特色，还有益于培养学生实际的报刊阅读能力和口语表达能力。

另外，在教材编写时，也不妨给其他言语技能的培训留下一席之地。阅读技能的训练是报刊课的主旨，但并不是全部。在现实生活中，新闻可以"读"、也可以"听"、还可以"说"、甚至可能由自己"写"。人们获取最新信息的渠道是多元的，所以报刊课也不能局限于提高学生的阅读能力而已。报刊教材完全可以选择电视新闻、网络新闻——当然教材的名称可以随之改为"新闻听读课教程"之类——并为教材附上光盘；更可以在练习环节，设计话题讨论、主题辩论、听新闻总结大意这类的练习，以全方位地提高学生语言输入能力和输出能力。

建议三，在教材编写后，对教材的使用情况进行及时的追踪调查与研究。途径有三：一是对学习者进行报刊阅读能力的测试，二是设计专门的调查问卷请学生和教师共同填写，三是请专家学者或召开研讨会议对教材进行定量和定性的双重评估。总之，要对教材中选编的新闻是否兼顾时效性与持久性、重要性与多样性、民族性与国际性、趣味性与实用性，教材中报刊知识的讲授和报刊阅读技能的练习是否充分且适宜，教材编写体例对于教师和学生是否易教好学，教材能否激发学生课余阅读中文媒体的兴趣等等指标进行考察，以判断报刊教材对报刊课教学目标的达成能够发挥多大的积极效果。教材需要不断地完善、改编或者推陈出新，调查研究能够成为进一步编写教材的重要科学依据，保证其质量和水平的不断提升。

报刊课因其教学内容的特殊性和教学目标的针对性，在整个对外汉语教学体系中的地位不可替代。报刊教材的编写应当充分体现报刊教学的特色，尽可能地增强针对性、科学性与实用性，从而成为汉语学习者学习当代汉语和流行汉语的最佳资源，成为学习者熟悉中国文化的重要媒介，并引导着他们在更大范围内自主地搜罗和消化信息，进而广泛积极地进行语言交际与思想交流。

参考文献

刘谦功、王世巽（2005）《汉语新闻阅读教程》，北京大学出版社。

吕必松（2007）《汉语和汉语作为第二语言教学》，北京大学出版社。

徐富平（2005）汉语报刊阅读教学中的语感问题研究，《云南师范大学学报》第 3 期。

吴成年（2007）对外汉语报刊教材的特点与编写原则，《新疆师范大学学报》第 1 期。

张崇富（1999）问题与对策——报刊课之我见，《汉语学习》第 4 期。

吴雅民（2003）关于汉语报刊阅读教材编写的一些认识和探索，载《北京市经济管理干部学院学报》第4期。

国家对外汉语教学领导小组办公室（2002）《高等学校外国留学生汉语言专业教学大纲（附件二）》，北京语言文化大学出版社。

（100084 北京，清华大学新闻与传播学院）

对外汉语形近字学习软件的设计与应用

刘明东　黄美霞

摘　要：目前，对外汉语学界在对形近字的调查与类型的归纳方面已取得了一些成果，这为寻求有效的解决途径奠定了基础，但这些成果大多是基于理论的研究，虽然能为课堂教学提供有益的帮助，但是对于留学生的学习，特别是自学，尚难提供直接的帮助。本文就以上问题进行了探讨，阐述了对外汉语形近字学习软件的设计思路，最后就该软件应用结果进行了分析，并对改进该软件提出了一些意见和建议。

关键词：对外汉语；形近字；软件

〇　引言

在对外汉语教学中，留学生汉字识别和书写偏误现象较为普遍，其中一部分原因是汉字中存在着大量的形近字。有的总体轮廓相似，例如"天"和"夫"、"生"和"主"、"品"和"晶"、"竟"和"竞"、"乒"和"乓"；有的偏旁相同而其他部分相似，例如"困"和"因"、"泪"和"沮"、"迁"和"近"、"远"和"运"；有的主体部分相同而个别构件相似，例如"洋"和"样"、"驰"和"弛"、"活"和"话"；有的是主体部分相似而其他部件也相似，例如"抑"和"柳"、"柿"和"肺"、"驰"和"施"。那么如何提高形近字的教学效率，特别是提高学习者的自学效率，成为对外汉语学界关注的问题。目前，在对形近字的调查与类型的归纳方面已取得了一些成果，这为寻求有效的解决途径奠定了基础。但这些成果大多是基于理论的研究，虽然能为课堂教学提供有益的帮助，但是对于留学生的学习，特别是自学，尚难提供直接的帮助。本文就以上问题进行了探讨，并阐述了对外汉语形近字学习软件的设计思路，期望该软件能为留学生学习形近字提供直接有效的帮助。

一　留学生形近字识别偏误现象及其原因

人对外物感知的精细程度受性别、性格、客观环境、后天教育、社会实践等多种因素影响。非汉字文化圈留学生在本国的生活环境中每天使用、接触的都是拼音文字,对汉字的认知分辨力很低。研究表明,他们在最初接触汉字时,是把整字作为知觉单元,对每个汉字只从整体上有个朦胧的印象和大致的轮廓,对汉字的偏旁部首等细节特征很难辨别。而且,对外汉语的零起点教学,一般都借助英语,教授和学习对应的汉语词,留学生首先是把整个词作为一个知觉单元来识记的,这样的教学设计对留学生迅速提高汉语阅读能力无疑是合理和有效的,然而由此也难免使初学者忽略汉字的局部特征。一位对外汉语教师对美国外交学院来华留学生做过一个实验,这些学生在美国已经学了 400 - 600 学时的汉语,来中国后又学习了近 300 学时的汉语,然而他们却存在着识词不识字的现象。比如:他们认识"许多"这个词,知道"许"念"许","多"读"多",但是当学习"允许"这个词的时候,他们不认识"许"了。同样的例子还有"继续/持**续**"、"准备/**准**则"、"损失/亏**损**"、"建设/**设**施"、"一切/关**切**"、"目标/**标**准"、"原则/否**则**",斜线前面的词都认识,但是后面的生词中的汉字(粗体字)却不认识。对于这种双音词,表面上他们识记了其中的汉字,但当其中一个汉字移位,并与别的汉字组合成新词时,他们就不认识了。这表明他们更易于把一个词的整体作为一个视觉符号来识记。即便他们通过汉字的书写,努力识记了单个汉字的特征,仍然不容易清晰地识别它的局部细节特征。特别是学习了许多形近字后,更加剧了这种模糊。例如,他们学习了"扁"和"编",他们对"扁"字有了正确的认识,但是对于"编"字只是知道"扁"在这里占据了大部分,对偏旁"纟"只有一个模糊的认识,特别是当以后学习了"骗"和"偏",往往对"编"的识别也发生困难,虽然知道它们有区别,但是仍然不知道区别在哪里。体现在组词造句上,就会出现"偏子"(正确表达为"骗子")、"作骗"(正确表达为"诈骗")。这种现象是符合心理学规律的,格式塔心理学认为,一个视觉形象首先是作为统一的整体被认知的,而后才以部分的形式被认知。对于初学者来说,以词为知觉单元的教学便于他们把词义、词形和词的读音整合为一个"组块"来识记,以占用较少的认知资源,并通过词义与他们的原有知识结构相联系,避免机械学习。同时,从视觉刺激的角度来说,词形与词形之间的相似性远小于字形之间,初学时便于避开很多干扰,降低入门的难度。随着学习的深入,学生遇到的形近字日益增多,由字形相似引起的记忆干扰也使形近字识别偏误问题不可避免地日益突显出来。如何有效地帮助学生突破这一学习障碍,成为对外汉语学界关注的问题,并已取得了不少研究成果。

二 汉字学习策略的分析

汉字的基本构成单元是笔画,基本笔画不外横、竖、撇、点、捺、折等几种,用仅有的几种笔画合成数以万计的汉字，势必会有大量外形相似的汉字。这些形近字，有的总体轮廓相似、有的偏旁相同而其他部分相似、有的主体部分相同而个别构件相似、有的是主体部分相似而其他部件也相似。对于留学生来说，确实不容易识别和掌握。但是要学好汉语，汉字学习是不可或缺的一部分，那么怎样才能突破形近字学习的障碍呢？

形近字学习障碍主要是由字形相似引起的记忆干扰，从而造成辨别困难，较好的学习策略是通过对比，从不同角度强调它们之间的区别。

有专家认为，汉字学习策略有以下几种：

1．笔画策略，即学习笔画笔顺并且按照笔画笔顺书写；

2．音义策略，即注重汉字读音和意义；

3．字形策略，即注重汉字整体形状和简单重复；

4．归纳策略，即对形近字、同音字和形声字进行归纳，利用声符义符学习汉字；

5．复习策略，即对学过的汉字进行复习；

6．应用策略，即应用汉字进行阅读和写作，在实践应用中学习汉字。

对于形近字的学习，我们认为以上策略都有借鉴意义，如笔画策略便于学生关注字的构成细节，如果选择易混淆的形近字，有对比地应用笔画策略，可以加深对形近字不同特征的印象；音义策略可以引导学生从形近字的不同读音和不同意义来强化它们之间的区别；字形策略是留学生较多采用的策略，《初级阶段外国留学生汉字学习策略的调查研究》一文中发现一年级学生学习汉字最常用的策略是记忆整体字形和机械重复。这种策略有利于较快地学习汉字的识读，而对形近字的辨别没有显著的意义；但如果有意选择易混淆的形近字，对比着应用字形策略，也能凸显字形间的区别；归纳策略可以利用声符和义符来强化形近字的区别，但研究发现初级阶段的学生很少使用这个方法，一方面声符有时正是形近字误读的原因，另一方面，义符的应用可能对初学者难度偏大。但按照不同的学习水平和学习进度，分阶段归纳总结一些形近字组，对比分析区别的共性和规律，仍然是可行的；复习策略符合记忆规律，但如何复习还与其他策略的选用有关，其他策略也往往是在复习中应用的；应用策略即应用汉字进行阅读和写作，在实践应用中学习汉字，这既有利于提高学习兴趣，又有利于提高学习效率，很值得提倡，而且对初学者也同样适用，如选择易混淆的形近字，分别提供一些例词例句，再让学生分别组词造句，效果较好。

三 形近字学习软件设计思路与功能介绍

通过以上分析，我们得知把形近字放在一起分组对比学习时，可以有效提高学习效率。把形近字分组对比的工具书,能为学习者提供方便条件,例如常见的《实用形近字字典》(学苑出版社)、《常见形近字辨析字典》(世界图书出版公司)。这些书收录了大量的形近字组,对于学习形近字提供了便利。但是这类工具书并不是为汉语作为第二语言学习者设计的工具书,大多是为汉语为第一语言学习者设计的工具书。这些书中收录的有些形近字,对留学生来说,有些属于超纲字,不属于学习范围,例如“汩”和“汨”,“戊”、“戌”和“戍”;有些汉语为第一语言学习者不会认为是形近字而留学生容易混淆的,书中并未收录,例如“右”和“石”,“买”和“实”。

另外,如果学习者在利用计算机进行阅读的时候,看到某一个生字,他感觉以前好像学过类似的一个字,但是他想不起来,又不会利用拼音检字法和部首检字法去检索字典,那么学习形近字的步骤便会打断。例如,学习者看见了生字“诈”的时候,他感觉以前学过一个类似的字,但是区别在哪里,他不知道,如果他不会使用拼音检字法和部首检字法,那么他可能难以得知这个字的发音和同组的形近字。如果留学生能及时知道该字读“诈”,还能迅速得知和“昨”、“作”等形近字的区别所在,便会有助于他们认清汉字构形元素,从而达到对汉字的认识和理解。基于这样一种想法,我们制作了“对外汉语形近字学习软件”提供给留学生使用。

其功能介绍如下:

1. 查找形近字

学生在利用计算机学习汉语时,可以把自己需要查找的形近字复制或输入到该软件的对话框中。按“查询”键,不但可以显示该字的详细解释和拼音,而且可以查找出和该字形似的其他汉字,并显示该组形近字常见的正确/错误搭配的例词。例如,输入“休”,点击“查询”按钮,即可出现该字的释义“会意,本义:人靠在树旁,表示休息”。“同音”条目里面显示“修”,而“形近”条目里面显示“体”。

2. 显示发音和例词

为了使留学生正确掌握汉字的发音,我们特意设计了“发音”条目,在这里,不但能正确显示某字的发音,还能显示可能误读的发音,提醒留学生注意。另外,汉字中有一些多音字,发音不同,组词也不同。为此,我们增加了“组词”条目分别显示不同发音的例词。例如“作”有两种发音,一种是去声(四声),常见组词为“作业”,另一种是阴平(一声),常见组词为“作坊”。这里可以提醒留学生千万别把“作坊”误读成去声(四声)。

3. 显示正确组词和错误组词

留学生在使用汉字组词的时候,经常有用错别字的现象,为了使留学生正确掌握汉字的组词,我们特意设计了“正确组词”条目,在这里,不但能显示正确的例词,还能显示常见的错误搭配,提醒留学生注意。

以上功能接口如下图所示：

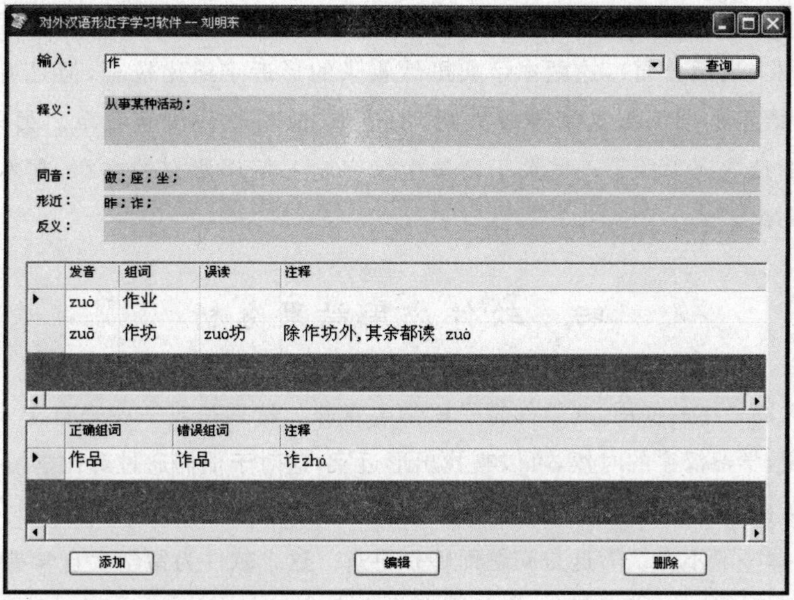

4. 具有任意添加、删除等可编辑功能

我们在该软件中收录的形近字组数量有限，考虑到每个学习者的学习水平不同，各自的需求也不同，如对有些学习者来说属于易混淆的字，对另一些学习者已不会混淆，因此我们设计的软件是一个自助式的学习软件，学习者可以任意添加形近字组，修改原有形近字组，包括删除形近字组。

添加、编辑功能如图所示：

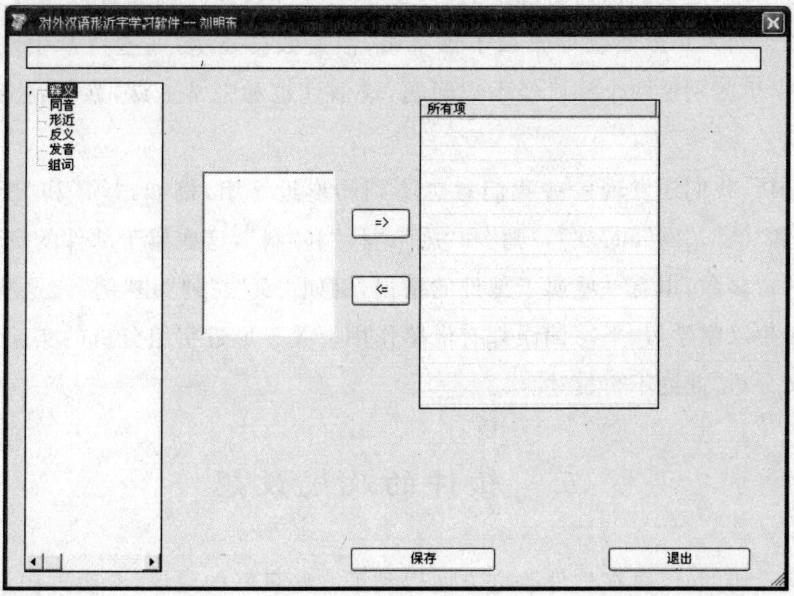

软件收录有100组形近字组，所用汉字和例词选自《汉语水平词汇与汉字等级大纲》，所选形近字组大多来自《实用形近字字典》（学苑出版社）和《常见形近字辨析字典》（世界图书出版公司），这两本字典虽然收录的形近字组比较全，但是有一些字词超出了《汉语水平词汇与汉字等级大纲》的范围，故本软件没有收录。另外，本软件形近字组的选取还参照了一些关于留学生汉字学习偏误研究的文章，在本文参考文献中均已列出。

四　软件应用结果分析

通过大约一年的使用，此软件颇受留学生青睐。特别是对一些来自于非汉字圈的留学生来说，学习汉字的时候，可以查找出形近字，这对于他们通过对比学习汉字，认清楚汉字的结构有极大的帮助。例如，刚开始学习汉语的学生，甚至连"石"和"右"都搞不清楚，而教师一般不会认为这是问题而特别讲解。这个软件为留学生自学提供了便利。

我们把使用该软件的初等一级的同学作为实验组，和另外一些没有使用该软件的初等一级同学作为对照组进行对比分析。通过一个学期的成绩考查，我们发现，使用该软件的学生汉字识别水平提高显著，准确率高。但是因为该软件是一个自主学习式的软件，我们无法得知他们使用该软件的频率和时间，因此，难以对实验结果作进一步的定量分析，只能提供一个粗略的分析结果。

在收集了一些学生自己添加、删除的形近字组的数据后，我们发现，软件中已收录的有些形近字组，是我们认为易混淆的，但留学生并不认同。例如"己"和"已"（"巳"属于超纲字故未列入），虽然软件收录了该字组，但是数据显示，一些留学生删除了该字组，说明留学生区别这两个字已经不成问题，这估计也和平常上课，教师特意讲解过有关。

经过分析，我们还发现一些我们意想不到的形近字组，例如，"须"和"彤"，"股"和"没"，"呕"和"欧"，"欧"和"欢"，"驰"和"施"，"科"和"料"，这些属于部件的变形与变位，这种情况的占多数；也有一些属于部件的增损，例如"歹"、"列"和"例"。这些资料对我们研究留学生汉字学习、书写偏误都有借鉴作用。关于形近字组分析的实验结果，笔者会另行撰文分析，此处不再赘述。

五　软件的改进设想

通过调查访问，笔者在软件改进方面得到了一些良好的建议，希望再次设计修改该软件的时候添加如下功能。

1. 增加发音功能

在软件里面添加文字的播放声音功能，我们可以事先做好文字和 mp3 文件关系数据库，即使学习者自主添加形近字组，系统也会自动从数据库中找到声音文件直接链接并正确播放，多音字也能显示多个发音。

2. 添加异体字

受母语的影响，一些汉字圈的留学生，容易把一些汉字和它们的异体字混淆在一起。我们以后在改进软件的时候，准备适当增加一些异体字的区分。

3. 改"输入"汉字为"点击"汉字

目前本软件需要把查询的汉字输入或者拷贝进去，给学习者带来一些不便。经过思考，可以把"输入"汉字改为"点击"汉字，然后出现相关信息框，这样更为方便快捷。

4. 设计网络版

目前该软件还属于单机版本软件，对于学习者自主添加的形近字组，我们难以方便准确地收集到这些资料。如果设计的是网络版本，那我们就可以及时收集需要的信息进行统计。例如，学习者首先登陆网站，注册用户名，填写国籍等信息，然后提交服务器，服务器会在客户机上留下一个档，包含着学习者的信息。每次学习者登录该网站，服务器会检查该档，确定该使用者已经注册过。如果该档丢失，则让该使用者重新登录或注册。通过这样一个技术手段，服务器可以记录学习者每次查询的内容，也可以记录学习者增减的字组。这样，经过一段时间的运行，我们就可以得到大批量的数据，例如统计形近字的数量和形近字组的数量，不但能用于做定性分析，也可以用于做定量分析。

目前上述软件还不是一个成熟的软件，只是希望通过交流软件的设计思想，为辅助对外汉语形近字的学习和研究提供一个视角，并且抛砖引玉。我们愿意把该软件奉献给感兴趣的同仁，并希望提出宝贵意见。

参考文献

江　新、柳燕梅 (2004) 拼音文字背景的外国学生汉字书写错误研究，《世界汉语教学》第 1 期。

江　新、赵　果 (2001) 初级阶段外国留学生汉字学习策略的调查研究，《语言教学与研究》第 4 期。

刘晓岚 (2005) 留学生汉字偏误研究综述，《宜宾学院学报》第 11 期。

庞晨光 (2006)《常见形近字辨析字典》，世界图书出版公司。

施正宇 (2002) 外国留学生字形书写偏误分析，《汉语学习》第 2 期。

王惠萍、张积家、张厚粲 (2003) 汉字整体和笔画频率对笔画认知的影响，《心理学报》第 3 期。

王　火 (2002)《实用形近字字典》，学苑出版社。

肖奚强（2002）外国学生汉字偏误分析，《世界汉语教学》第 2 期。
原新梅（2003）非汉字文化圈留学生汉字偏误“镜像错位”析，《河南社会科学》第 11 期。
张积家、王惠萍、张　萌、张厚粲（2002）笔画复杂性和重复性对笔画和汉字认知的影响，《心理学报》第 5 期。

（200234　上海，上海师范大学对外汉语学院；
200234　上海，上海师范大学数理信息学院）

宫岛大八及其《急就篇》*

潘艺梅

宫岛大八(1867—1943)是近代日本汉语教育史上著名的汉语教育家，一生致力于汉语教育事业，创立了善邻书院，并引领了近代日本汉语及汉学的教育事业，所编撰的初级汉语教材《急就篇》成为近代日本最畅销的汉语教科书。无论是在创建汉语教育机构方面，还是在编撰汉语教材方面，宫岛大八都为近代日本汉语教育事业的巩固与发展做出了很大的贡献。可以说，他是现代日本学校汉语教育的卓越开拓者。

一　宫岛大八生平与追求汉学经历

宫岛大八号“咏士”、“咏而归庐主人”。1867 年(日本庆应 3)10 月 20 日出生于米泽藩猪苗代片町的一个藩士(即江户时代诸侯的家臣)家庭。其父宫岛诚一郎(1838/日本天保 9—1911.3)是一名藩士，曾与人一同创办兴亚会，后成为贵族院议员。因父亲工作调动，1872 年(日本明治 5)，全家随父迁往东京居住。这一年适逢清朝大臣李鸿章与日本政府签订中日修好条约，中国与日本正式建立了外交关系。从此，中日互派公使，往来日益频繁。1877 年(日本明治 10)，以何如璋为首的清朝驻日公使代表团抵达东京。这些公使中大部分是职业外交官，其中也有文士出身的。而与清朝驻日公使代表团交往的日本外交官中也有不少对中国汉学有一定修养的文人，有的甚至会作汉诗。这些日本文人外交官常与中国的文士进行切磋，宫岛大八的父亲就是其中一人。受其父影响，年幼的宫岛大八对中国产生了兴趣。经其父安排，1880 年(日本明治 13)底，宫岛大八开始了汉语和汉学的学习生涯。1881 年(日本明治 14)4 月，宫岛进入兴亚会支那语学校学习。1882 年(日本明治 15)随着兴亚会支那语学校的关闭，他转入东京外国语学校继续学习汉语。1884 年(日本明治 17)东

* 本文系 20 世纪日本汉语教育研究的一部分。史实部分主要参考六角恒広(1988)，王顺洪(2002)。

京外国语学校与东京商业学校合并，成立了新的东京商业学校。一些原东京外国语学校学员因这次合并而中止了学业，宫岛大八也于第二年（日本明治18）退学，五年的汉语学习至此告一段落。

1887年（日本明治20）4月12日，对留学中国梦寐以求的宫岛大八终于乘上了驶往中国的轮船。他从横滨港出发，先到北京访察数月，然后追随中国书法大师张廉卿到保定莲池书院，学习儒学、经学等汉学思想及书法。据考，宫岛大八是保定莲池书院的第一位日本留学生[①]。后来，随师长张廉卿到汉口，又转至襄阳。1891年（日本明治25），离家多时的宫岛大八短期回国、结婚，后又返回中国，继续学业。他返华后方知，老师已离开襄阳去了西安。强烈的求学欲促使宫岛大八追随老师至西安。此时，正值北方最寒冷的季节，宫岛大八于1892年（日本明治26）12月3日从襄阳出发到达西安时已是“满脸胡须，面色黑瘦，衣鞋已破”的模样了，时间也转向了第二年的1月17日。（六角恒広1999、2002）

宫岛大八师从张廉卿7年，就连作息习惯都受师长的影响，“早晨起来，先用凉水擦澡，然后读经书，早饭后练书法，午饭后读史书，晚饭后习作古文”，尤其将师长的“中锋”书法学到了极致。

1894年（日本明治28），随着张廉卿的病逝，中日甲午战争的爆发，宫岛大八踏上了归国之路，于10月13日返抵日本。1895年（日本明治28）2月，宫岛大八受聘于日本帝国大学文科大学汉文科，教授汉语，供职到1898年（日本明治31）。其间于1895年5月，在自己家里开设了私塾“咏归舍”，专门教授汉语和汉文，1898年6月改称“善邻书院”。1900年（日本明治34）5月，他又在东京神田开设了一所支那语学校，并开始编写有关时事的汉语教材，1904年（日本明治37）8月他编著的《官话急就篇》问世，宫岛大八引起了世人的关注。1905年，因对日本汉语教育有很大贡献而获得了日本政府颁发的六等瑞宝勋章。其后，专心经营善邻书院，编写汉语教材，推广汉语教育。1935年4月，“满洲国皇帝”到日本访问时，宫岛大八受到特别邀请。据说伪“满洲国”成立后，曾欲邀请宫岛大八担任皇帝的老师。（王顺洪2002：126）1943年7月，宫岛大八因病去世，享年77岁。

宫岛大八一生对日本汉语教育贡献卓著，主要有三：一是编写汉语教材，推广汉语教育；二是创建汉语教育机构，培养汉语人才；三是摸索汉语教学，推行背诵教学。

---

① 据《人民日报》2000年4月所载。

二 编写汉语教材，推广汉语教育

2.1 编撰汉语书籍

自1895年（日本明治28）起，宫岛大八开始从事汉语教学。他将7年的留学成果回报给日本的汉语教育事业，并于1897年（日本明治30）起陆续编写汉语教材及字典。从这些成果中，我们看到了他作为一个学士的品格。

早在受聘于东京外国语学校期间，宫岛大八就已经开始编写汉语教材。1897年（日本明治30）11月，他编写的第一本汉语教科书《官话辑要》面世，并在其开设的"咏归舍"及东京外国语学校使用。1900年中国义和团运动爆发后，日本推行向中国出兵的政策，促使日本国内学习汉语的人数猛增，随之对实用性汉语教材的需求量也开始增大。应战时社会形势所需，宫岛的善邻书院（即原咏归舍）开始为校外汉语学习者提供教材。第一本教材是1900年宫岛大八编写的《支那语独习书》，第二年，善邻书院又将学校的讲义编撰成册，发行了《支那语学校讲义录》。1903年，宫岛大八的《官话篇》又经善邻书院出版发行。1904年日俄战争爆发后，派往中国的日本军队人数大增，为了这些士兵能更快地适应中国的生活，更好地为日本国"奋战"，宫岛大八还编写了一些实用军事小册子。1903年（日本明治36）以后，宫岛大八对《官话篇》做了语音、翻译等方面的详细注释。1916年（日本大正5）满书堂书籍部出版了杉本吉五郎的《官话急就篇总译》，1917年（日本大正6）上山松藏·文求堂出版了大桥末彦的《官话急就篇详译》，宫岛大八也围绕《官话篇》进行了再创作。

宫岛大八不仅编写汉语教材，而且还曾编写过字典。1905年（日本明治38）和1917年（日本大正6），编写了用威妥玛字母注音、用数字标注四声的《日华字典》和《支那官话字典》。宫岛大八一生于汉语教育上撰著甚勤，其著作如表1所示：

表1 宫岛大八所编撰的汉语教材及字典

教材名	发行机关	发行时间
官话辑要	哲学书院	1897年（明治30）11月
支那语独习书	善邻书院	1901年（明治34）9月
官话篇	善邻书院	1903年（明治36）9月
支那语速成 兵事会话	善邻书院	1904年（明治37）2月
北清通话 兵时会话	善邻书院	1904年（明治37）2月
清国时文 兵时告示文范	善邻书院	1904年（明治37）3月

官话急就篇	善邻书院	1904年(明治37)8月
日华字典	善邻书院	1905年(明治38)3月
支那官话字典	善邻书院	1917年(大正6)11月
支那语会话篇	善邻书院	1920年(大正9)3月
急就篇	善邻书院	1933年(昭和8)10月
急就篇总译	善邻书院	1934年(昭和9)7月
罗马字急就篇	善邻书院·文求堂	1935年(昭和10)11月
急就篇发音	善邻书院·文求堂	1935年(昭和10)12月
续急就篇	善邻书院·文求堂	1941年(昭和16)12月

* 此表根据六角恒広(2000、2002)制作

2.2　重视汉语语音语调

自早期的《支那语独习书》开始，宫岛大八就十分重视汉语语音，已经认识到语音是汉语教学的难点，一直关注着汉语语音的变动。

在《支那语独习书》中，由"发音篇"进入问答阶段，用日语片假名标注汉语语音，并对"上平、下平、上声、去声"做了简要说明，此时的宫岛大八就已经认识到了汉语语音的重要。这在早期日本汉语教学史上是非常少见的。

在《官话篇》中，提出"腔调"一词。强调重读，并列出了"第一字重念、第二字重念、第三字重念、第四字重念、第五字重念"等一些具体例子。

在《日华字典》、《支那官话字典》和《罗马字急就篇》中使用的是威妥玛式注音系统。但在同期的《急就篇发音》中却采用了当时最新的汉语语音符号系统——注音符号，而且将课文用上了当时所有可以使用的注音方式，有日语的片假名，也有罗马字母式的威妥玛，还有注音符号。我们根据六角恒広(1992)考察，认为威妥玛式注音标注法在日本是从1902年(日本明治35)冈本正文的《支那声音字汇》开始使用的。三年后，宫岛大八编撰了用威妥玛标注汉语语音的《日华字典》，可见，他是较早掌握威妥玛的一位学者。

在《急就篇发音》中，对四声的变调问题也做了详细且规范的说明，内容如下①：

(1) 两个字都是三声的词，第一个字须变成二声。三个字都是三声的词，第二

① 此处中文系笔者翻译，日语原文为「(1) 3声の字が二字重複すれば、第一字は2声に変ず。3声の字が三字重複すれば、第二字は2声に変ず。3声の字が四字重複すれば、第一第三の字は2声に変ず。夫以上重複する場合は上述の法式に依り、交互に変化するものと見れば大差なし。(2) 一、七、八、不、多等の次に4声の文字来る場合には、同名字は2声に変ず。(3) 其他重念(調子を強メル処)の前後の字は、概して1声に発すと謂はれておる。」

个字须变成二声。

如果是四个字的三声词,第一和第三个字须变成二声。以此类推,一般不会有什么大的差错。

(2) 一、七、八、不、多等之后出现四声的时候,这几个字须变成二声。

(3) 其他重读字的前、后的字,一般读成一声。

关于四声变调,我们在之前的教材中也曾见到,但像这样做了详细且规范说明的教材却很少。

1933年(日本昭和8)在改订《官话急就篇》时,宫岛大八将'问答上'、'问答中'、'问答下'部分需重读的字旁边划了一道竖线,提示学习者这个地方要重读。例如:

表2 《急就篇》中关于重念的情况

《官话急就篇》		《急就篇》
(一)来了麽 来了 (二)走了麽 走了 (一〇)有多少 有三十個 (一三)多少人 十幾個人	〈问答之上〉	(一)|來了麽 |來了 (二)|走了麽 |走了 (一三)有|多少 有|三|個 (一五)|多少人 |十幾個人

这种重读与四声是两个概念,与前文宫岛大八提到的腔调是同一个概念。它是指话语的抑扬顿挫及语调的升降。外国学习者经常会有这样的经验,一个字一个字的音都发得清楚准确了,但中国人还是会听不懂他的话,有时甚至产生误会。其原因或者是重读不清楚,或者是语调平淡,缺乏变化,归根结底还是重读的问题。宫岛大八的这种重读提示容易使学习者找到汉语的语感,听起来也更加顺耳,便于交际的实现。正如他在《急就篇》〈问答之下〉(一)中所讲:

"一句話里頭總有一兩個着重的地方兒把那個字重念自然就受聽了"

应该说,这是宫岛大八酝酿已久的语音教学的一大尝试,尤其在没有音像技术的年代里,对于那些无法进入学校直接听老师讲课的学习者更加珍贵,这种重读的标注形式在同期其他的教材中还未曾发现。

以上对语音的说明、解释,一方面,证明了宫岛大八作为一名汉学者已经认识到了汉语语音是汉语的一个难点;另一方面,这些标注法的使用,也说明宫岛大八意在通过此教材，让更多对汉语感兴趣的人能够借此自学汉语，从而达到普及汉语的目的。

三　创建汉语教育机构，培养汉语人才

主要表现为通过创办善邻书院的形式，编写实用、军用汉语书籍，培养军队所需的汉语人才。他主张推行儒教思想。其实，儒教思想早在德川时代就已受重视。当时做学问也是用儒学思想作指导，统治阶层更是十分重视这一思想的存在，特别是武士阶层。因此，宫岛大八推行儒教思想，走上国士之路并非偶然。幼时家境的影响及其早期汉语学习环境都为宫岛大八日后的发展奠定了思想基础。

宫岛大八从小受父亲及周围环境的薰陶，对汉文、汉学等产生兴趣，另一方面也接触到像胜海舟那样为国奔走的出色的国士型人物。还因父亲的关系认识了一些像何如璋、黎庶昌等中国的国士型人士。与这些人的相识、相处，无形中对宫岛大八今后的发展产生了深远的影响。宫岛本人在回忆兴亚会学校时曾经感慨地说：那个时候的人们，都拥有远大的理想，并都为实现其理想而努力奋斗。（宫岛大八《中国文学》83 号：23）宫岛大八也一直为实现自己的理想而努力奋斗着，创办善邻书院使他的思想得以付诸实施。（以上史实除一部分参考《中国文学》83 号外，主要参考王顺洪 2002）

3.1　善邻书院的教学方针

1898 年 6 月，以"咏归舍"学员人数增加为由，宫岛大八正式将其改称为"善邻书院"，并迁移校舍。从此私塾变成了汉语学校，宫岛大八也开始公开传授儒教思想，并以此作为善邻书院的教育方针，指导善邻书院的发展。在《善邻书院主义书》中宫岛大八阐述道：一日无孔教则无清国，无清国则无支那，孔教可谓清国之根本，而孔教之消长攸关支那存亡，抑亦亚细亚盛衰之所系也。（此处中文系笔者翻译，日语原文见六角恒広 1992）

田中庆太郎在谈到老师宫岛大八时说：宫岛属于国士型，志在培养立志于中国大陆的青年……他的目的在于造就人物，而不是区区语言。（此处中文系笔者翻译，日语原文见（田中庆太郎《中国文学》第 83 号：42）

对于他的这种思想，六角恒広也有同样的评述：通过儒教思想的教育，培养众多具有在野型、国士型人格，并适应当时国家的需要的对外强硬型的人——国士。宫岛的目的在于造就人物，而不在于区区语言。（王顺洪 1992：142～143）

宫岛大八的教学主张，为战时日本的对外扩张政策提供了很大的援助。这种援助对于当时的日本政府是极其珍贵的。所以，1905 年日俄战争结束后，宫岛大八因对日

本汉语教育事业"贡献之大"而获得了日本政府颁发的六等瑞宝勋章。

3.2 善邻书院的教师、教学及教材

善邻书院的许多教师是陆军学校的讲师,例如:

"池田良荣 附属于陆军士官学校 陆军教授

神谷衡平 附属于陆军经理学校 陆军教授 东京外国语学校讲师

中岛竦·宇佐美右之 附属于陆军士官学校 陆军教授

宫岛吉敏 附属于陆军大学校 陆军教授 日本大学讲师

张 廷彦 东京帝国大学文科大学讲师 陆军大学校讲师(北京人)

包 象寅 东京外国语学校教师(北京人)……"

出自《善邻书院讲义录》第1页 六角恒広(1997)

其实,陆军学校从荒尾精的日清贸易研究所时开始就与汉语有着密切的关系。甲午战争失败后,日本进入"卧薪尝胆"时代,当时要求陆军大学的学生学习汉语,只有学好汉语才能报效祖国。这使得甲午战争后的陆军大学在汉语教育上下了很大的工夫。在这些学校中,他们要求从幼年开始一定要学习汉语,而且是不中断地一直学习下去。这样的教育,使很多学生毕业后从军当了翻译,同时也培养了许多优秀的汉语教师。很多汉语教师因对宫岛大八的崇拜,云集到善邻书院,壮大了善邻书院的国士队伍,充实了善邻书院的孔教教育气氛。这些教师为宫岛大八教学目的的实现做出了很大的贡献。

善邻书院的教学一直是比较传统的,许多老教师在课堂上拒绝使用当时中国的一些新文化,例如语音教学拒绝注音符号,而是一直讲授威妥玛。(安藤彦太郎 1988:36)教学以背诵为主,教材主要使用善邻书院的讲义录及宫岛大八编写的《急就篇》等。教学内容中实用会话和军事会话占有很大的篇幅。善邻书院讲义录从语音说明进入"会话门"的"问答门","问答门"的内容一半以上是军事方面的。"问答门"目录如下:

"官話入門 普通會話 商業會話 兵事會話 支那兵制 步兵操典一節譯號令"

《支那语学校讲义录第一号》明治34年 六角恒広(1997)

从这一目录来看,军用会话占有相当重要的位置,也是当时极为实用的。

而且,日俄战争爆发后,写作精力旺盛的宫岛大八于几个月时间写出了一些专业军事汉语小册子,为赴中国参战的日本军人提供生活与军事上的方便。在1937年(日本昭和12)年"七七事变"爆发后,善邻书院主编的《支那语》杂志做出了临时增刊的决定,名为《实务会话号》,充分表明当时的汉语教育服务于国家,当时的汉语教育者的国士型

人格的一面。

善邻书院自成立到1945年二战结束的近50年中，送走了2000多名学生，先后培养出像青柳笃恒（后任早稻田大学教授），岩村成允等有名的汉语教育人士；也曾造就了一批军事汉语人才，“日俄战争中，善邻书院有40余名学生从军担任陆军海军翻译及特殊任务”。（王顺洪2002:122）善邻书院发行的汉语教材遍布全国，有的甚至流传到中国，扩大了汉语学习者的队伍。善邻书院因此也成为战前日本汉语教育的总部（安藤彦太郎1962:12），极大地发展了战时及战后日本的汉语教育，在培养军事汉语人才方面也做出了不可磨灭的贡献。

宫岛大八的主观努力使其成为一名出色的国士。而战争这一客观因素的推进作用也不容忽视。它在很大程度上造就了宫岛大八，将其推上了国士之路。

四　摸索汉语教学，推行背诵教学

前面我们提到，宫岛大八所编的《急就篇》没有任何语音、语法方面的说明，因此教学只能采用中国传统的教学法，即教师反复领读的形式。学生一般采用背诵法学习，不需问为什么，背下来即可。其实这正是宫岛大八的教学思想所在，正是这种思想才可能有《急就篇》式教材的诞生。那么，宫岛的这一教学思想源自何处呢？

他在回忆兴亚会学习生活的情况时曾说：兴亚会学校根本没有教学法，只是“背”，老师严格地要求学生背诵，当天学的东西第二天都要背下来，这是中国传统的教学法。于是，兴亚会模仿中国，让学生仰脸朝天背诵。渐渐地，背下来的东西就成了自己的，自然而然也就会用了。因此，对于语言学的研究，这种“背”的方法是最好的，正是这种学习法，奠定了我汉语学及汉文学的基础。在此应感谢兴亚会。（此处中文系笔者翻译，日语原文见《中国文学》第83号:22）宫岛在中国跟随张廉卿学习主要以念书为主，虽说留学中国七年，但并未进入正规的学校学习过。可以说他没有接触到学校教学法方面的知识。鉴于此，我们认为宫岛大八对于汉语教学法所知甚少，所使用的方法只不过是自身学习汉学经验的再延续。安藤彦太郎也回忆说自己在学习《急就篇》时，如念佛一样。

从日本汉语教学历史来看，传统都是训读法的教学，而且多半是读汉语古文，只求会看能懂，不求口头交际。因此，宫岛的背诵式汉语教学在历史上就有了重要意义：其一是从古文转向现代汉语；其二是从训读教学转向口语教学；其三是这种背诵教学蕴含了直接教学法的主要因素，具有开启现代教学的价值。

《急就篇》的使用范围十分广泛，不仅是日本国内，就连当时日本的一些殖民地也积极地使用此教材①。而且,直接或间接地接受宫岛大八教育的学生也遍布各处,使得《急就篇》诞生之后,一些汉语教材失去了用武之地。因此,可以说宫岛大八的汉语教学法横跨全日本的官立、私立教育机构。直至战后一段时间,《急就篇》式的教材以及宫岛大八式的教学仍影响着日本的汉语教育。

其实,"背诵"教学是"直接法"教学的初级形态,旨在通过大量的范文来掌握第二语言的语感,可以称之为"范文教学法"(史有为日本明海大学大学院讲义)。"背"实质也是一种模仿,通过"背"的形式来接受新的知识,"背"得多了自然也就会模仿了,是个熟能生巧的过程。俗话说"熟读唐诗三百首,不会作诗也会吟"即是这个道理。

五 余言

对于宫岛大八及其《急就篇》,世人众说纷纭。仓石武四郎在著述中对于战前日本的汉语教学发表了很多意见及见解,但对宫岛大八却只字未提。竹内好在《关于支那语的教科书》一文中,曾尖锐地批评了《急就篇》,文中说:这本会话教科书是"编写极差"的教科书的样板,是究竟怎样才能编撰出一本最荒唐的教科书的样板……收集的那些短短的、无聊的数百句问答,尤如掉在路上的垃圾偶然被拾起收集起来的。(此处中文系笔者翻译,日语原文见(《中国文学》第78号 昭和16年11月)

笔者认为,对于宫岛大八的评价应该是功过别论。他是近代日本汉语教育中影响最大的人物之一,尽管他不可避免地带上了日本社会普遍的忠君报国、服务战争的历史局限,然而在研究此阶段的汉语教育时是无法不提到他并忽略他的。

无论宫岛大八的教学思想如何陈旧,无论他的教科书多么粗糙,他对日本近代汉语教育的贡献是应该肯定的,在壮大日本汉语学习者队伍方面的功绩更是无法抹杀的。这一点确切地说应归功于《急就篇》,不知有多少仅对中国文化或汉语感兴趣的人因《急就篇》而踏上了国士之途。而且,宫岛将"背诵法"推广至全国各地,为战后"直接法"教学在日本的诞生奠定了坚实的基础。

我们假设,若宫岛大八不是善邻书院的创始人,或《急就篇》不是善邻书院发行的,

① 竹中憲一氏在回忆大连外语学校昭和初期汉语教育时有如下阐述:

1928年(日本昭和3),据在大连外语学校学习汉语的在满教科书编辑部满洲调查员细川廓信讲,汉语的初级班在大礼堂上课,站在讲坛上的是担任大连广播电台〈支那语讲座〉的秩父固太郎,他大声地朗读着《急就篇》,然后,学生们跟着反复读。(此处中文系笔者翻译,日语原文为:一九二八年(昭和三)當時、大連語學校で中國語を學んだ在滿教科書編輯部滿州調查員の細川廓信の話によると、初級クラスは大講堂で授業をし、壇上では大連放送局で「支那語講座」を擔當していた秩父固太郎が聲を張り上げて『急就篇』を読み、それについて生徒が読むという繰り返しであったという。竹中憲一 2000:43)。

那么《急就篇》又将面临什么样的命运呢?《急就篇》的出现,耽误了许多优秀的汉语学习者的发展,及优秀教材的问世。因此本文认为,宫岛大八及善邻书院成就了《急就篇》,给《急就篇》做了最好的广告;同时,他们的存在也埋没了一批优秀的汉语教学人才,使之失去了很多机会,延误了日本汉语教育的发展。

参考文献

六角恒広 (1984)『近代日本の中国語教育』,不二出版。

六角恒広 (1988)『中国語教育史の研究』,東方書店。

六角恒広 (1989)『中国語教育史論考』,不二出版。

六角恒広 (1991—1997)『中国語教本類集成』,不二出版。

六角恒広 (1994)『中国語書誌』,不二出版。

六角恒広 (1999)『漢語師家伝』,東方書店。

六角恒広 (2002)『中国語教育史稿拾遺』,不二出版。

竹内好 (昭和 16)「支那语の教科书について」,『中国文学』第 78 号。

田中慶太郎 (昭和 17)「出版と支那語」,『中国文学』第 83 号。

安藤彦太郎 (1988)『中国語と近代日本』,岩波書店。

竹中憲一 (2000)「満州」における教育の基礎的研究」第 4 巻,『日本人教育』,柏書房。

王順洪訳 (1992)『日本中国語教育史研究』,北京語言学院出版社(原著六角恒広)。

王順洪訳 (2000)『日本中国語教学書誌』,北京語言文化大学出版社(原著六角恒広)。

王順洪訳 (2002)『日本近代汉语名师传』,北京大学出版社(原著六角恒広)。

(日本 千叶县,明海大学)

副词和连词的元语用法

沈 家 煊

摘 要:“元语”(meta-language)是指“用来指称或描述语言的语言”。一个词语如果以引述的形式出现,引述的用意不在传递命题内容,而在表明说话人对所引述的话语的态度,它就是典型的元语。虚词的元语用法是虚词进一步虚化的表现。弄明白虚词的元语用法不仅能说明许多“词义虚化”和“词汇化”的现象,也有利在对外汉语教学中向学生解惑释疑。

否定副词“不”的元语用法就是在引述一个说法的同时对这个说法表示否定的态度。程度副词“好”的元语用法就是在引述和加强一个说法的同时对这个说法表示反讽的态度,弄明白“好”的元语用法才能说明双音副词“好不”是如何形成的。增量副词“还”的元语用法就是在引述一个说法的同时表明这个说法所提供的信息量不足,带“还”的说法才提供足量的信息。

连词的元语用法是连接一些说法,而不是连接陈述的命题,同时说话人也可以对连接的说法表达某种态度或传递这些说法的言外之意。本文说明“因为”、“如果……就……”、“虽然……但是……”、“不但……而且……”、“与其……不如……”等连词的元语用法。最后还说明“不过”一词由副词演变为连词也是源自副词“不过”的元语用法。

关键词:副词;连词;元语;元语用法

“元语”(meta-language)是指“用来指称或描述语言的语言”(见 Lyons 1977:10)。语言可以用来指称或描述语言自身,这是人类语言区别于动物“语言”和其他非语言传讯系统的特点之一,叫做语言的“自反性”(reflexivity)(见 Hockett 1958)。语言的主要功能是传递信息,如果一个词语传递的信息是关于语言本身传递信息的情况的,那么这个语词的这一用法就是它的元语用法。

一个词语如果以引述的形式出现,它就是“自反”的元语。最简单最典型的元语就是引述语。“引述”是相对“陈述”而言,例如,“他五点钟到”这句话在(1)里是说话者自己的陈述,在(2)里是说话者引述小李的话(Sperber & Wilson 1981):

(1)我已通知小李来开会,他五点钟到。他说是四点到,但他总是迟到一小时。

(2)我已通知小李来开会,他五点钟到。他总是迟到一小时,所以他要六点钟才到。

有一种引述是"回声引述",乙的应答好像是甲说的话的"回声"。例如:

(3) 甲:我这个人一点不蛮横。

乙:你不蛮横,难道是我蛮横!

名言警句经常成为引述的对象。例如:

(4)一心为公! 现在的年青人才不信这一套呢。

说话人在引述一个说法的同时往往表达对这种说法的态度,例如(3)和(4)是表明一种反驳的态度,不以为然的态度。引述的用意不在传递命题内容,而在表明态度,所以元语用法带有较强的"主观性"(subjectivity)。"主观性"就是说话人在说出一段话的同时表明自己对这段话的立场、态度和感情,从而在话语中留下自我的印记。(参看 Lyons 1977:739,Langacker 1990,Stein & Wright 1995)虚词的元语用法是虚词进一步虚化的表现。弄明白虚词的元语用法不仅有理论的意义,也有利在语言教学中向学生解惑释疑。

不

副词的元语用法总是在引述一个说法的同时表达某种态度。副词"不"或"没"的元语用法就是在引述一个说法的同时对这种说法表示否定的态度,否定的并不是词语的命题内容或真值意义,只是说法。弄明白"不"的元语用法,有利于说明以下现象:

(1) 甲:老王有三个孩子吧?

乙:对,老王有四个孩子呢。

不,老王有四个孩子呢。

乙的回答是"老王有四个孩子",怎么一句说"对"一句说"不"呢? 原来这个"不"是元语用法,是乙觉得"老王有三个孩子"这种说法提供的信息量不足,"不"否定的是这种说法,而不是否定句子的真值意义。否定真值意义的回答是"不,老王只有两个孩子"。"不"的元语用法主要有以下几种情形:

1. 引述并否定"信息量不足"的说法

(2)甲:[对我的能力]你是半信半疑。

乙:我可不半信半疑——我是完全怀疑。(姜昆、唐杰忠相声《歌与舞》)

(3)朋友们都说这面好吃,不,是非常非常的好吃。(统一牌方便面电视广告词)

(2)是说话人乙觉得“半信半疑”的说法信息量不足,(3)是说话人觉得“好吃”的说法信息量不足。“半信半疑”和“好吃”的真值意义都没有被否定。

2. 引述并否定“排列无序”的说法

(4)去年崔兴汉去苏联访问,宾馆的一位服务员说:“我看您像日本人。”他纠正她:“不,应该说日本人像中国人!”(金河:黄桃,《东北作家》1988 第 2 期)

(5)中国的足球健儿没有屡战屡败——他们是屡败屡战。(中央电视台体育评论)

(4)是说话人崔兴汉觉得“您(中国人)像日本人”的说法是以日本人为标准,不是以中国人为标准,把比较的标准弄颠倒了。(5)是评论员觉得“屡战屡败”的说法突出的是“屡败”而不是“屡战”,把突出的重点弄颠倒了。两种说法的真值意义都没有被否定(“日本人像中国人”和“中国人像日本人”的真值意义相同)。

3. 引述并否定“风格不合”的说法

(6)我们没有“接吻”——我们“亲嘴”来着!

(7)这一吵吵得店主来了,肉里另有两条蛆也闻声探头出现。…… 店主取出嘴里的旱烟筒,劝告道:“这不是虫呀,没有关系的,这叫‘肉芽’——‘肉’——‘芽’。”(钱钟书《围城》)

(6)是说话人觉得“接吻”的说法太正式,(7)是说话人觉得“是虫”的说法太刺耳。两种说法的真值意义都没有被否定。

4. 引述并否定“含某种预设意义”的说法

(8)你没有“忘记”今天是星期六——今天是星期四。

(9)[坐火车逃难]上哪儿去呢?不,还不是上哪儿去的问题,而是哪里有火车呢?(《老舍幽默文集·不远千里而来》)

(8)是说话人觉得“忘记今天是星期六”这种说法的预设“今天是星期六”不成立,(9)是说话人觉得“坐火车上哪儿去呢”这种问法的预设“有火车坐”不成立。一般认为预设意义不是真值意义。

5. 引述并否定“语音或语法有误”的说法

(10) 她不是什么领“jiān”主演——是领“衔”主演。

(11) 女儿:你用这根笔写吧。

爸爸:我不用这“根”笔写——用这“支”笔写。

(10)是说话人觉得“领 jiān”的说法不合正确的发音,(11)是说话人爸爸觉得“这根笔”的说法用错了量词,当然都没有否定真值意义。

“不”的元语用法也叫“元语否定”、“语用否定”。(详细参看沈家煊 1993)

好

先看以下的对立：

(12) 好蛮横 = 很蛮横　　好讲理(反语) = 很不讲理

好不讲理 = 很不讲理　好不蛮横 = 很蛮横

"好讲理"只有做反语用才能说，而"好不蛮横"里的"好不"可以看作一个表程度的双音副词，如果不看作双音副词，那么"好-不蛮横"也只有做反语用才能说。为什么"好讲理/好-不蛮横"一定是反语，"好蛮横/好不讲理"不是反语呢？作为一种修辞手段，反语常见的是用正面的词语来表示反面的意思，很少用反面的词语来表示正面的意思。我们常用"你真聪明"来表示"你真笨"，用"你真讲理"来表示"你蛮不讲理"，但很少用"你真笨"来表示"你真聪明"，用"你真蛮横"来表示"你真讲理"。一般的修辞书把反语定义为"正话反说或反话正说"，没有指出反语使用的这种不对称。有的书虽然指出了这种不对称，却没有对此作出任何解释。

按 Sperber & Wilson(1981)的观点，使用反语是按字面意义"引述"一个词语并对它表明一种讽刺的态度。沈家煊(1994,1999)指出，就"好不讲理/好蛮横"(非反语)和"好不蛮横/好讲理"(反语)的对立而言，前者的"好"是个陈述性加强副词，"不讲理/蛮横"是陈述和加强的对象；后者的"好"是个引述性加强副词，是"好"的元语用法，"不蛮横/讲理"是引述和加强的对象，在引述和加强的同时说话人还对这个说法表示反讽的态度。

(13)你好不讲理！(陈述并加强)

(14)甲：我这个人从来不蛮横。

乙：你好"不蛮横"！(引述并加强，表示反讽)

反语的不对称用法可以这样来解释：在用言语进行评价，特别是评价人的社会行为时，经常要引用按文化定义的行为规范或道德标准，因此，当有人明显违背行为规范和道德标准时，我们就常用讽刺的口吻引述这些规范或标准，例如说"你好讲理呀！""这样做好得体呀！"。相反，对不道德、不规范的行为的批评总是针对某些具体的人或事，因此贬义词语一般不会是引述的对象。

弄明白"好"的元语用法才能说明双音副词"好不"是如何形成的。这是一个跨层"词汇化"的过程，原来不在一个结构层次的"好"和"不"结合成一个词：

好[引述]不蛮横(反语) → 好不[陈述]蛮横(非反语) → 好不[陈述]热闹(非反语)

这个式子表示，"好不"这个双音副词的形成源自"好"这一单音副词的元语用法，即"引述 + 讽刺"的反语用法。由于"不"和"蛮横"的结构联系比较松散(不像"不"和"讲理"

的结构联系比较紧密），上述用法在变得频繁后，“好”和“不”就逐渐结合在一起形成“好不”。这个“好不”不再是引述性的，而是陈述性的，从而使语句的字面意义重新与实际要表达的反面意思相一致。这种演变过程首先发生在用“不”否定的贬义词（如“蛮横”）上，待“好不”形成后再扩展开来修饰其他词语，如“好不热闹”。

还有一个现象是“好容易”等于“好不容易”。考虑到“好”的反语用法，这一现象也不难解释。“说是容易，其实很难。”“容易”是人们的正常期待，所以“容易”一语很容易成为引述和反讽的对象。当我们说“好容易”等于“好不容易”时，是就“好容易”作状语而言的，后面往往还带有副词“才”，而当“好容易”不作状语时不一定等于“好不容易”。例如：

(15)找了半天，好容易才找到了他。（作状语）

要吃这吃那，说得好容易，谁来做呀！（不作状语）

虽然“说得好容易”隐含“做起来不容易”的反面意思，但“好容易”本身在这里仍表示很容易的意思。作状语的“好容易”也是源自“好”的反语用法：

好[引述]容易（反语）→ 好容易（非反语）

原来“好[引述]容易”是一个词组，经常这样用之后就凝固成一个整体，一个表示反面意义“好不容易”的副词，修饰后面的动词。凝固之后说话人在使用时已不再意识到它是一种反语用法。反语词组“好-容易”率先在状语位置上词汇化，这可能是由于后面的“才 + 动词”决定了它只能表示反面的意思。

还

“还”是一个表示“增量”的副词，如“今天比昨天还冷”，“除了开会，还要备课”。除了“陈述”用法也有“引述 + 表态”的元语用法。

(16)a. 这辆车比那辆车还小。（陈述增量）

b. “大车通不过”，小车还通不过呢。

小车还通不过呢，就别提大车了。（引述增量）

陈述增量的“还”字句是客观地陈述一个命题，引述增量的“还”字句是对一个引述的命题表明说话人的主观态度，即认为这个命题提供的信息量不足，带“还”的命题才提供足量的信息。b 的两句都可以这样解读：你光说“大车通不过”还不够，没有提供足量的信息，还要说“小车通不过”，说了“小车通不过”就不用说“大车通不过”了。

陈述增量的“还”可以重读，能用“更”替换；引述增量的“还”不能重读，也不能用“更”替换：

(17)a. 这辆车比那辆车ˈ还/ˈ更小。

b. ˈ小车还/＊更通不过呢，就别提大车了。

从语义辖域(semantic scope)上看，一般增量的“还”的辖域限于它后面的成分，如 a 里的“小”；引述增量的“还”的辖域是小句表达的整个命题，如 b 里的“小车通不过”。在口语中，引述增量的“还”可以移到句外，例如“小车通不过呢，还”，一般增量的“还”不能这么外移。

弄明白“还”的元语用法，有利于在对外汉语教学中向学生解释一些现象。例如：

1. “还”和“更”

有人指出，“更”可以用于三项比较，“还”不能用于三项比较(陆俭明 1980)。例如：

(18)a. 长江比黄河长，比淮河就更长了。

b. ＊长江比黄河长，比淮河就还长了。

但是，如果学生拿下面的 b' 来说事，如何向他解释呢？

b'. 长江比淮河长，比ˈ黄河还长呢。

b' 属于“还”的元语用法，它不是在做陈述性的比较，而是说话人引述一个说法“长江比淮河长”并对这个说法表态，认为它提供的信息量不足，同时增补一个说法“长江比黄河长”(用的是“还……呢”的形式)，这个说法提供了关于长江之长的足量信息，全句可以翻译成：你说“长江比淮河长”，我还要告诉你“长江比黄河长”。注意 b' 中的“还”反而是不能用“更”来替换的，“长江比淮河长，比黄河就更长了”的说法违背逻辑。

2. “还”和“也”

有人认为“还”和“也”都能表示动作的重复或接续，区别是“还”必须指同一个施事者，“也”没有这个限制(吴葆棠 1991：108)：

(19)a. 我白天想，晚上也/还想。

b. 你想去，我也/＊还想去。

a 句的“白天想”和“晚上想”的施事相同，“也”和“还”都可以用；b 句“想去”的施事不同，就只能用“也”不能用“还”。但是，如果有学生拿下面的 b' 来说事，怎么向他解释呢？

b'. 你想去，ˈ我还想去呢。

这里的“还”也是元语用法，句子重音在“我”不在“还”。这句话可以这样理解，实际“我想去”比“你想去”的可能性要小，因此你说“你想去”没有提供足量的信息，而说了“我想去”就不用说“你想去”了。这就是为什么通常说“还”比“更”多一层“递进”的含义。

3. “还”和“再”

无论是表示重复还是增补，祈使句能用“再”不能用“还”。例如：

(20)唱了一个，再唱一个！　　＊唱了一个，还唱一个！(重复)

跳了一个舞，再唱一首歌！　＊跳了一个舞，还唱一首歌！(增补)

如果有学生问，这样的“还”字句用在祈使句的“回声句”(echoing sentence)中倒是成立的，如何向他解释呢？

(21)什么？唱了一个，还唱一个？

什么？跳了一个舞，还唱一首歌？

可以这样来解释：既然是祈使句，就不可能同时对一种说法表态，元语的“还”就用不上。用“再”的祈使句只是说话人要求重复或增补一个动作，(21)则是说话人对这种要求表态，如表示出乎意料。要求重复或增补一个动作跟对重复或增补的要求表态，两者虽然有联系，但毕竟不是一回事儿。

4.“还”和“又”

《现代汉语八百词》说“还”和“又”的区别是“还”主要表示未实现的动作，“又”主要表示已实现的动作：

(22)a. 他昨天来过，明天还来。(未实现)

b. 他昨天来过，今天又来了。(已实现)

但是，如果学生拿 b' 这样的句子来说事，如何向他解释呢？

b'. 他昨天来过，\` 今天还来过呢。(已实现；“今天”重读)

“还”表示“未实现”倒经常受限制，例如祈使句只能说“再唱一个！”(未实现)，却不能说“还唱一个！”。问题在于说明 b 和 b' 的语义差别。b 用“又”只是客观地报道他来的动作重复发生，而 b' 属于“还”的元语用法，是说话人认为“他昨天来过”这个说法提供的信息量不足，因为“他今天来过”的可能性比“他昨天来过”的可能性小(今天来过肯定昨天也来过，反之则不然)，因而增补一个信息量充足的说法“他今天来过”。

关于“还”的元语用法，详细可参看沈家煊(2001)。

因为

跟副词的元语用法略有不同，连词的元语用法不一定都跟“引述”有关，但是连词的元语用法也是连接一些说法，而不是连接陈述的命题，同时说话人也对连接的说法表达某种态度，或借以传递特定说法的言外之意。

(23)a. 我回来了，因为晚上有电影。　　(一般用法)

b. 晚上还开会吗？因为礼堂里有电影。　(元语用法)

这两句都是表示因果关系。a 是陈述一种因果关系：“晚上有电影”是“我回来了”的原因。b 的主句是个问句，而不是陈述句，因此不可能按陈述因果关系来理解。b 句的意思其实是：“我问你‘晚上还开会吗’”是因为“礼堂里有电影”，后面的原因从句是说明前面那种说法(提问)的原因，因此这里的“因为”属于元语用法。

从形式上看，一般用法可以在两个分句之间加一"是"字使复句变为单句，元语用法不能这么变：

(24)a. 我回来了，因为晚上有电影。→ 我回来了是因为晚上有电影。

b. 晚上还开会吗？因为礼堂里有电影。→ *晚上还开会吗是因为礼堂里有电影。

如果……就……

(25)a. 如果明天下雨，比赛就取消。　　　　(一般用法)

b. 如果比赛真的取消，太阳就从西边出来了。　(元语用法)

"如果"引出的小句表达充分条件，两句的差别是，a句是陈述"明天下雨"是"比赛取消"的充分条件"，b句的意思是"比赛真的取消"是"我声称'太阳从西边出来了'"的充分条件，"太阳从西边出来了"是一个经常听到的说法。

(26)如果[说]你是牛郎，我就是织女。

如果[说]你是老虎，我就是武松。

"如果"后面可以加"说"，但是即使没有"说"字，实际也不是表示p是q的充分条件，而是表示"说p"是"说q"的充分条件。"如果'说你是牛郎'，就'说我是织女'。"为什么一种说法能成为另一种说法的充分条件？这类句子是关联隐喻，是两个概念域之间的投射，投射的条件是两个概念域内部成分之间的关系互相对应。上面头一例就是从现世域投射到神话域，现实世界中你和我之间的关系对应于神话世界中牛郎和织女之间的关系。正因为有这种"关系的对应"，所以"你是牛郎"这种隐喻说法就成为"我是织女"这种隐喻说法的充分条件。

(27)如果[说]这是问题的话，这是最根本的问题。

(28)如果[说]她从父亲那里继承了什么遗产，那就是继承了为科学而献身的精神遗产。

逻辑上的单向蕴涵关系"p→q"在自然语言一般用"如果p就q"来表示，例如"白马→马"：如果这是一匹白马，这就是一匹马。同样，"根本问题→问题"：如果这是一个根本问题，这就是一个问题。然而上面两个复句p和q正好倒了个个儿，成了"问题→根本问题"和"遗产→精神遗产"。如何解释这个现象呢？原因还是自然语言的连词可以在元语用法上表达"p→q"。拿(27)来说，表达的不是命题"这是一个问题"是命题"这是一个根本问题"的充分条件，而是表达"说这是一个问题"是"说这是一个根本问题"的充分条件。为什么前一种说法可以是后一种说法的充分条件？这是会话的事理在起作用。按照Grice(1975)提出的会话"合作原则"中的"适量准则"，说话人提供的信息要足量。上面二例都是后一种说法相对前一种说法提供了足量的信息，而说出一个信息量不足的命题显然是说出一个信息足量的命题的充分条件。

(29)a. 只要我讲个故事，你就感兴趣。(一般用法)

b. 只要你感兴趣，我就讲个故事。(元语用法)

“只要”引出的是最低限度的充分条件。讲故事会引起人的兴趣，这是一般事理，a句顺应这个事理。b句反了过来，怎么“你感兴趣”反倒成为“我讲个故事”的充分条件？原因还是在于b句的“我讲个故事”是一个“提议”，是一种说法，而提议的前提是提议的内容于对方有利，“你感兴趣”正满足这个前提。b句实际上表达的是：只要你感兴趣，我就提议我讲个故事。

虽然……但是……

这是表示转折的连词。先看一对例子：

(30)a. 钱少，可是需要快跑。 (一般用法)

b. 钱少，可是无需快跑呢。(老舍《骆驼祥子》) (元语用法)

“钱少”按事理“无需快跑”，可是事实上“需要快跑”，前后形成逆转，所以a句的“可是”是一般用法。b句“钱少”而“无需快跑”，按事理是顺接而不是逆转，怎么也用上“可是”了呢？b句应该按“可是”的元语用法理解为：

b'. 有人说钱少，可是我说无需快跑。

“可是”连接的是两种说法：说“钱少”隐含着“这活儿别干”，说“无需快跑”隐含着“这活儿干”。说了才有言外之意，不说就没有言外之意；不同的说法有不同的言外之意。因此这一句是“干！”与“别干！”之间存在逆转关系。这种元语用法的转折句实际上是：虽说p，但我(不说p)说q。

有人认为下面三个复句都是转折连词“虽然……但是……”用错了(王维贤等1994:73,180)：

(31)他虽然日夜操劳，但是影响了嗓子。

虽然他是中国人，但是他的头发是黑的。

虽然刮风了，但是下雨了。

前两句在内容上只能构成因果关系，应该用“因为…所以”，后一句在内容上也没有转折关系。但是“用错”的断言只适用一般用法，从元语用法来看这三个句子都不成问题，头一句相当于“虽说他日夜操劳(表扬他！)，但是我说他影响了嗓子(批评他！)”；第二句可以设想某导演要找一个不是黑头发的中国人当演员：“虽说他是中国人(雇佣他！)，但是我说他头发是黑的(别雇佣他！)”；第三句可设想要等一个刮风而不下雨的天气拍电影：

"虽说刮风了(拍吧!),但是我说下雨了(别拍!)"。

不但……而且……

这组连词连接的前后项之间有递进关系,逻辑上应该后项蕴涵前项,如下面的a句,后项"很大的人"蕴涵前项"人",就像"白马"蕴涵"马"一样。有人因此认为b那样的句子不成立(邢福义2001:225):

(32)a. 他……仿佛向我证明:他不仅是个人,而且是个很大的人。

b. *他不仅是个很大的人,而且是个人。

然而这样的限制只适用于一般用法,元语用法则不受此限,例如下面b'是与b同类的句子:

b'. 毛泽东不仅是个伟人,而且是个人。

这句话的意思是:你说"毛泽东是个伟人",这样说还不够,我还要说(因而提醒你)"他是个人",言下之意是,你不能只看到他的特殊性而忽略了他的一般性。

与其……不如……

"与其p不如q"是一种择优句式,待选择的前项p和后项q按一般的事理应该是q优于p,因此有人认为下面的b句不成立(邢福义2001:136～137):

(33)a. 与其治标,不如治本。

b. *与其治本,不如治标。

(34)a. 与其今日爱不成,真不如当初不爱!

b. *与其当初不爱,不如今日爱不成!

说b句不成立是因为不合"治本优于治标"的一般事理,事理上如果当初不爱,就不会有今日的爱得成爱不成的选择。但是这两句如果加上"说"字,就都可以成立,"与其说……不如说"也是择优句式,但待选择的不是两个命题,而是两个说法,而后一个说法完全可以优于前一个说法:

b'. 与其说是治本,不如说是治标。

与其说是当初不爱,不如说是今日爱不成!

这里的"说"字省掉也无妨。这种对前一个说法的抛弃或否定也就是我们前面说过的"元语否定"。

顺便看一下"(或者)……或者……"。待选的两个联接项在概念上或是互相独立的(如a),或是互相交叉的(如b),但是不能是一个包容另一个(如c):

(35)a. (或者)吃米饭,或者吃面条。 (米饭和面条互相独立)

b.（或者）吃炸酱面，或者吃肉丝面。（炸酱面和肉丝面互相交叉）

c. *（或者）吃面，或者吃炸酱面。（面包容炸酱面）

但是如果在“或者”后加上“说”字，在两种说法或措辞之间进行选择，就不受上述限制：

c'. 吃面，或者说吃炸酱面。

这个人对党还是有意见，或者说，有不少意见。

说“吃炸酱面”比光说“吃面”提供的信息多，说“有不少意见”比光说“有意见”提供的信息多。这种或者句只能出现一个“或者”，表达的意思相当于“与其……不如……”。

关于其他连词的元语用法，可参看沈家煊(2003)。

不过

“不过”既是程度副词又是转折连词：

(36)我不过说说而已。（程度副词）

他没有考上，不过他不灰心。（转折连词）

《现代汉语八百词》说连词“不过”是“补充、修正上文的意思”或“补充同上文相对立的意思”。弄明白副词“不过”的元语用法，有利于了解连词“不过”是如何形成的（详细可参看沈家煊2004）。连词“不过”出现的时间很晚，见到的最早例子如下：

(37)我也没有长策。不过这种事情，其事已迫，不能计出万全的。（《老残游记》）

隔壁这位傅子平虽然姓傅，何尝是浙江巡抚傅理堂的侄儿！不过说是傅某人的侄儿，人家格外相信些。（《官场现形记》）

这却也难怪你，父子天性，你岂还有漠然不动的理。不过，来也无济于事。（《儿女英雄传》）

连词“不过”是从表“仅仅、只”的副词“不过”演变而来的，起因也是副词“不过”的元语用法。副词“不过”不仅限制事物或行为的数量或范围，还能用来限制言语自身的数量或范围。例如：

(38)这回请讼师不过面子帐，用不着他替你着力。不过总得上回把堂，好遮遮人家的耳目。（《官场现形记》）

这段里有两个“不过”，前一个“不过”是副词表示“只是”，后接名词“面子帐”，限制的对象是事物，后一个“不过”先是副词“不过”的元语用法，后接句子“总得上回把堂，好遮遮人家的耳目”，限制的对象是补充的话语。例(38)全句的意思是：我告诉你，这回请讼师不过面子帐，用不着他替你着力，我要补充说的话只有一句，“总得上回把堂，好遮遮人家的耳目”。说话人为什么在说了 p 之后补充并只补充 q 这一句话？还不是因为考虑到很可能有人推断或相信“非 q”，因此“仅仅、只是”会生出转折的意思来。“不过”的功能由限制事物的范围变为限制话语自身的范围，也就由副词变成了连词，这种演变符合虚词进一步虚化的一般倾向(Trautott & Dasher 2002：95)。类似的推导和演变出现在英语的 only 上，例如：He is only a child(他还不过是个小孩)→I should like to go, *only that* I'm not feeling well.(我想去，不过我不太舒服。)

前面曾拿“还”跟“又”作比较来说明“还”的元语用法，其实副词“又”也有自己的元语用法，跟“不过”的元语用法相似。《现代汉语八百词》说“又”有加强否定和加强反问的用法。例如：

(39)他又不会吃人，你怕什么？(加强否定)

这点小事又费得了多大功夫？(加强反问)

“加强”的说法并不错，不过“加强”跟“又”的本义有什么联系呢？我们可以设想(39)是从(40)变来的：

(40)他，又说了，不会吃人，你怕什么？

这点小事，又说/问了，费得了多大功夫？

汉语的主语和谓语之间是一种较松散的话题-说明关系，主语后面插入“又说了”这样的短语很平常。“又”的本义表示动作重复发生，这里是表示“说”的动作重复发生。变为(39)之后，“又”就成了“元语”副词，修饰的实际是过去曾经说过的话或经常说的话。说话人把说过的话或经常说的话又说一遍，同时表明自己的态度“再也不用说啦”，“加强”的语气由此而生。

参考文献

陆俭明 (1980) “还”和“更”，《语言学论丛》第 6 辑，商务印书馆。
吕叔湘 (1981)《现代汉语八百词》，商务印书馆。
沈家煊 (1993) “语用否定”考察，《中国语文》第 5 期。
沈家煊 (1994) “好不”不对称用法的语义和语用解释，《中国语文》第 4 期。
沈家煊 (1999)《不对称和标记论》，江西教育出版社。
沈家煊 (2001) 跟副词“还”有关的两个句式，《中国语文》第 6 期。
沈家煊 (2003) 复句三域“行、知、言”，《中国语文》第 3 期。
沈家煊 (2004) 说“不过”，《清华大学学报》(哲学社会科学版)第 5 期。
王维贤、张学成、卢曼玉、程怀友 (1994)《现代汉语复句新解》，华东师范大学出版社。
吴葆棠 (1991)《现代汉语语法探索》，青岛海洋大学出版社。
邢福义 (2001)《汉语复句研究》，商务印书馆。
Grice, H. P. (1975) Logic and conversation. In Cole, P., & J. L. Morgan eds., *Syntax and Se-*

mantics 3：Speech Acts. New York：Academic Press. 41-58.

Hockett，C. F. (1958) *A Course in Modern Linguistics*. New York：Macmillan.

Langacker，R. W. (1990) Subjectification. *Cognitive Linguistics* 1：5-38.

Lyons，J. (1977) *Semantics*. 2 vols. Cambridge：Cambridge University Press.

Sperber，D.，& D. Wilson (1981) Irony and the use-mention distinction In Cole，P. ed.，*Radical Pragmaitcs*. New York：Academic Press. 295-318.

Stein，d. & S. Wright，eds. (1995) *Subjectivity and Subjecivisation*. Cambridge：Cambridge University Press.

Traugott，E. C. & R. B. Dasher (2002) *Regularity in Semantic Change*. Cambridge：Cambridge University Press.

(100732 北京，中国社会科学院语言研究所)

汉语篇章语法:理论与方法*

屈承熹

摘　要:本文将"篇章语法"定义为"篇章"与"语法"的结合,其主要目的在于研究小句之间的联系,及其对小句内部结构之影响。并将之定位于认知基础之上,与功能语法互通,然后透过语用,以达成交际、沟通之目的。在理论上,则应广纳各家学说,研究如下多种问题:时空关系、衔接(cohesion)与连贯(coherence)、话题与焦点、信息处理(information management)、前后景安排(foregrounding and backgrounding)、事件整合(event integration)、修辞结构理论(RST——rhetorical structure theory) 等等。

汉语篇章语法,固然应遵循一般理论与方法,但亦有其独特之处,如:其体标记之篇章功能、话题结构在篇章组织中的地位、其句末虚词对篇章联系所发生的作用等等。本文特举体标记"了"、话题的有标与否、句末虚词"呢"三个问题,对上述诸方面作一简单说明。至于目前汉语篇章语法的情况,本文认为,国内有系统的介绍,多出自英语语言学界,而且一般都师从韩礼德(M. A. K. Halliday)。韩礼德之"系统功能语法"固然自成一家,但若全盘照搬而以之处理汉语,则尚嫌不足。本文并就话题与回指、句末虚词与语篇标记、信息处理与信息来源等问题,指出汉语篇章研究之实际情况。

对于汉语篇章语法研究之展望,本文抱相当乐观之态度。由于许多领域,均在起步阶段,故前途非常开阔。例如,"汉语篇章句"之严格界定,即为可努力目标之一。而且,汉语篇章语法在跨学科研究方面,也一定可以做出不少贡献。

关键词:篇章语法;关联性;句末虚词;信息处理;体标记;话题标记性

一　什么是篇章语法

顾名思义,篇章语法 (discourse grammar) 应该是"篇章"(discourse) 与"语法"

---

* 本文初稿曾在2006年3月29—31日于中国绍兴举行之"新世纪首届汉语语言学理论建设与应用研究国际学术会议暨浙江省语言学会第十三届年会"上做大会报告。

(grammar) 的结合,故有别于一般的“语篇研究”(discourse study) 或“话语/言谈分析”(discourse analysis)。其主要目的在于研究“小句 (clause) 与小句之间的联系。”而此等联系往往会影响到小句本身的语法结构,尤以汉语为然,乃有“汉语篇章语法”之议。由于小句间联系之形式不同,并有疏密之分;因此这样的研究,不但对篇章的连贯能获得进一步的认识,而且在语法结构上,对汉语中“句子”(sentence) 这个概念,也可以做较为具体的认定。

二 篇章语法的定位

篇章语法,不能取代句法 (syntax),但对句法有积极的解释作用。故与句法研究,不但不相冲突,而且相辅相成。篇章语法的研究,着重于形式与功能之间的对应,因而与“功能语法”(functional grammar) 有极为密切的关系。其在整个语言体系中的地位,可以用图 1 表示:

功能语法

认知 →{ ↑ ↓ }→ 语用 → 沟通

篇章语法

图 1

三 篇章语法的理论基础

图 1 显示,篇章语法是建基于人类的认知,配合语言形式与功能之间的关系,对语篇组织作分析与解释,再透过语用,达成对语言沟通做进一步的了解。

篇章语法的认知、功能的概念基础,可以概括如下:(1) 象似性 (iconicity),(2) 原型性 (prototype),(3) 连续统 (continuum)①。它的理论,则综集各家学说而成,如:Chafe (1994), Givon (1995), Halliday (1985/ 1995), Halliday and Hasan (1976), Langacker (1999,2002), Longacre (1996), Mann and Thompson (1988, 1992) 等等。这些学者,对下列诸问题,在理论上都有精辟的见解、在实践上多有创新的分析:时空关系、衔接(cohesion)、连贯 (coherence)、话题与焦点、信息处理 (information management)、前后景安排 (foregrounding and backgrounding)、事件整合(event integration)、修辞结构理论 (RST——rhetorical structure theory) 等等。

---

① 参看屈承熹(2004)第一章。

四　汉语篇章语法的特点

汉语篇章语法的理论基础，固然与其他语言的篇章语法，不致有什么重大的差异。但是，由于语言结构本身的不同，在实践上也就可能有显著的分别。

基本上，汉语有两个特点为中外语言学界所公认：一个是“孤立型”（isolating，与西方语言的 inflectional 对立）或称“分析型”（analytic，与“综合型”synthetic 对立）。另一个是“话题显著”（topic-prominent，与西方语言的“主语显著”subject-prominent 相对立）。这两个类型特性，当然对句法分析会产生很大的影响，如：汉语分析不能拘泥于词类变化的形式，对主语的要求不甚严格等等。其实，其重要性也许更展现于篇章研究上的差异，例如：话题在篇章衔接上所展现的重要性。然而，除此而外，还有许多结构与功能，至今甚少受人注意。例如：“象似性”在汉语语法及篇章上的重要性，副词的连接功能，动词词缀在前后景安排上的组织功能，以及句末虚词在语句连贯上所能发挥的作用等等。这些都是汉语篇章语法与西方语言极为不同之处。兹于下面第五、六两节中择要举例说明。

五　汉语篇章语法的研究方法

汉语篇章语法的研究方法，其实并无异于一般的步骤：即由问题的发现开始，到假说的提出，语料的搜集，假说的证实（或推翻），乃至最后的理论确认。至于语料的使用，则目前多半以书面语为主，但也可以随所处理问题而有所不同，当然也绝不排除口语的采用。不过，无论在什么情况之下，应尽量避免自创语料，尤其要避免自创“不常见”的语料。

在理论的应用上，其方法也不外以下三个阶段：一，试图将现有的各种理论应用于汉语篇章的分析；二，检验应用的结果，是否对该语言现象可以做合理的解释；三，如果该解释不尽合理，可以试图对该项理论做适度的修正，或另行发展更为合乎汉语本身结构的理论。但是，由于汉语篇章语法所处理的问题与一般语法不同，因此也往往会有不同的结果，对处理过程也就随之而有不同的需求。兹举数例说明如下：

（一）动词后缀“了”的篇章功能

一般语法都将动词后缀“了”作为“完成体标记”处理，这当然绝对没错。但是，如果仅根据现有的理论，只从语义及句法的角度来分析，就有很多问题无法圆满解决。例

如:(Chu 1998:70－71)

(1) a. 我下车以后,中国同学热情地帮 ? 了/ф我搬 了/? ф行李。

b. 昨天他们真是帮 了/＊ф我很大的忙。

c. 上星期他们帮 了/? ф我搬行李,我今天晚上请他们吃饭。

d. A:你星期六晚上干什么去了?

B:我没干什么啊!就去看 了/＊ф一场电影。

e. 昨天晚上我去看 ＊了(一场)/ф电影,没买到票。

其中的“了”有时候需要,有时候却不需要。这样的事实,无论从该语句的句法层面或从该词缀的语义层面,都无法得出一个既合情合理又具普遍性的解释。如果我们将眼光放宽到篇章层面,应用“前后景”(foreground and background)、事件整合(event-integration)等的观念来分析,则不难发现,“了”还有表示“前景”和“主要事件(main event)的篇章组织功能。

再进一步分析,则更可以发现,除了基本语义“完成”而外,“了”还有多种引申的语义特征。如图2:

```
                    / 绝对过去
            过去
          /         \ 相对过去
    完成
          \         / 单独事件
            实现
                    \ 整体事件
```

图2

图2中的“整体事件”是指仅用一个“了”来组合几件事件而成为一个整体。例如,(1)a共有两件事件,以动宾结构“帮(我)”及“搬(行李)”分别表示。如果这是两件各别的事件,则其后都可以跟词缀“了”;但是,事实上这两件事件是当作同一件事件中的“子事件”处理的,所以仅用一个“了”,而且是用于其中较为主要的事件,即“搬行李”。与之相反,(1)c中前面一个小句虽然同样包含这样两件事件,但为了要说明为什么“我今天晚上请他们吃晚饭”,所以前面的主要事件是“他们帮我”而不是“(他们)搬行李”。因此,同样将两件事件组合成一件,(1)c中的“了”以跟在“帮”后面较为合适。

如此分析,不但“了”的隐现这个问题可以迎刃而解,而且对“了”的其他功能(如用“相对过去”来解释“先后排序”等),也就可以获得一个合理的解释。

(二)话题在现代汉语篇章组织中的地位

一般语法中所举话题的例子,多半像下面这几个标示得非常明确的话题形式

(Li and Thompson 1981:15、100)：

(2) a. 这棵树，叶子很大。

b. A：我在新国学校教书。

B：噢！新国学校，那儿有一位张先生你认不认识？

而对话题的讨论，多半用"通常""可能""可以"等不甚确定的语气词来说明，例如(刘月华等，2001:913；其中下划线为本文作者所加)：

a. 话题通常位于句首，多为名词性成分，话题后可以有停顿，可以加语气词"啊"、"吧"、"吗"、"呢"等。

b. 话题通常是已知信息。

c. 话题与主语相比，与谓语动词的语义关系比较远，……可能是动作的受事、工具、处所或其他有关系的事物。

d. 话题的语义范围可以覆盖一个语段中的几个句子。例如：

这本书我看过了，没有意思，你不要买。

这些都是事实，故所描述绝对正确。上例(2) a 中的"这棵树"是话题，是用来表示"该句所涉及"(the topic of a sentence is what the sentence is about)。(2)b 中的"新国学校"也是话题，是用来表示"与前句的联系"(to relate the material to some preceding sentence)。类似这样的举例，当然都没错。刘月华等对话题性质的阐述，也完全准确。问题是这样处理汉语话题，固然都有理论依据，但却仅是片面的，而且也没有完全照顾到汉语话题的特性。

汉语话题通常有两种功能：一为提示该句所涉及的人、事或物，一为作小句与小句之间的联系。一个话题可能仅仅单独执行一种功能，有时则两种功能同时执行。而现代汉语对一个话题究竟执行何种功能，则可以由该话题的形式来区别。汉语话题的形式，可以分成"有标"(marked)与"无标"(unmarked)两类。上例(2) a、(2) b 中的是"有标话题"，刘月华等的例句所举是"无标话题"。前者的主要任务是明显标示"该句所涉"，后者的任务则仅是作"上下句的联系"。不过，所谓"有标""无标"并不是一刀两段、截然分隔，而是形成一个连续统的。兹说明如下，见图 3：

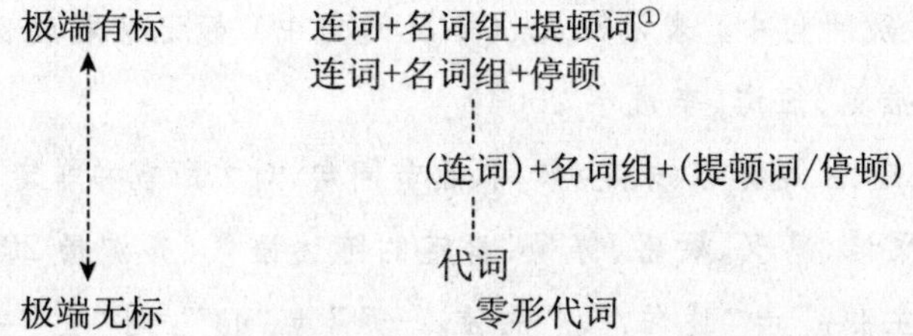

虚线“----”表示“省略”；虚线箭头“←---→”表示“连续统”。

图 3　有标话题与无标话题的连续统

至于话题的有标与否,与其所执行功能之间的关系,也可以用图 4 的标尺来表示。

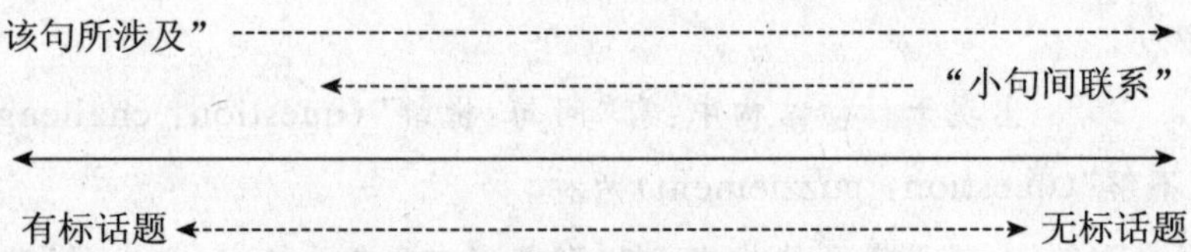

实线双向箭头“⟵⟶”代表基准标尺；虚线双向箭头“←---→”表示“连续统”；单向箭头“←-----”、“-----→”表示各功能所涵盖的范围。

图 4　话题的标记性及其所执行功能之间的对应关系

现代汉语的特征之一,是无标话题的大量使用,尤以“零形代词”为甚。其功能之发挥所及,造成了汉语篇章结构的另一特色,就是“话题链”在篇章组织上的重要性。[②]

(三)句末虚词在现代汉语中增强对话中关联性(relevance)的功能

句末虚词的研究,一般都着重在语气的表达,往往将一个虚词所能表达的意义分门别类地罗列出来。但是分得越细,衍生的问题却越多。上焉者对各种意义无法做统一解释,下焉者则各种意义间甚至相互抵触。而实际上,现代汉语句末虚词固然多表示“语气”,但除了“语气”而外,往往还有篇章连接的功能。以“呢”为例,环视过去各家研究结果,对“呢”所表达的意义和功能,有如下多种说法:

a. 提醒、(是非问句中)表示深究、(非是非问句中)标记话题(邵敬敏 1982)

b. 加强疑问语气(康亮芳 1998)

---

① 此处的“连词”指介词性关联词,如“对于、关于、至于”等,另外“如果(说)、要是”等有时也有这样的功能(参看李晋霞,2005)。这些连词一般都出现于句首。至于“提顿词”则指出现于名词组后面的虚词“啊/呀、吧、嘛、呢”等,一般称为“停顿词”或“话题标记”。但是此类虚词,除了标示停顿或话题以外,同时还有其他功能,故采取徐、刘(1998)的说法,称之谓“提顿词”。至于此处所提及之其他功能,请参看屈承熹(2000)。

② 参看 Li (2005)。

c. 确信、(疑问句中) 表示深究、(非疑问句中) 标记话题改变(熊仲儒 1999)

d. 假设、推测、征询(李晟宇 2004)

e. 未变状态、主题标记、未定/疑问、删节问句、对方所言并非定论(曹逢甫 2000)①

f. 疑问、反诘、感叹、疑惑、停顿、肯定的陈述语气(齐沪扬 2002)②

g. 如果"主位$_1$"+"述位$_1$":"主位$_2$ -呢"+"ϕ_2",则"呢"= 疑问。(李大勤 2001)

h. 话语连续 + 对话者共识(刘宇 2004)

i. 表示对话者的共识(Wu 2005)

此外,Shie (1991) 采用"话语功能分析法"(discourse-functional approach) 获得如下结果:

a. 25% 出现于行动结构中:有"问句:挑衅"(question: challenge) 及"问句:疑惑不解"(question: puzzlement)两种。

b. 74% 出现于意念结构中:有"删节问句"、"问句:意念进展"(question: development)、"自我对比意念"(self-contrasting idea)、"他人对比意念"(other-contrasting idea)、"自我比较意念"(self-comparing idea) 及"他人比较意念"(other-comparing idea)等。

上面所引各家之说,除了李大勤(2001)、刘宇(2004)、Wu (2005)、Shie (1991)而外,显然都以描述其所含"语气"及其所具有之"语法功能"为主。当然分析所得结果,都非常准确,却无法作统一的解释。而李大勤、刘宇、Wu、Shie 的研究,也仅能在自己的系统中操作,无法广纳其他研究者精心分析的细致成果,以充实自己系统的内容。

要补救这种缺失,必须从不同的角度来看这个问题。如果能从"话语标记"(discourse marker)及"关联理论"(relevance theory)的观点出发,则不难看出,"呢"的主要功能还是在于增强对话的关联性。例如:

(3) A: 他家很穷,你就不要跟他来往了。(曹逢甫 2000:16)

He's from such a poor family you better not be friends with him.

B: 他家有三条牛呢。

For your information, they have three heads of cattle.

(4) A: 你现在等着毕业了,真开心。(Chu 1998:79-80)

You are just waiting to graduate. How happy you must be!

---

① 曹逢甫 (2000) 认为,"未变状态"是基本功能,其他四种都是直接或间接由"未变状态"引申出来的。

② 齐沪扬 (2002) 的研究,着眼于历史的发展,以"疑问"为出发点,透过泛化、语音变化、语法功能变化等过程,在历时网络中获得其他各种解释和功能。

B：我还得写一篇论文呢。

Well, you know, I still have a thesis to write.

(5) A：老李怎么还没有来？

How come Old Li is not here yet?（曹逢甫 2000:16）

B：他老早就来了呢。

He came a LONG time ago.

这三段对话中都有“呢”,但其功能似乎并不完全一样。例(5)中的“呢”可以省略,这个省略,虽然不致于影响对话的连贯性,却使之显得过于直截了当,缺乏了一点愿意对话的感觉。如果将(4)中的省略,则不但显得直截了当,而且还使其中对话变得非常生硬而不自然。(3)中的“呢”最省不得,省了以后,话轮之间几乎是风马牛不相及了。因此,可以这样说,这几个“呢”都是用来增强其“连贯性”的。至于为什么“呢”在这三段对话中会有不同程度的作用,则与对话的内容有关,此处无法详述。①

为了解释这类现象,并将过去研究做一个统一的处理,Chu (2005) 采用对比研究的方法,求得了“呢”的两个基本性能:“与上文对比”及“要求继续对话”,从而再推演出其他的用法/意义。他并且排列出“呢”的篇章语用网络如下：

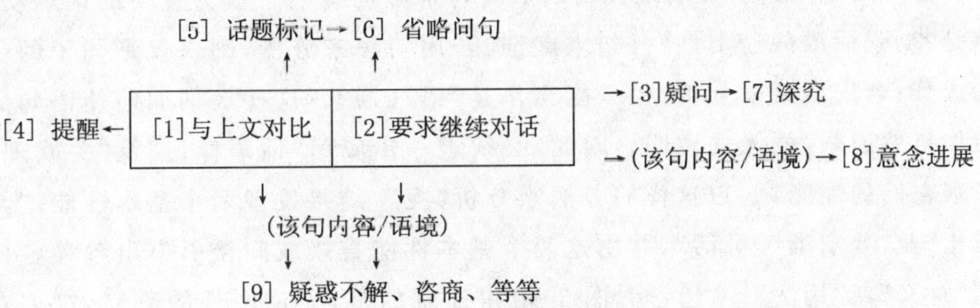

图5　“呢”的篇章语用网络

图5中连接在一起的两个方框,代表两个基本性能;箭头表示引申来源及方向,单一箭头表示仅源自一种性能,两个箭头则表示同时源自两种性能;圆括弧表示箭头后的用法/意义是经过“该句内容/语境”的过滤而获得的。这个网络,不但说明了“呢”的基本性能,还将前人所提出的主要意义及功能,一并纳入其系统之中。而且,这两个基本功能也凸显了“呢”在语篇上的特征,与其他几个句末语气虚词,如“啊/呀”、“吧”、“嘛”等,既有相同之处,也有所差异。

① 参看 Chu (2005)。

（四）小结

本节以现代汉语中的三个现象为例，来说明如何进行汉语篇章语法的分析与研究。

第一，动词词缀“了”，如果用传统的句法、语义分析，则有很多问题无法顺利解决，如其中“了”的隐现，不论在研究或教学上一向都是一个令人非常困扰的问题。但是，如果我们换一个角度，从“事件整合”出发，则可以用较为宽广的眼光，看到该词缀在句法、语义以外还有篇章组织的功能。

第二，现代汉语中的话题，是一个非常重要的概念。汉语话题结构，一共有两种功能，一属句法，一属篇章。而一般的“话语分析”(discourse analysis) 固然有“句话题”(sentential topic) 与“篇章话题”(discourse topic) 之分，却并不完全适用于现代汉语①。因为，他们所提出的“篇章话题”偏向于段落的主旨，与小句之间的联系这样的篇章结构无关。而汉语话题的两个功能之一，就是连接小句以组成一个更大的结构单位。所以，研究汉语的话题，必须特别注意其“小句联系”功能，既要与另一个句法功能，即“该句所涉及”来区分，又要能与之整合。（参看图 4）因此，汉语篇章语法中的“话题链”是一个极为重要的课题。

第三，以“呢”为例，显示现代汉语中的句末虚词有一个极为重要的话语功能，那就是“增强话语的连贯性”。句末虚词，若用句法来分析，则仅仅是句子的一个附加成分；若用语义来分析，也只能当作是“语气词”。这些虚词如何使语句的连接更加自然通顺，便无法说明。因此，必须进一步应用“话语标记”及“关联理论”来考察它们的性能②。以这样的方法来分析“呢”，结果发现两个基本性能：“与上文对比”及“要求继续对话”，并由这两个基本性能直接或间接引申出各种各样的所谓“意义”或“用法”。（请参看图 5）值得注意的是，无论中外的研究，过去对话语标记和关联标记的认定，多半在句首或句中。而在现代汉语中，却也出现在句末。

六 汉语篇章语法的现况与展望

根据田然(2005)的统计，近二十年来(1983 年 1 月至 2004 年 8 月)在中国内地的五种核心期刊上共发表了 61 篇有关语篇研究的论文。其中本体研究占大多数，共 44

---

① 参看 Renkema (2004)，第五章；Brown and Yule (1983)，第三章。

② 当然，从历时发展来分析研究也是非常重要的。请参看齐沪扬(2002)。

篇,包括“语篇的衔接”及“语篇现象”。其他则为语篇的应用研究。[①] 内地较有系统的篇章论著,多出自英语学界,且多半师承 M. A. K. Halliday (见 Halliday 1985/1995 及 Halliday & Hasan 1976) 的“系统功能语法”(systemic functional grammar),如胡壮麟 (1994),黄国文(1988),朱永生等 (2001)。Halliday 虽然精通汉语,但是他的系统功能语法毕竟还是一套以英语为基础的理论。所以要将之用来研究汉语,还是需要相当程度的修正。例如,将汉语话题套入他的“主位—述位”框架,则难免会有削足适履之感。对内地汉语篇章研究概述,请参看田然(2005)。

下面,我们就汉语篇章语法的一般现况和对将来的展望,作一个选择性的简短评介。

(一) 现况

汉语篇章有系统的研究,除了过去在修辞学上的努力而外,应该可以说始于 20 世纪 70 年代后期。(见 Biq, Tai and Thompson 1996:111 - 117) 自 80 年代初期开始,汉语篇章研究逐渐兴起,内地先是有廖秋忠一枝独秀,然后有陈平、徐赳赳等学者继续发扬光大;台湾以曹逢甫、黄宣范等分头并进,国外则群雄纷起,不遑多让;至 90 年代更是风起云涌,收获可观。此期间对汉语“话题”、“回指”(anaphora)、“句末虚词”、“话语标记”(discourse marker)、“信息模式”(information patterning) 等方面的研究,迭有新猷。不过,多半是在现有的理论框架上直接分析汉语,创新固然不少,但突破却并不多见。[②] 例如,话题仍以“该句所涉及”为主体;回指则多囿于句法的约束;句末虚词着重在本句语义范围之内;话语标记沿用西方语言以句首位置为准;信息处理仍以信息来源为基础等。当然,过去二三十年,也迭有标志性的成果,如下面将提及的回指研究,绝对不容忽视,此处不拟一一提出,以免挂一漏万。兹就汉语篇章语法中几个较为重要问题的现况,略述如下。

1. 话题与回指

话题的功能,尤其是话题与焦点之间的关系,一向都有纠缠不清之嫌。在 90 年代后期以前,虽然有不少零星的文章,却未见有系统的论著。徐烈炯、刘丹青 (1998) 则是首先试图澄清此类问题的专著,其后并继续编辑出版论文集 (徐烈炯、刘丹青 2004) 做进一步

① 该五种核心期刊是《中国语文》《语言教学与研究》《世界汉语教学》《汉语学习》《语言文字应用》。该文所提及之 61 篇论文,可惜未能列入篇末之参考文献中,是一大缺憾。

② 过去二三十年来从事汉语篇章研究的语言学者,人数众多,如一一列举,难免挂一漏万。20 世纪 80 年代初期至 90 年代中期之研究者,请参看 Biq, Tai and Thompson (1996)。

的阐述。最近,则有李晋霞(2005)阐述话题链在现代汉语中所担任之重要角色。

回指方面,虽然近年来似乎并没有什么重要的新见,但80及90年代的几本代表作,在此值得一提。Li(1985)、Chen(1986)和Xu(1995)分别从三个不同的角度处理汉语中的回指。Li是从结构出发,Chen从组码(encoding)出发,而Xu则从解码(decoding)出发。如果三者合一,则是一个完整的整体。另外,Huang(1995)虽不是汉语回指的专著,但涉及理论既深且广,是90年代的一部力作。由于回指与话题之间的密切关系,所以也是研究汉语篇章的一个非常重要的课题。

2. 句末虚词和语篇标记

现代汉语句末虚词(包括"吗""了""啊/呀""吧""嘛""呢"等)的研究,诚如先前所言,多从语气着手。其实,这类虚词固然都与语气有关,但还有多种其他功能,而且其程度各异。其中"吗"与"了"比较简单:"吗"基本标示"疑问","了"基本标示"情状改变"。其他"啊/呀"、"吧"、"嘛"、"呢"则比较复杂,既标示语气,也有关联功能,所以应该当作语篇标记处理。屈承熹在近两三年曾有数篇这方面的文章发表。① 之前其他研究者对汉语语篇标记的研究,着重在句首的连接成分,如"那(么)"、"好"、"但是"、"不过"等,也有将句中副词如"才""就""也"等作语篇联系标记处理的。过去仅注意到句首和句中成分的连接功能,主要是受到西方语言研究的影响。其实,就东亚的语言而言,句末虚词有很重要的话语连接功能。除汉语而外,日、韩语亦复如此。

3. 信息处理(information management)

目前为止,语言学中对信息的处理,一般都局限于信息来源的分类,即如何决定信息的新旧。其分类方法,则至今仍沿用20世纪七八十年代的研究成果。例如,Chafe(1976:30)认为,新、旧信息可以分别做如下之认定②:

> 旧信息:如果发话者认为,某项"知识"(knowledge)在说话时已经存在于受话者的意识之中,则该"知识"就是旧信息。
>
> 新信息:如果说话者认为,受话者由于听其所言而在意识中增加了"知识",则所增加之"知识"即为新信息。

---

① 参看Chu(2002,2005)及屈承熹、李彬(2004)。

② 该两项认定之原文如下:"Given (or old) information is the knowledge which the speaker assumes to be in the consciousness of the addressee at the time of the utterance. So-called new information is what the speaker assumes he is introducing into the addressee's consciousness by what he says." 此处的"knowledge"暂译为"知识",乃指说话者与听话者对某一事物的所知。

虽然1976年至今,有不少有关的研究和著作,但是这个说法,目前还是一般人用来确认新旧信息的基本准则。至于分类方面,则一般都依据 Prince (1981: 234-235) 如下的说法:

Prince 的新旧信息分类:

"新信息(New)"	"推知的(Inferable)"	"引出的(Evoked)"
崭新的(brand new)		由情状引出(situational)
未曾使用的(unused)		由前文引出(textual)

她先将原来"新旧两分法"之下的"旧信息",分成"推知的"及"引出的"两类,然后再在"新信息"及"引出的"底下,分别细分为"崭新的"、"未曾使用的"以及"由情状引出"、"由前文引出"各两小类。这样的分类,当然较之先前的"新旧两分法"更为细致,对西方语言中名词的是否用定指形式,也极有帮助。但对汉语篇章组织并没有很强的解释力。比如说,汉语中词序的先后,固然与信息之新旧有相当程度的"共现关系"(correlation),即:如果没有特别的标记,则旧信息倾向于出现在动词之前,新信息倾向于出现在动词之后。[①] 但是事实上,却有很多无法用新旧信息的倾向来解释的"例外"。例如:

(6) 有一匹农家的马站在河里,水齐着膝,懒洋洋地在那里摇动着湿淋淋的尾巴……(Chu 1998:200)

其中"膝"和"尾巴"都是前面所提到"农家的马"的一部分,应该是由"推知"而获得的旧信息。那么,为什么不依照其倾向出现在动词之前,而出现在各该小句的最后呢?

其实,名词组(或任何性质的结构单位)在句中的位置,固然与其所带信息之新旧有某种程度上的关联[②];但这种关联,并不是直接的因果关系,而是透过另一种因素而产生的间接关系。这一个新的因素,可以名之为"信息处理"(information management)。所谓"信息处理"就是怎样在句中(或语篇中)将信息作适当的安排。一般而言,如果没有特殊的语音或语法标记(如特殊重音、分裂句等),则信息的安排都按照一个原则,即:越往后,越重要。这里所称的重要,就是上面 Chafe 所说,是否对所谈事物的"知识"有所增加。例(6)中所谈事物,从"一匹农家的马"开始,对它的"知识"逐渐增加,每多一个谓语,这个"知识"就增加一点。同时,每个谓语中的各个组成分子,也可说是对这个"知识"使之逐渐增加的分子。第一个谓语中的"河里"填充了"站在(什么地

① 关于词序与新旧信息之间的关系,参看 Li and Thompson (1975), Lu (1984), Sun and Givon (1985), Wang (1988), Hu (1991), Xing (1993)。

② 当然还应当考虑语法上的需求。但是,语法上的排列次序,最初也是由于语用的需求而产生的。例如,主语在句中的位置,可能是由话题的语用需求,经过语法化而固定起来的。(Givon 1979:209-210)。

方)”这个空缺;第二个谓语中的“膝”填充了“水深齐(什么地方)”的空缺;第三个中的“尾巴”则填充了“摇着(什么)”的空缺。因此,虽然“膝”和“尾巴”根据其信息来源而言都是“旧信息”,也就是说,既然前面已经提起过“马”,那么它的“膝”、它的“尾巴”都是可以“推知的”。但是根据“信息处理”的安排,它们却都是“新知识”。

因此,我们可以这样将汉语中信息新旧与词序之间的关系,修正如下:

a. 若无语法、语音等标记与之相反,则带有“旧知识”的语法结构出现在前,带有“新知识”的语法结构出现在后。

b. “新信息”倾向于用作“新知识”,而且这个倾向极强;“旧信息”固然倾向于用作“旧知识”,但其倾向较弱。

b中的两种倾向的程度,并不完全相同。“新信息”之作为“新知识”的倾向极强,因之,当作“旧知识”来用的可能极少;“旧信息”之作为“旧知识”的倾向较弱,因之,当作“新知识”的可能也较多。

如果我们现在回头看看上文Chafe和Prince关于新、旧信息的认定,则不难发现,Chafe与Prince所说,虽然都同样用“新、旧信息”这个名称,其实所讲的并不是同样的问题。前者在讨论“知识的新旧”,而后者在讨论“新旧信息”的分类。但许多人都将之混作一谈,因此而产生了很多不必要的混淆。例如:

(7) Your **father** did it.(Renkema 2004:131)

(那件事)是你父亲干的。

其中的your father(你父亲),根据其来源显然是“旧信息”,但一般的分析则根据其在句中的功能,又将之看作“新信息”(如上面Chafe的说法)。如果要自圆其说的话,那么只能说这是“旧闻新用”,这显然是一种自相矛盾的说法。其实,这种矛盾并不存在。准确的分析,应该是这样的:your father(你父亲)固然是“旧信息”,但是,是用来表示“新知识”的。所以,这个问题仅仅是由于名称的重叠使用,引起了观念上的混淆而已。

最后,我们有必要再行澄清“新旧信息”及“新旧知识”这两组观念。“信息的新旧”,是根据其来源,即该信息当时是否已经存在于发话者或受话者的意识之中。而“知识的新旧”,则根据该信息当时与其他信息之间的关系而定;如果是一个受话者已知的关系,这个信息就是“旧知识”;如果本来是一个受话者未知的关系,那么这个信息就是“新知识”。所以,知识的新旧与信息的新旧并没有直接的关联。为了避免混淆,也许“新、旧知识”这一对观念的名称,称之为“已知关系”与“未知关系”,更为清楚、更为合适。

(二) 展望

对汉语篇章语法的前景,可以用“非常开阔”这四个字来形容。

再以上面“现况”中所提出的几类问题来说,话题与焦点之间关系的研究,尚在襁褓时期,其中关键之一,是有标话题的功能尚未完全澄清。根据图 4,似乎越是有标,越是无法充当小句之间的联系。其实有标话题,也往往有极强的“承前”(一般称为“向后联系”backward linking)功能,而且这种功能与焦点/对比之间关系非常密切①。然而,对这类关系的研究至今仍然不多,应该是大可发挥的一个领域。

汉语语篇标记的研究虽然始于 20 世纪 80 年代,但有系统的论述还是不多,一般都是硕、博士论文,描述虽然细致,范围却较为狭窄。所以这一方面的研究领域,也是非常宽广,前途大有可为。不过,要加强这类研究,还需特别注重口语的言谈分析。虽然口语研究与此处所称的篇章语法不尽相同,但语篇标记实则横跨口语与书面语两个层面,在两者之间是互通的②。

上面在讨论“信息处理”时,仅分辨了“新旧信息”及“新旧知识”的不同。其实“信息处理”的牵涉甚广。虽然最基本的概念是将信息结构作适当的安排,实际上除了词序的先后以外,还有很多其他方法,“从属结构”的使用便是其中之一。然而,“从属结构”并不单指复句中的“从属小句”,实际上还有很多其他形式的从属结构,却不为一般语法研究所重视,例如:体标记“着”等也有作从属标记的功能。(参看 Chu 1998,第二章)从事这方面的研究,也一定大有可为。

将结构与篇章功能之间的关系理清以后,汉语篇章语法的终极目标,就是如何来精确地界定小句以上的一个结构单位,姑且称之为“现代汉语篇章句”。这个“篇章句”就不再是在“意尽为界”面罩下的一条不见首尾的神龙,也不再是在“下降语调”与“句号”“问号”之间循环论证所产生的一个怪胎,而是一个看得见、摸得着的结构单位③。这样,一向惯用的一些模糊意念,如“超句”“长句”“句段”“语段”等等,也许就可以用一个较为具体的结构单位来取代了。

七 结语

本文对“篇章语法”及“汉语篇章语法”的基本精神及其在语言研究中的定位,做了一个简略的描述,并且用几个实例来说明汉语篇章语法的理论及方法。其中特别提到汉语体标记的篇章功能尚未获得普遍注意,话题与回指之间的互动也可以加强研究,而

① 参看屈承熹(2000)有关“有标话题”带有提顿词时所产生的“承前”功能。

② 对汉语口语的研究,近十年来陶红印甚有贡献,请参看 Tao(1996)及其以后在 Journal of the Chinese Language Teachers Association 等期刊所发表之著作。

③ 有关对“汉语篇章语句”界定所作的努力,请参看 Chu(1998),第九章。

句末虚词的连接功能更是一个刚刚开发的处女地。其他如信息处理的问题牵涉广泛，不能局限于由其来源而决定的新旧信息，而必须从"从属"这个观念出发，进而切入正题，才能有所突破。（参看鲁川 2005）

此外，汉语篇章中尚有许多隐藏的线索，如果仅仅从汉语本身的角度来观察，非常难以发现。但是，如果用对比方法来研究，则常常会有"柳暗花明又一村"而豁然开朗的惊喜。（请参看 Chu 2005；Xu 2005）

最后，汉语篇章的跨学科研究，也非常宽广。除了与汉语教学有密切的关系以外，其他如计算机的自然语言处理、文学上的"评论分析"（critical discourse analysis）也都必须依靠篇章研究的支持。

八　后记

本文草就以后，顺手翻阅了近一年来的几本汉语语言学期刊及其他论文，顿觉言犹未尽，乃再赘数言如下：

（一）指称研究在最近几年颇有佳作，因其与语篇组织及话题连续关系密切，故亦应为篇章研究的一大项目。据储泽祥（2005）指出，主要论文有袁毓林（2002），李艳惠、陆丙甫（2002），刘丹青（2002），王红旗（2004）等。多收入中国语文杂志社所编之《语法研究和探索(12)》。

（二）语法化与话语标记之间，存在着不可分割的密切关系。这不但呈现在历时演变之中，也表现在共时跨类之内，而且这种跨类通常都是以连续统状态出现。例如：王江（2005）对"其实"作为篇章关联副词的研究，和李晋霞（2005）对"如果说"作为话题标记的研究，以这两篇为基础，都可以从语法化这个角度，分别在"副词"与"关联词"之间及"假设连词"与"话题标记"之间的连续统，做进一步的探讨。

（三）有许多语法问题，不妨换个角度从语篇的观点来思考，往往会获得较为理性化的解释，例如：以"汉语动词的限定与否"这个问题而言（参看李京廉、刘娟 2005），如果假设"限定与非限定"的动机，是与"事件整合"有关，则此一问题不但可以在汉语范围内获得一个所以然的解释，而且还可以看到它与其他语言间的通性。

（四）汉语语篇研究，至今多属分析性的探讨，所获结论，仅能当作"假说"（hypothesis）来处理。要进一步证实这些"假说"必须有大量语料的支持。这方面的努力至今仍不多见。Xu（2005）可算是此少数中的一篇代表作。

参考书目

曹逢甫 (2000) 华语虚字的研究与教学——以"呢"字为例,《第六届世界华语文教学研讨会论文集(第一册)》,世界华语文教学学会。

陈　平 (1987) 汉语零形回指的话语分析,《中国语文》第5期。

储泽祥 (2005) "十五"期间的现代汉语语法研究,《汉语学习》第1期。

胡壮麟 (1994)《语篇的衔接与连贯》,上海外语教育出版社。

黄国文 (1988)《语篇分析概要》,湖南教育出版社。

黄南松 (2001) 现代汉语的指称形式及其在篇章中的应用,《世界汉语教学》第2期。

康亮芳 (1998) 从现代汉语疑问句的构成情况看疑问句句末虚词"呢",《四川师范大学学报(社会科学版)》第4期。

李大勤 (2001) "WP呢?"问句疑问功能的成因试析,《语言教学与研究》第6期。

李晟宇 (2004) 假设、推测和征询"VPo呢",《内蒙古师范大学学报(哲学社会科学版)》第1期。

李晋霞 (2005) 话题标记"如果说",《汉语学习》第1期。

李京廉、刘　娟 (2005) 汉语的限定与非限定研究,《汉语学习》第1期。

李艳惠、陆丙甫 (2002) 数目短语,《中国语文》第4期。

廖秋忠 (1992)《廖秋忠文集》,北京语言学院出版社。

刘丹青 (2002) 汉语类指成分的语义属性和句法属性,《中国语文》第5期。

刘月华、潘文娱、故韡 (2001)《实用现代汉语语法》,商务印书馆。

刘　宇 (2004) 语气助词"呢"的功能浅析,黑龙江大学中文系期末报告。

鲁　川 (2005) "预想论":现代汉语的顺序与认知研究,《世界汉语教学》第1期。

齐沪扬 (2002) "呢"的意义分析和历史演变,《上海师范大学学报》第1期。

屈承熹 (1999) 从汉语的焦点与话题看英语中的 Y-Movement 及其他倒装句,《外语学刊》第4期。

屈承熹 (2000) 话题的表达形式与语用关系,《现代中国语研究》第1辑。

屈承熹 (2004)《汉语认知功能语法》,黑龙江人民出版社。

屈承熹、李　彬 (2004) 论现代汉语句末情态虚词及其英译——以"吧"的语篇功能为例,《外语学刊》第6期。

邵敬敏 (1982) 语气词"呢"在疑问句中的作用,《中国语文》第3期。

石毓智、张　萍 (1995) "呢"的语法意义及与疑问代词共现的条件 *Journal of the Chinese Language Teachers Association* 30.2:71-83.

史金生 (2000) 传信语气词"的""了""呢"的共现顺序,《汉语学习》第5期。

唐翠菊 (2005) "是"字句宾语中"(一)个"的隐现问题,《世界汉语教学》第2期。

田　然 (2005) 近二十年汉语篇章研究述评,《汉语学习》第1期。

田　然 (2003) 现代汉语叙事语篇中 NP 的省略,《汉语学习》第6期。

王　江 (2005) 篇章关联词"其实"的语义和语用特征,《汉语学习》第1期。

王红旗 (2004) 功能语法指称分类之我见,《世界汉语教学》第2期。

熊仲儒 (1999) "呢"在疑问句中的意义,《安徽师范大学学报(人文社会科学版)》第1期。

徐烈炯、刘丹青 (1998)《话题的结构与功能》,上海教育出版社。

徐烈炯、刘丹青 (2004)《话题与焦点新论》,上海外语教育出版社。

许余龙 (2004)《篇章回指的功能语用探索——一项基于汉语民间故事和报刊语料的研究》,上海外语教育出版社。

袁毓林（2002）名词代表动词短语和代词所指的波动，《中国语文》第2期。

张燕春（2004）易位与倒装和追补，《汉语学习》第6期。

郑贵友（2002）《汉语篇章语言学》，外文出版社。

朱永生、郑立信、苗兴伟（2001）《英汉语篇衔接手段对比研究》，上海教育出版社。

Biq, Yong-0, James Tai and Sandra Thompson (1996) "Recent Developments in Functional Approaches to Chinese," in Huang and Li, eds., pp. 97 - 140.

Black, Elizabeth (2006) *Pragmatic Stylistics*. Edinburgh University Press.

Blakemore, Diane (2004) *Relevance and Linguistic Meaning*. Cambridge University Press.

Brown, Gillian and George Yule (1983) *Discourse Analysis*. Cambridge University Press.

Chafe, Wallace (1976) "Givenness, Contrastiveness, Definiteness, Subjects, Topics and Points of View," in Li, Charles N., ed. *Subject and Topic*, pp. 25 - 55. New York: Academic Press.

Chafe, Wallace (1994) *Discourse, Consciousness and Time*. University of Chicago Press.

Chang, W. Vincent (1986) *The Particle LE in Chinese Narrative Discourse*. Unpublished University of Florida Ph.D. Dissertation.

Chen, Ping (1986) *Referent Introducing and Tracking in Chinese Narrative*. Unpublished UCLA Ph.D. dissertation.

Chu, Chauncey C. (1998) *A Discourse Grammar of Mandarin Chinese*. New York and Berne: Peter Lang.

Chu, Chauncey C. (2002) " Relevance Theory, Discourse Marker and the Mandarin Utterance-Final Particle *A/Ya*," *Journal of the Chinese Language Teachers Association* 37.1:1 - 40.

Chu, Chauncey C. (2005) "A Contrastive Approach to Discourse Particles—A Case Study of Mandarin Chinese UFP *ne* 呢." Paper presented at the Third International Conference on Contrastive Semantics and Pragmatics. Shanghai, China. September 2005.

Chu, Chengzhi (2004) *Event Conception and Grammatical Realization: The Case of Motion in Mandarin Chinese*. Unpublished Ph.D. Dissertation at Univ. of Hawaii.

Fetzer, Anita (2004) *Recontextualizing Context: Grammaticality Meets Appropriateness*. John Benjamins.

Givon, Talmy (1979) *On Understanding Grammar*. New York: Academic Press.

Givon, Talmy (1995) *Functionalism and Grammar*. John Benjmains.

Gonzales, Montserrat. (2004) *Discourse Markers in Oral Narrative: The Case of Egnlish and Catalan*. John Benjamins.

Halliday, Michael A. K. (1985/1995) *An Introduction to Functional Grammar*. Edward Arnold.

Halliday, Michael A. K. and Ruqaiya Hasan (1976) *Cohesion in English*. Longman.

Hole, Daniel (2004) *Focus and Background Marking in Mandarin Chinese—System and Theory Behind cai, jiu, dou and ye*. Routledge.

Hu, Mingliang (1991) *Function of Word Order in Mandarin Chinese*. Unpublished University of Florida Ph.D. dissertation.

Huang, C. T. James, and Y. H. Audrey Li, eds. (1996) *New Horizons in Chinese Linguistics*. Dordrecht: Klewer.

Huang, Yan (1995) *The Syntax and Pragmatics of Anaphora: A Study with Special Reference to Chinese*. Cambridge University Press.

Johnston, Barbara (2002) *Discourse Analysis*. Blackwell Publishers.

Lambrecht, Knud (1994) *Information Structure and Sentence Form*. Cambridge University Press.

Langacker, Ronald W. (1999) *Grammar and Conceptualization*. Berlin: Mouton de Gruyter.

Langacker, Ronald W. (2002) *Concept, Image and Symbol: The Cognitive Basis of Grammar* (2nd edition). Berlin: Mouton de Gruyter.

Longacre, Robert E. (1996) *The Grammar of Discourse*, 2nd ed. New York: Plenum Press.

Li, Charles N. and Sandra A. Thompson (1975) "The Semantic Function of Word Order," in Li, Charles N., ed. *Word Order and Word Order Change*., pp.163－195. Austin, Texas: University of Texas Press.

Li, Charles N. and Sandra A. Thompson (1981) *Mandarin Chinese*. Berkeley and Los Angles: The University of California Press.

Li, Ing Cherry (1985) *Participant Anaphora in Mandarin Chinese*. Unpublished University of Florida Ph. D. dissertation.

Li, Ing Cherry (1999) *Utterance-Final Particles in Taiwanese: A Discourse-Pragmatic Analysis*. Taipei: The Crane Publishing Co.

Li, Wendan (2005) *Topic Chains in Chinese—A Discourse Analysis and Applications in Language Teaching*. LINCOM.

Liu, Danqing (2004) "Identical Topics: A More Characteristic Property of Topic-Prominent Languages," *Journal of Chinese Linguistics* 32.1:20－64.

Lu, John H-T. (1984) "A Functional Analysis of Word Order in Mandarin Chinese," *Journal of the Chinese Language Teachers Association*, 19.1:23－44.

Machenzie, J. Lachlan and Maria de los Angeles Gomez-Gonzales, eds. (2004) *A New Architecture for Functional Grammar*. Mouton de Gruyter.

Mann and Thompson (1988) "Rhetorical Structure Theory: Toward a Functional Theory of Text Organization," *Text* 8.3:243－281.

Mann and Thompson (1992) *Discourse Description: Diverse Linguistic Analyses of a Fund-Raising Text*. John Benjamins.

Moder, Carol Lynn and Aida Martinovic-Zic, eds. (2004) *Discourse Across Languages and Cultures*. John Benjamins.

Onodera, Noriko O. (2004) *Japanese Discourse Markers*. John Benjamins.

Prince, Ellen F. (1981) "Towards a Taxonomy of Given-New Information," in Peter Cole, ed. *Radical Pragmatics*, p.223－255. New York: Academic Press.

Renkema, Jan. (2004) *Introduction to Discourse Studies*. John Benjamins.

Schiffrin, Deborah, Deborah Tannen and Heidi E. Hamilton, eds. (2001) *Handbook of Discourse Analysis*. Blackwell Publishers. *Theoretical Linguistics*, Vol 30, No. 2/3. (2004) "Discourse Topic."

Shie, Chi-chiang (1991) *A Discourse-Functional Analysis of Mandarin Sentence-Final Particles*. Taipei: Unpublished Chengchi University Master's Thesis.

Sperber, Dan and Deirdre Wilson (1986/96) *Relevance: Communication and Cognition*. Oxford: Blackwell.

Sun, Chaofen and Talmy Givon (1985) "On the So-Called SOV Word Order in Mandarin Chinese,"

Language 61.2:329 - 351.

Tao, Hongyin (1996) *Units in Mandarin Conversation: Prosody, Discourse and Grammar*. John Benjamins.

Thompson, Geoffrey (2003) *Introducing Functional Grammar*. Arnold.

Tsao, Feng-fu (1979) *A Functional Study of Topic in Chinese: The First Step Toward Discourse Analysis*. Taipei: Student Book Co.

Tsao, Feng-fu (1990) *Clause and Sentence Structure in Chinese: A Functional Perspective*. Taipei: Student Book Co.

Wang, Mingquan (1988) "Comments on Sun and Givon's Study of the VO Construction in Mandarin," *Journal of the Chinese Language Teachers Association* 23.2:33 - 53.

Wu, Guo (2005) "The Discourse Function of the Chinese Particle *NE* in Statements," *Journal of the Chinese Language Teachers Association* 40:1.47 - 82.

Xing, Zhiqun (1993) *Discourse Function of Word Order in Chinese: A Quantitative Analysis of Diachronic Texts*. Unpublished University of Michigan Ph.D. dissertation.

Xu, Yulong (1995) *Resolving Thrid-Person Anaphora in Chinese Text: Toward a Functional-Pragmatic Model*. Unpublished Hong Kong Polytechnic University Ph.D. dissertation.

Xu, Yulong (2005) "Topic Introduction and Reference Accessibility in Chinese and English Narrative Discourse." Paper presented at the 3rd International Conference on Contrastive Semantics and Pragmatics. Shanghai, China. September 2005.

（美国　佛罗里达大学；150080　哈尔滨，黑龙江大学汉语研究中心；
200433　上海，复旦大学国际文化交流学院）

怎样判定语法结构的类型*

袁毓林

摘　要：本文基于语法功能（主语、谓语、宾语等）体现在语法结构（主谓结构、述宾结构等）之中的理念，通过一系列由格式变换（替换提问、正反提问、是否提问、选择提问、方式提问、指代回答、回答疑问、否定表达、存在否定、名词化表达、修饰化表达、语气词插入、时体助词插入、关联词语插入、“得/不”插入、“得/不”删除、性状易位、性状判断、核心替代等）组成的形式测试，来建立判定现代汉语中主谓结构、述宾结构、述补结构和偏正结构等语法结构类型的标准，从而间接地定义了主语、宾语、谓语、述语、补语、定语和状语等句法成分。

关键词：语法功能；语法结构；格式变换；形式测试；句法成分

〇　语法功能与语法结构

主语、谓语、宾语、定语、状语和补语等句法成分概念，是语言教学和研究中最常用、最基本的概念。比如，学习语法通常要从词类开始，而词类又是根据词的语法功能来决定的，我们必须先了解一个词可能有哪些重要的语法功能，比如：能不能作主语和宾语、能不能作谓语和补语、能不能作定语和状语等等，才能断定这个词是名词还是动词。但是，恰恰是主语、谓语、宾语等基础概念却是难以明确地做出严格的定义的。

那么，有没有一种简单又明确、方便又实用的办法呢？答案是“有的”。其实，我们要知道，所谓的主语、谓语、宾语、定语、状语和补语等语法功能，都是在一定的语法结构中体现出来的。比如，一个主谓结构的前项就是主语、后项就是谓语，一个述宾结构的前项就是述语、后项就是宾语，一个述补结构的前项就是述语、后项就是补语，一个体词性偏正结构的前项就是定语、后项就是中心语，一个谓词性偏正结构的前项就是状语、

* 本课题的研究得到国家社会科学基金项目《面向内容计算的汉语语义角色知识库的研究和建设》（批准号：07AYY004）的资助，谨此致以诚挚的谢意。

后项就是中心语,等等。由于述宾结构、述补结构和谓词性偏正结构的主要的语法功能是作主谓结构的后项(即谓语),因而述宾结构、述补结构的前项(即述语)和谓词性偏正结构的后项(即中心语)的功能是作谓语核心。认识到这一点,我们就可以把确定一个结构中某个成分的语法功能这种颗粒度十分精细的工作,巧妙地转变为确定包含这个成分的语法形式(词组、句子)的结构类型这种尺寸相对大、颗粒度比较粗的工作。①

那么,怎样来确定一个词组是主谓结构还是述宾结构、是述补结构还是偏正结构呢?我们可以通过一系列的格式变换来鉴别。为了方便,我们把一个由两个成分组成的词组记作XY,其中X代表一个词组的前项,Y代表一个词组的后项。下面分别讨论怎样根据词组XY可能有的各种变换形式,来确定词组XY的结构类型,从而确定其中的前项X和后项Y各自的语法功能是什么。②

一 怎样判定主谓结构

判定一个词组XY到底是不是主谓结构,主要有七种方法:替换提问、否定表达、正反提问、是否提问、语气词插入、关联词语插入、名词化表达等。

1. 替换提问法。主谓结构的前项X和后项Y之间,在意义表达上通常是"对象—陈述"关系,或者说是"话题—说明"关系。因此,前项X一般是谈论的对象,往往可以用"谁、什么、哪儿、怎样"等疑问词语来提问;后项Y一般是说明这个对象的有关情况,往往可以用"怎么样、干什么、是/有什么、在哪儿"等疑问词语来提问。例如:

X + Y → 谁/什么/哪儿/怎样 + Y? → X + 怎么样/干什么/在哪儿?

(1)a. 王小平 去深圳 ~b. 谁 去深圳? ~c. 王小平 干什么?

(2)a. 菜刀 砍钝了 ~b. 什么 砍钝了? ~c. 菜刀 怎么了?

(3)a. 他们 是大学生 ~b. 谁 是大学生? ~c. 他们 是什么人?

(4)a. 山上 有座庙 ~b. 哪儿 有座庙? ~c. 山上 有什么?

(5)a. 仓库 在郊外 ~b. 什么 在郊外? ~c. 仓库 在哪儿?

(6)a. 大一点儿 好看 ~b. 怎样 好看? ~c. 大一点儿 怎么样?

2. 否定表达法。主谓结构的前项X和后项Y之间,往往可以插入否定词语"不"或"没、没有",从而造成否定表达。例如:

---

① 朱德熙(1985:30)精辟地指出:"确定句子里一个成分是主语还是宾语,实际上就是确定包含这个成分的结构是主谓结构还是述宾结构的问题。"

② 朱德熙(1982:95、98-99、133-134)和(1985:31-34),例示了怎样通过格式变换来区分主谓结构、述宾结构和谓词性偏正结构,我们借鉴了其中的一部分内容。

X + Y → X + 不 + Y → X + 没/没有 + Y

(7) a. 刘刚 去广州 ～b. 刘刚不去广州 ～c. 刘刚没有去广州

(8) a. 我们 吃米饭 ～b. 我们不吃米饭 ～c. 我们没有吃米饭

(9) a. 价格 很贵 ～b. 价格不很贵 ～c. *价格没有很贵

(10)a. 前面 是车站 ～b. 前面不是车站 ～c. *前面没有是车站

(11)a. 衣服 晒干了 ～b. *衣服不晒干(了) ～c. 衣服没有晒干

(12)a. 爷爷 有词典 ～b. *爷爷不有词典 ～c. 爷爷没有词典

(13)a. 大一点儿 好看 ～b. 大一点儿不好看 ～c. *大一点儿没有好看

3. 正反提问法。当主谓结构的后项Y是简单形式时，往往可以正反重叠成“Y不Y”的形式，来对意愿进行提问；相应的回答方式是“Y”(肯定回答，打算Y)，或者“不Y”(否定回答，不打算Y)。此外，主谓结构的前项X和后项Y之间，往往可以插入正反重叠形式“**有没有**”，从而对事情的实现与否进行提问；相应的回答方式是“Y了”(肯定回答，Y实现了)，或者“没有Y”(否定回答，Y没有实现)。例如：

X + Y → X + Y不Y? → X + 有没有 + Y?

(14)a. 刘刚走了 ～b. 刘刚走不走？ ～c. 刘刚有没有走？

(15)a. 他们开会 ～b. 他们开会不开会？ ～c. 他们有没有开会？

(16)a. 价格便宜 ～b. 价格便宜不便宜？ ～c. *价格有没有便宜？

(17)a. 前面是车站 ～b. 前面是车站不是车站？～c. *前面有没有是车站？

(18)a. 衣服晒干了 ～b. *衣服晒干了不晒干了？～c. 衣服有没有晒干？

(19)a. 爷爷有词典 ～b. *爷爷有词典不有词典？～c. 爷爷有没有(*有)词典？

(20)a. 大一点儿好看～b. 大一点儿好看不好看？ ～c. *大一点儿有没有好看？

从上面的例子可以发现，当主谓结构XY的后项Y正反重叠，或者XY之间插入正反重叠形式“有没有”以后，一般要删除语气词“了”等时体成分。并且，“有没有”不能插入由动词“是”充当谓语核心的主谓结构XY之间，当“有没有”插入由动词“有”充当谓语核心的主谓结构XY之间时，这个谓语核心必须删除。

4. 是否提问法。主谓结构的前项X和后项Y之间，往往可以插入正反重叠形式“**是不是**”，从而对事情的是否发生进行猜测性的选择式提问；相应的回答方式是“是、对”(肯定回答，你猜对了)，或者“不是、不对”(否定回答，你猜错了)。例如：

X + Y → X + 是不是 + Y?

(21)a. 刘刚 走了 ～b. 刘刚是不是走了？

(22)a. 他们 在开会 ～b. 他们是不是在开会？

(23)a. 价格 很便宜 ～b. 价格是不是很便宜？

(24)a. 前面 是车站　　～b. 前面是不是(＊是)车站?

(25)a. 衣服 晒干了　　～b. 衣服是不是晒干了?

(26)a. 爷爷 有词典　　～b. 爷爷是不是有词典?

(27)a. 大一点儿 好看　　～b. 大一点儿是不是好看?

从上面的例子可以发现,当"是不是"插入由动词"是"充当谓语核心的主谓结构 XY 之间时,这个谓语核心必须删除。

5. 语气词插入法。主谓结构的前项 X 之后,往往可以插入语气词"**呢、嘛、吧、啊**"等,用来标记这个 X 是后面 Y 所要谈论的对象(即话题)。例如:

X + Y　　→　X-呢/嘛/吧/啊 + Y

(28)a. 刘刚 走了　　～b. 刘刚呢,走了。

(29)a. 他们 在开会　　～b. 他们吧,在开会。

(30)a. 价格 很便宜　　～b. 价格嘛,很便宜。

(31)a. 前面 是车站　　～b. 前面啊,是车站。

(32)a. 衣服 晒干了　　～b. 衣服呢,晒干了。

(33)a. 爷爷 有词典　　～b. 爷爷吧,有词典。

(34)a. 大一点儿 好看　　～b. 大一点儿呢,好看。

6. 关联词语插入法。整个主谓结构 XY 之前,或者主谓结构的后项 Y 之前,往往可以插入逻辑关联词语"**如果、即使**"等,从而把主谓结构 XY 变成一个条件分句,表示假设性的条件关系(如果发生了 XY,那么如何如何)。例如:

X + Y　　→　如果-(X + Y)　　→　X + 如果-Y

(35)a. 刘刚 走了　～b. 如果刘刚走了　～c. 刘刚如果走了

(36)a. 他们 在开会　～b. 如果他们在开会　～c. 他们如果在开会

(37)a. 价格 很便宜　～b. 如果价格很便宜　～c. 价格如果很便宜

(38)a. 前面 是车站　～b. 如果前面是车站　～c. 前面如果是车站

(39)a. 衣服 晒干了　～b. 如果衣服晒干了　～c. 衣服如果晒干了

(40)a. 爷爷 有词典　～b. 如果爷爷有词典　～c. 爷爷如果有词典

(41)a. 大一点儿 好看　～b. 如果大一点儿好看　～c. 大一点儿如果好看

7. 名词化表达法。主谓结构 XY 的名词化有三种方式:第一种,整个主谓结构 XY 之后,往往可以附加助词"的",构成"的"字结构"XY-的";"XY-的"再去修饰名词性成分,从而构成"XY-的 + Z"一类名词性词组(如:部队出发→部队出发的时候、学校购买→学校购买的图书)。其中,Z 可以是跟谓语 Y 关系间接的论元(如:[部队]—出发—时候),也可以是跟谓语 Y 关系直接的论元(如:[学校]—购买—图书)。第二种,主谓结构的后项 Y 之后，往往可以附加助词“的”，构成“的”字结构“Y-的”。这种“Y-的”在意义上表示转指(transfer-designation)，指称跟谓语 Y 关系直接的论元 X。因为“Y-的”在意义上等于前项 X，所以“的”字结构“Y-的”可以独立称代前项 X，也就是说，在句法功能和语义指称上，“Y-的”= X。当然，这种“Y-的”也可以去修饰前项 X，从而构成“Y-的 + X”一类同位性的名词性偏正词组(如：部队出发→出发的部队、学校购买→购买的学校；其中，出发的 = 部队、购买的 = 学校)。第三种，主谓结构 XY 之间，往往可以插入助词“的”，构成名词化形式“X + 的 + Y”(如：部队出发→部队的出发、学校购买→学校的购买)。这种“X + 的 + Y”在意义上表示自指(self-designation)，指称主谓词组 XY 所表示的事件，即把 XY 所表示的事件(event)当作一个实体(entity)来指称[①]。名词性的“X + 的 + Y”词组，可以作主语和宾语，即可以出现在主谓词组 XY 的前项 X 位置上，或者出现在述宾词组 XY 的后项 Y 位置上。例如：

X ＋ Y → (XY)-的 ＋ Z → Y-的 ＋ X →X ＋的＋ Y

(42)a. 学生毕业了 ～b. 学生毕业了的消息 ～c. 毕业了的学生 ～d. 学生的毕业

(43)a. 人们在开会 ～b. 人们在开会的时候 ～c. 在开会的人们 ～d. 人们的开会

(44)a. 价格很便宜 ～b. 价格很便宜的商品 ～c. 很便宜的价格 ～d. ? 价格的很便宜

(45)a. 前面是车站 ～b. 前面是车站的信号 ～c. * 是车站的前面 ～d. * 前面的是车站

(46)a. 衣服晒干了 ～b. 衣服晒干了的时候 ～c. 晒干了的衣服 ～d. 衣服的晒干

(47)a. 爷爷有词典 ～b. 爷爷有词典的小孩 ～c. 有词典的爷爷 ～d. 爷爷的有词典

(48)a. 大一点好看 ～b. 大一点好看的想法 ～c. * 好看的大一点 ～d. ? 大一点的好看

从上面的例子可以发现，当主谓结构 XY 用助词“的”进行名词化转换以后，名词化形式中一般要删除“了、在”等时体成分。

如果一个词组 XY 能够通过上述测试的数目越大，那么它就越像是一个主谓结构。

二 怎样判定述宾结构

判定一个词组 XY 到底是不是述宾结构，主要有七种方法：替换提问、否定表达、正反提问、是否提问、时体助词插入、选择性提问、名词化表达等。

1. 替换提问法。 述宾结构的前项 X 和后项 Y 之间，在意义表达上通常是“动作—对象”关系、或者说是“支配—受支配”关系。整个述宾结构可以作主谓结构的谓语(即

---

① 关于谓词性成分的名词化及其语义指称类型(自指与转指)，详见吕叔湘(1942/1982：69－76、84)、朱德熙(1978，1983)、袁毓林(1995，2003)。

出现在主谓结构的后项位置)，表示“怎么样、干什么、是/有什么、在哪儿”等。在述宾结构中，前项 X 一般是及物动词，表示一个影响到其他事物的动作、行为等；后项 Y 一般是受到影响的事物，往往可以用“**谁、什么、哪儿、怎么样**”等疑问词语来提问。例如：

X + Y → X + 谁/什么/哪儿/怎么样?

(49)a. 帮助 别人 ～b. 帮助 谁?

(50)a. 修理 汽车 ～b. 修理 什么?

(51)a. 购买 化肥 ～b. 购买 什么?

(52)a. 盖 大高楼 ～b. 盖 什么?

(53)a. 去 哈尔滨 ～b. 去 哪儿?

(54)a. 喜欢 旅游 ～b. 喜欢 什么?

(55)a. 觉得 恶心 ～b. 觉得 怎么样?

2. 否定表达法。整个述宾结构 XY 的前面，往往可以插入否定词语“**不**”或“**没、没有**”，从而造成否定表达。例如：

X + Y → 不 + (X + Y) → 没/没有 + (X + Y)

(56)a. 帮助 别人 ～b. 不 帮助别人 ～c. 没有 帮助别人

(57)a. 修理 汽车 ～b. 不 修理汽车 ～c. 没有 修理汽车

(58)a. 购买 化肥 ～b. 不 购买化肥 ～c. 没有 购买化肥

(59)a. 盖 大高楼 ～b. 不 盖大高楼 ～c. 没有 盖大高楼

(60)a. 去 哈尔滨 ～b. 不 去哈尔滨 ～c. 没有 去哈尔滨

(61)a. 喜欢 旅游 ～b. 不 喜欢旅游 ～c. *没有 喜欢旅游

(62)a. 觉得 恶心 ～b. 不 觉得恶心 ～c. ? 没有 觉得恶心

3. 正反提问法。述宾结构的前项 X，往往可以正反重叠成“X 不 X”的形式，来对意愿进行提问；相应的回答方式是“X”(肯定回答，打算 XY)，或者“不 X”(否定回答，不打算 XY)。此外，整个述宾结构 XY 的前面，往往可以插入正反重叠形式“**有没有**”，从而对动作行为的实现与否进行提问；相应的回答方式是“XY 了”(肯定回答，XY 实现了)，或者“没有 XY”(否定回答，XY 没有实现)。例如：

X + Y → X不X + Y? → 有没有 + (X + Y)?

(63)a. 帮助 别人 ～b. 帮助不帮助别人? ～c. 有没有帮助别人?

(64)a. 修理 汽车 ～b. 修理不修理汽车? ～c. 有没有修理汽车?

(65)a. 购买 化肥 ～b. 购买不购买化肥? ～c. 有没有购买化肥?

(66)a. 盖 大高楼 ～b. 盖不盖大高楼? ～c. 有没有盖大高楼?

(67)a. 去 哈尔滨 ～b. 去不去哈尔滨? ～c. 有没有去哈尔滨?

(68)a. 喜欢 旅游　～b. 喜欢不喜欢旅游？　～c. ＊有没有喜欢旅游？

(69)a. 觉得 恶心　～b. 觉得不觉得恶心？　～c. 有没有觉得恶心？

4. 是否提问法。整个述宾结构 XY 的前面，往往可以插入正反重叠形式“**是不是**”，从而对动作、行为的是否发生进行猜测性的选择式提问；相应的回答方式是“是、对”（肯定回答，你猜对了），或者“不是、不对”（否定回答，你猜错了）。例如：

X ＋ Y　→　是不是 ＋ (X ＋ Y)?

(70)a. 帮助 别人　～b. 是不是帮助别人？

(71)a. 修理 汽车　～b. 是不是修理汽车？

(72)a. 购买 化肥　～b. 是不是购买化肥？

(73)a. 盖 大高楼　～b. 是不是盖大高楼？

(74)a. 去 哈尔滨　～b. 是不是去哈尔滨？

(75)a. 喜欢 旅游　～b. 是不是喜欢旅游？

(76)a. 觉得 恶心　～b. 是不是觉得恶心？

5. 时体助词插入法。述宾结构的前项 X 之后，往往可以插入“**着、了、过**”等时体助词，用来标记 X 这个动作的进程（正在进行、已经实现、成为过去）。例如：

X ＋ Y　→　X-着/了/过 ＋ Y?

(77)a. 帮助 别人　～b. 帮助了/过别人

(78)a. 修理 汽车　～b. 修理着/了/过汽车

(79)a. 购买 化肥　～b. 购买了/过化肥

(80)a. 盖 大高楼　～b. 盖着/了/过大高楼

(81)a. 去 哈尔滨　～b. 去了/过哈尔滨

(82)a. 喜欢 旅游　～b. 喜欢过旅游

(83)a. 觉得 恶心　～b. ＊觉得着/了/过恶心

6. 选择提问法。整个述宾结构 XY 跟它的否定形式“不 XY”，往往可以正反重叠成“XY 不 XY”的形式，来对意愿进行选择性提问；相应的回答方式是“XY”（肯定回答，打算 XY），或者“不 XY”（否定回答，不打算 XY）。并且，在肯定形式 XY 和否定形式“不 XY”之间，往往可以插入表示选择的连词“**还是**”，从而构成一个选择性问句；相应的回答方式也是“XY”（肯定回答，打算 XY），或者“不 XY”（否定回答，不打算 XY）。例如：

X ＋ Y　→　X Y ＋ (还是＋) 不 X Y?

(84)a. 帮助 别人　～b. 帮助别人（还是）不帮助别人？

(85)a. 修理 汽车　～b. 修理汽车（还是）不修理汽车？

(86)a. 购买 化肥　～b. 购买化肥（还是）不购买化肥？

(87)a. 盖 大高楼　　～b. 盖大高楼(还是)不盖大高楼?

(88)a. 去 哈尔滨　　～b. 去哈尔滨(还是)不去哈尔滨?

(89)a. 喜欢 旅游　　～b. 喜欢旅游(还是)不喜欢旅游?

(90)a. 觉得 恶心　　～b. 觉得恶心(还是)不觉得恶心?

7. 名词化表达法。述宾结构 XY 的名词化有两种方式:第一种,整个述宾结构 XY 之后,往往可以附加助词"的",构成"的"字结构"XY-的","XY-的"再去修饰名词性成分,从而构成"XY-的 + Z"一类名词性词组(如:[学校]购买图书→[学校]购买图书的时候、[学校]购买图书→[ ]购买图书的学校,[部队]到达陕北→[部队]到达陕北的时候、[部队]到达陕北→[ ]到达陕北的部队)。其中,Z 可以是跟述语 X 关系间接的论元(如:[学校]—购买—[图书]—时候、[部队]—到达—[陕北]—时候),也可以是跟述语 X 关系直接的论元(如:[学校]—购买—图书、[部队]—到达—陕北)。第二种,述宾结构的前项 X 之后,往往可以附加助词"的",构成"的"字结构"X-的"。这种"X-的"在意义上表示转指(transfer-designation),指称跟述语 X 关系直接的论元 Y。这种"X-的"的 X 之前,一般可以加上助词"所",从而构成"所-X-的"形式。因为"所-X-的"跟"X-的"在意义和功能上基本一致,所以可以简单地把这两种形式合并记作"[所-]X-的"。[①] 因为"[所-]X-的"在意义上等于后项 Y,所以"的"字结构"[所-]X-的"可以独立称代后项 Y,也就是说,在句法功能和语义指称上,"[所-]X-的" = Y。当然,这种"[所-]X-的"也可以去修饰后项 Y,从而构成"[所-]X-的 + Y"一类同位性的名词性偏正词组(如:[部队]到达陕北→[部队][所]到达的陕北、[学校]购买图书→[学校][所]购买的图书,其中,[所]到达的 = 陕北、[所]购买的 = 图书)。例如:

X + Y	→ **(XY)-的 + Z**	→ **[所-]X-的 + Y**
(91)a. 帮助 群众	～b. 帮助群众的干部/方式	～c. (所)帮助的群众
(92)a. 修理 汽车	～b. 修理汽车的工人/地方	～c. (所)修理的汽车
(93)a. 生产 化肥	～b. 生产化肥的车间/季节	～c. (所)生产的化肥
(94)a. 盖 大高楼	～b. 盖大高楼的公司/资金	～c. (所)盖的大高楼
(95)a. 去 哈尔滨	～b. 去哈尔滨的旅客/时间	～c. (所)去的哈尔滨
(96)a. 喜欢 旅游	～b. 喜欢旅游的人们/爱好	～c. (所)喜欢的旅游
(97)a. 觉得 恶心	～b. 觉得恶心的观众/时候	～c. *(所)觉得的恶心

如果一个词组 XY 能够通过上述测试的数目越大,那么它就越像是一个述宾结构。

① 关于助词"所"在"的"字结构中的作用,详见朱德熙(1982:78－79、98－99)。

三 怎样判定述补结构

从形式上看，述补结构可以分为粘合式和组合式两种：粘合式指补语 Y 直接附加在述语 X 之后的格式，比如："摔破、买回、洗干净、走出去"等；组合式指述语 X 之后先粘附后缀"得"（记作"-得"），然后再跟补语 Y 组合，构成"X + -得 + Y"格式，比如："洗得很干净、笑得前仰后合、好得很、糟得没法说"等；或者述语 X 和补语 Y 之间插入表示可能的中置助词"得"（记作"-得-"），构成"X + -得- + Y"格式；"X + -得- + Y"在意思上基本等于"能 +（X + Y）"，比如："长得大≈能长大、洗得干净≈能洗干净、走得出去≈能走出去、笑得出来≈能笑出来"等。跟"X + -得- + Y"相应的否定形式是"X + 不 + Y"，表示不可能实现 XY，比如："长不大≈不能长大、洗不干净≈不能洗干净、走不出去≈不能走出去、笑不出来≈不能笑出来"等。显然，否定式"X + 不 + Y"跟肯定式"X + -得- + Y"一样，也是组合式述补结构。[①]

判定一个词组 XY 到底是不是述补结构，主要有十种方法：替换提问、否定表达、"得/不"插入、"得/不"删除、正反提问、是否前置提问、是否两置提问、方式提问、性状易位、名词化表达等。但是，述补结构的粘合式和组合式对于这些测试的反应并不一致，下面会分别讨论。

1. 替换提问法。 述补结构的前项 X 和后项 Y 之间，在意义表达上通常是"陈述—补充说明"关系，包括"动作—结果/趋向/状态"关系（比如：洗干净、走出去、笑得前仰后合）、"性状—程度"关系（比如：好得很、多极了、糟得没法说），等等。整个述补结构可以作主谓结构 XY 的谓语 Y（比如：衣服洗干净了、大家走出去了、孩子们笑得前仰后合），有的可以作述宾结构 XY 的述语 X（比如：洗干净了衣服、走出来一个护士）。在述补结构中，前项 X 一般是动词或形容词，表示一个动作、行为，或者一种性状；后项 Y 一般也是动词或形容词，用以补充说明述语所表示的动作、行为造成的结果、趋向和状态等，或者补充说明述语所表示的性状的程度。在大多数情况下，述补结构的后项 Y 往往可以用"**怎么、怎么样、哪儿**"等疑问词语来提问，前项 X 往往可以用"**怎么**"等疑问词语来进行回声问。例如：

X(-得) ＋ Y (＋了) →X ＋ (-得)怎么(样)/哪儿(＋了)？→怎么(-得)＋ Y (＋了)？

(98) a. 煮熟了　～b. 煮(得)怎么样了？　～c. 怎么熟了？

(99) a. 说岔了　～b. 说(得)怎么了？　～c. 怎么岔了？

---

① 关于述补结构的类型，详见朱德熙(1982:125－139)。

(100)a. 跑 进去了	～b. 跑 哪儿了？	～c. 怎么进去了？
(101)a. 劈 开来了	～b. 劈 怎么了？	～c. 怎么开来了？
(102)a. 看得 很清楚	～b. 看得 怎么样？	～c. 怎么得很清楚？
(103)a. 闷得 不得了	～b. 闷得 怎么样？	～c. 怎么得不得了？

2. 否定表达法。整个述补结构“X(-得)Y”的前面，往往可以插入否定词语“不”或“没、没有”，从而造成否定表达。例如：

X ＋(-得＋) Y	**→不 ＋［X ＋(-得＋) Y］**	**→没有＋［X ＋(-得＋) Y］**
(104)a. 切 碎	～b. 不切碎	～c. 没有切碎
(105)a. 拉 走	～b. 不拉走	～c. 没有拉走
(106)a. 说 清楚	～b. 不说清楚	～c. 没有说清楚
(107)a. 盖得 太高	～b. *不盖得太高	～c. 没有盖得太高
(108)a. 想得 很多	～b. *不想得很多	～c. 没有想得很多
(109)a. 喜欢得 要命	～b. *不喜欢得要命	～c. 没有喜欢得要命

从上面的举例可以发现，粘合式述补结构 XY 之前可以插入否定词语“不”和“没有”，其中，“不 XY”表示假设性条件，后面往往跟着表示结果的成分(比如：这种草不切碎不能喂兔子)；“没有 XY”可以表示 XY 这种动作-结果都没有实现(比如：那辆手推车他一直没有来拉走)，也可以是虽然动作 X 发生了、但是结果 Y 没有出现(比如：事情的原委，她说了半天，但是没有说清楚)。组合式述补结构“X-得 Y”之前一般不能插入否定词语“不”，一般可以插入否定词语“没有”，表示否定“X-得 Y”这种说法(比如：他们老说我们的办公楼盖得太高，其实我们的办公楼没有盖得太高，而是他们的目光太短浅)，也就是说，“没有 X-得 Y”表示语用否定，否定“X-得 Y”这种说法在语用上的恰当性。

3. “得/不”插入法。粘合式述补结构 XY 之间，往往可以插入中置助词“-得-”，从而把结果补语 Y 转变为可能补语，也就是说，“X＋-得-＋Y”表示有实现 XY 的可能。用否定副词“不”替换“-得-”，就构成否定表达“X＋不＋Y”，表示不可能实现 XY。例如：

X ＋ Y	**→ X ＋ -得- ＋ Y**	**→ X ＋不＋ Y**
(110)a. 切 碎	～b. 切得碎	～c. 切不碎
(111)a. 拉 走	～b. 拉得走	～c. 拉不走
(112)a. 看 到	～b. 看得到	～c. 看不到
(113)a. 学 会	～b. 学得会	～c. 学不会
(114)a. 说 清楚	～b. 说得清楚	～c. 说不清楚

(115)a. 扔 上去　　～b. 扔得上去　　～c. 扔不上去

4. “得/不”删除法。表示可能的肯定式述补结构“X＋-得-＋Y”及其否定式“X＋不＋Y”，原则上都可以通过删除助词“得”或副词“不”，来还原为粘合式述补结构XY。例如：

X＋ -得- ＋Y　→　X＋不＋Y　→　X ＋ Y

(116)a. 切得碎　　～b. 切不碎　　～c. 切 碎

(117)a. 拉得走　　～b. 拉不走　　～c. 拉 走

(118)a. 看得到　　～b. 看不到　　～c. 看 到

(119)a. 学得会　　～b. 学不会　　～c. 学 会

(120)a. 说得清楚　　～b. 说不清楚　　～c. 说 清楚

(121)a. 扔得上去　　～b. 扔不上去　　～c. 扔 上去

5. 正反提问法。表示可能的肯定式述补结构“X＋-得-＋Y”，可以跟其否定式“X＋不＋Y”联合起来，构成正反重叠形式“[X＋-得-＋Y]＋[X＋不＋Y]?”，来对实现XY的可能性进行提问；相应的回答方式是“X＋-得-＋Y”(肯定回答，可以实现XY)，或者“X＋不＋Y”(否定回答，不能实现XY)。此外，整个粘合式述补结构XY的前面，往往可以插入正反重叠形式“有没有”，从而对动作结果/趋向的实现与否进行提问；相应的回答方式是“XY了”(肯定回答，XY实现了)，或者“没有XY”(否定回答，XY没有实现)。例如：

X ＋ Y　→　X-得-Y＋X 不 Y?　→　有没有＋ X Y?

(122)a. 切 碎　　～b. 切得碎切不碎?　　～c. 有没有切碎?

(123)a. 拉 走　　～b. 拉得走拉不走?　　～c. 有没有拉走?

(124)a. 看 到　　～b. 看得到看不到?　　～c. 有没有看到?

(125)a. 学 会　　～b. 学得会学不会?　　～c. 有没有学会?

(126)a. 说 清楚　　～b. 说得清楚说不清楚?　　～c. 有没有说清楚?

(127)a. 扔 上去　　～b. 扔得上去扔不上去?　　～c. 有没有扔上去?

6. 是否前置提问法。粘合式述补结构XY之后加上语气词“了”以后，往往可以在前面插入正反重叠形式“**是不是**”，从而对动作-结果/趋向的是否实现进行猜测性的选择式提问；相应的回答方式是“是、对”(肯定回答，你猜对了)，或者“不是、不对”(否定回答，你猜错了)。表示可能的肯定式述补结构“X＋-得-＋Y”及其否定式“X＋不＋Y”，一般都可以在前面插入正反重叠形式“是不是”，从而对动作-结果/趋向实现的可能性进行猜测性的选择式提问；相应的回答方式是“是、对”(肯定回答，你猜对了)，或者“不是、不对”(否定回答，你猜错了)。例如：

X ＋ Y　→　是不是＋ X Y＋了?　→　是不是＋ X 得/不 Y?

(128)a. 切 碎　～b. 是不是切碎了?　～c. 是不是切得/不碎?

(129)a. 拉 走　～b. 是不是拉走了?　～c. 是不是拉得/不走?

(130)a. 看 到　～b. 是不是看到了?　～c. 是不是看得/不到?

(131)a. 学 会　～b. 是不是学会了?　～c. 是不是学得/不会?

(132)a. 说 清楚　～b. 是不是说清楚了?　～c. 是不是说得/不清楚?

(133)a. 扔 上去　～b. 是不是扔上去了?　～c. 是不是扔得/不上去?

7. 是否两置提问法。组合式述补结构"X＋-得＋Y",一般可以在整个词组前面、或者在补语Y前面两个位置,插入正反重叠形式"**是不是**",从而对动作-状态/性质-程度的是否实现进行猜测性的选择式提问;相应的回答方式是"是、对"(肯定回答,你猜对了),或者"不是、不对"(否定回答,你猜错了)。例如:

X ＋-得＋ Y　→是不是＋ X-得 Y?　→　X-得＋是不是＋Y?

(134)a. 切得 很碎　～b. 是不是切得很碎?　～c. 切得是不是很碎?

(135)a. 走得 太早　～b. 是不是走得太早?　～c. 走得是不是太早?

(136)a. 说得 不清楚 ～b. 是不是说得不清楚?　～c. 说得是不是不清楚

(137)a. 盖得 太高　～b. 是不是盖得太高?　～c. 盖得是不是太高?

(138)a. 想得 很多　～b. 是不是想得很多?　～c. 想得是不是很多?

(139)a. 喜欢得 要命 ～b. 是不是喜欢得要命?　～c. ? 喜欢得是不是要命?

8. 方式提问法。组合式述补结构"X＋得＋Y",因为有后缀"-得"或中置助词"-得-"作为词汇标记,所以比较容易识别。而粘合式述补结构XY,因为没有特殊的标记,所以容易跟谓词作主语的主谓结构、谓词作宾语的述宾结构和谓词性偏正结构混淆。但是,由于粘合式述补结构的前项X和后项Y之间,在意义上通常是"动作/行为—结果/趋向"关系(比如:洗干净、走出去)。在某种意义上说,前项X所表示的动作和行为,不过是说明后项Y所表示的结果和趋向的方式和手段。于是,前项X往往可以用"**怎么**"等疑问词语、或者在"**怎么**"后面再加上泛义动词"**弄**"来进行提问。并且,粘合式述补结构的X与Y之间有一种致使(causation)关系,即X所表示的动作、行为造成了Y所表示的结果和趋向。于是,整个粘合式述补结构XY自然地隐含了可以由时体助词"了"或者语气词"了"所表示的实现、完成、出现了新情况一类时体意义。当对造成Y所表示的结果和趋向的方式和手段进行提问时,可以加上助词"的"来表示对已经实现的事态的确认,从而构成"怎么(弄)Y的? -XY的!"这种"问句—答句"对子。例如:

X + Y　→　怎么(弄) + Y+的?　→　X+Y+的

(140)a. 切 碎　～b. 怎么(弄)碎的?　～c. 切碎的

(141)a. 拉 走　～b. 怎么(弄)走的?　～c. 拉走的

(142)a. 看 到　～b. ? 怎么(弄)到的?　～c. 看到的

(143)a. 学 会　～b. 怎么(弄)会的?　～c. 学会的

(144)a. 说 清楚　～b. 怎么(弄)清楚的?　～c. 说清楚的

(145)a. 扔 上去　～b. 怎么(弄)上去的?　～c. 扔上去的

9. 性状易位法。组合式述补结构"X + 得 + Y",一般表示动作-状态、性质-程度关系。即后项 Y 说明前项 X 的状态或程度。这种 XY 往往可以改变句法位置而转换为谓词性偏正结构"Y-地 + X",其中,前项 Y 描写和说明后项 X 的方式、状态、程度等属性。例如:

X + 得 + Y　→　Y-地 + X

(146)a. 切得 很碎　～b. 很碎地切

(147)a. 走得 太早　～b. 太早地走

(148)a. 说得 不清楚　～b. (很)不清楚地说

(149)a. 盖得 太高　～b. *太高/高高地盖

(150)a. 想得 很多　～b. *很多/多多地想

(151)a. 喜欢得 要命　～b. *要命/十分地喜欢

从上例可以看出,"X + 得 + Y"中的状态补语或程度补语转变为"Y-地 + X"中的方式状语或程度状语之后,有的(如:太高、很多、要命)就不合格的,只有改变成相应的同义形式(如:高高、多多、十分)以后,才可以接受。

10. 名词化表达法。述补结构"X(得)Y"的名词化只有一种方式:整个述补结构"X(得)Y"之后,往往可以附加助词"的",构成"的"字结构"X(得)Y-的";"X(得)Y-的"再去修饰名词性成分,从而构成"X(得)Y-的 + Z"一类名词性词组(如:说清楚→说清楚的证人/事情/时候、切得很碎→切得很碎的人/草/时候)。其中,Z 可以是跟述补结构"X(得)Y"关系间接的论元(如:[证人]—说清楚—[事情]—时候、[人]—切得很碎—[草]—时候),也可以是跟述补结构"X(得)Y"关系直接的论元(如:证人—说清楚—事情、人—切得很碎—草)。并且,当 Z 是跟述补结构"X(得)Y"关系直接的论元时,"的"字结构"X(得)Y-的"在语义指称上跟 Z 一致,因此,"X(得)Y-的"可以称代 Z,或者说"X(得)Y-的 + Z"可以有条件地省略为"X(得)Y-的"(如:[证人]—说清楚—[事情]→[ ]说清楚[事情]的 = 证人、[证人]—说清楚—[事情]→[证人]说清楚[ ]的 = 事情、[人]—切得很碎—[草]→[ ][把草]切得很碎的 = 人、[人]

[ ]切得很碎的＝草)。例如:

X＋(得＋) Y → (X得Y)-的＋Z → (X得Y)-的＝Z

(152)a. 挖 深 ～b. 挖深的人/水沟/地方 ～c. 挖深的＝人/水沟

(153)a. 拉 走 ～b. 拉走的警察/货物/时候 ～c. 拉走的＝警察/货物

(154)a. 看得到 ～b. 看得到的人/物质/地方 ～c. 看得到的＝人/物质

(155)a. 学不会 ～b. 学不会的人/技巧/原因 ～c. 学不会的＝人/技巧

(156)a. 干得漂亮 ～b. 干得漂亮的人/活儿/时候 ～c. 干得漂亮的＝人/活儿

(157)a. 扔不上去 ～b. 扔不上去的人/麻袋/机率 ～c. 扔不上去的＝人/麻袋

(158)a. 想得很多 ～b. 想得很多的人/问题/结果 ～c. 想得很多的＝人/问题

(159)a. 喜欢得要命 ～b. 喜欢得要命的人/东西/原因 ～c. 喜欢得要命的＝人/东西

如果一个词组 XY 能够通过上述测试的数目越大,那么它就越像是一个述补结构。

四 怎样判定体词性偏正结构

判定一个词组 XY 到底是不是体词性的偏正结构,主要有七种方法:核心替代、替换提问、性状判断、指代回答、是否提问、存在否定、修饰化表达。

1. 核心替代法。从外部的语法功能上看,体词性偏正结构主要作主语和宾语(即出现在主谓词组 XY 的前项 X 位置上,或者出现在述宾词组 XY 的后项 Y 位置上),偶尔可以作谓语(即出现在主谓词组 XY 的后项 Y 位置上),一般不能作状语和补语(即不能出现在谓词性的偏正词组 XY 的前项 X 位置上,也不能出现在述补词组 XY 的后项 Y 位置上)。从内部的语法功能上看,体词性偏正结构 XY 跟作为核心(head)的后项 Y 一致。因此,在一定的条件下,后项 Y 可以替代整个词组 XY,单独作主语和宾语等句法成分;或者说,在更大的结构中,这种 XY 可以有条件地省略为 Y。例如:

(……)X＋Y(……) →(……)Y(……)

(160)a. 脏 衣服(洗干净了) ～b. [ ]衣服(洗干净了)

(161)a. 塑料 拖鞋(穿坏了) ～b. [ ]拖鞋(穿坏了)

(162)a. (保护)公社的 羊群 ～b. (保护)[ ]羊群

(163)a. (买了)三张 报纸 ～b. (买了)[ ]报纸

(164)a. (一个)熬药的 陶罐 ～b. (一个)[ ]陶罐

(165)a. (两张)清代的 银票 ～b. (两张)[ ]银票

2. 替换提问法。 体词性偏正结构的前项 X 和后项 Y 之间，在意义表达上通常是限制或者修饰关系。具体地说，前项 X 一般指明后项 Y 的性质、状态、质料、领属者、数量、用途、时间、处所等，往往可以用“**什么、什么样的、怎么样的、谁的、多少、干什么(用)的、什么时候的、哪儿的**”等疑问词语来提问；后项 Y 是前项 X 所描写和说明的对象，往往可以用“**什么**”等疑问词语来进行回声问。例如：

X ＋ Y　→　谁/什么(样)的/哪儿/多少＋ Y?　→ X(的) ＋ 什么?

(166)a. 脏 衣服　～b. 什么(样的)衣服？　～c. 脏的什么？
(167)a. 塑料 拖鞋　～b. 什么(样的)拖鞋？　～c. 塑料的什么？
(168)a. 公社的 羊群　～b. 谁的羊群？　～c. 公社的什么？
(169)a. 三张 报纸　～b. 多少报纸？　～c. 三张什么？
(170)a. 熬药的 陶罐　～b. 干什么用的陶罐？　～c. 熬药的什么？
(171)a. 清代的 银票　～b. 什么时候的银票？　～c. 清代的什么？

3. 性状判断法。 因为体词性偏正结构的前项 X，通常描写和说明后项 Y 的性质、状态、质料、领属者、数量、用途、时间、处所等属性，所以，这种 XY 往往可以转换为“Y 是 X(的)”一类陈述形式。例如：

X ＋ Y　→　Y ＋ 是 ＋ X(的)

(172)a. 脏 衣服　～b. 衣服是脏的
(173)a. 塑料 拖鞋　～b. 拖鞋是塑料的
(174)a. 公社的 羊群　～b. 羊群是公社的
(175)a. 三张 报纸　～b. 报纸是三张
(176)a. 熬药的 陶罐　～b. 陶罐是熬药的
(177)a. 清代的 银票　～b. 银票是清代的

4. 指代回答法。 整个体词性偏正结构 XY 可以用指示代词“**这/那**”等来称代(严格地说，是 XY 所指称的东西可以用“**这/那**”等来直指)，并且可以构成“**这/那是什么？**”和“**这/那是XY**”这样的“问句-答句”对子。例如：

X ＋ Y　→　这/那是＋什么?　→　这/那是 ＋ (X ＋ Y)

(178)a. 脏 衣服　～b. 这是什么？　～c. 这是脏衣服。
(179)a. 塑料 拖鞋　～b. 那是什么？　～c. 那是塑料拖鞋。
(180)a. 公社的 羊群　～b. 这是什么？　～c. 这是公社的羊群。
(181)a. 三张 报纸　～b. 那是什么？　～c. 那是三张报纸。
(182)a. 熬药的 陶罐　～b. 这是什么？　～c. 这是熬药的陶罐。
(183)a. 清代的 银票　～b. 那是什么？　～c. 那是清代的银票。

5. 是否提问法。当体词性偏正结构 XY 用指示代词“**这/那**”等称代后，可以在“**这/那**”和 XY 之间插入正反重叠形式“**是不是**”，从而对说话人所指示的东西跟 XY 所表示的属性之间的一致性进行猜测性的选择式提问；相应的回答方式是“是、对”（肯定回答，你猜对了），或者“不是、不对”（否定回答，你猜错了）。例如：

X + Y → 这/那+是不是+ (X + Y)?

(184)a. 脏 衣服　～b. 这是不是脏衣服？
(185)a. 塑料 拖鞋　～b. 那是不是塑料拖鞋？
(186)a. 公社的 羊群　～b. 这是不是公社的羊群？
(187)a. 三张 报纸　～b. 那是不是三张报纸？
(188)a. 熬药的 陶罐　～b. 这是不是熬药的陶罐？
(189)a. 清代的 银票　～b. 那是不是清代的银票？

6. 存在否定法。整个体词性偏正结构 XY 之前，可以加上动词“有”来表示存在着 XY 所指称的事物，也可以加上动词“没有”来否定存在着 XY 所指称的事物，还可以加上正反问形式“有没有”来询问是否存在着 XY 所指称的事物。例如：

X + Y → 有/没有+ (X + Y) → 有没有+ (X + Y)?

(190)a. 脏 衣服　～b. 有/没有脏衣服　～b. 有没有脏衣服？
(191)a. 塑料 拖鞋　～b. 有/没有塑料拖鞋　～b. 有没有塑料拖鞋？
(192)a. 公社的 羊群　～b. 有/没有公社的羊群　～b. 有没有公社的羊群？
(193)a. 三张 报纸　～b. 有/没有三张报纸　～b. 有没有三张报纸？
(194)a. 熬药的 陶罐　～b. 有/没有熬药的陶罐　～b. 有没有熬药的陶罐？
(195)a. 清代的 银票　～b. 有/没有清代的银票　～b. 有没有清代的银票？

7. 修饰化表达法。整个体词性偏正结构 XY 之后，往往可以附加助词“的”，构成“的”字结构“XY-的”；“XY-的”再去修饰名词性成分，从而构成“XY-的 + Z”一类名词性词组（如：清楚的表达→清楚的表达的重要性、刚才进来的那个人→刚才进来的那个人的模样）。其中，Z 往往是跟体词性偏正结构“XY”关系间接的成分（如：清楚地表达—重要性、刚刚才进来的那个人—模样），所以“的”字结构“XY-的”在语义指称上跟 Z 往往不一致。因此，“XY-的”一般不能称代 Z，也就是说“XY-的 + Z”不能省略为“XY-的”，或者说，这种“XY-的”只能作修饰语，一般不能独立使用。例如：

X + Y → (XY)-的 + Z → (XY)-的 ≠Z

(196)a. 脏 衣服　～b. 脏衣服的件数　～c. 脏衣服的≠件数
(197)a. 塑料 拖鞋　～b. 塑料拖鞋的颜色　～c. 塑料拖鞋的≠颜色
(198)a. 公社的 羊群　～b. 公社的羊群的数量　～c. 公社的羊群的≠数量

(199)a. 三张 报纸 ~b. 三张报纸的版面 ~c. 三张报纸的≠版面

(200)a. 熬药的 陶罐 ~b. 熬药的陶罐的盖子 ~c. 熬药的陶罐的≠盖子

(201)a. 清代的 银票 ~b. 清代的银票的价格 ~c. 清代的银票的≠价格

如果一个词组 XY 能够通过上述测试的数目越大,那么它就越像是一个体词性的偏正结构。

五 怎样判定谓词性偏正结构

判定一个词组 XY 到底是不是谓词性的偏正结构,主要有十种方法:核心替代、回答疑问、整体指代回答、局部指代回答、替换提问、性状易位、否定表达、正反提问、是否提问、名词化表达。

1. 核心替代法。从外部的语法功能上看,谓词性偏正结构主要作谓语和补语(即出现在主谓词组或述补词组 XY 的后项 Y 位置上),有的可以作主语和宾语(即出现在主谓词组 XY 的前项 X 位置上,或者出现在述宾词组 XY 的后项 Y 位置上),一般不能作状语(即不能出现在谓词性的偏正词组 XY 的前项 X 位置上)。从内部的语法功能上看,谓词性偏正结构 XY 跟作为核心(head)的后项 Y 一致。因此,在一定的条件下,后项 Y 可以替代整个词组 XY,单独作谓语和补语,或者说,在更大的结构中,这种 XY 可以有条件地省略为 Y。例如:

(……)X + Y → (……)Y

(202)a. (他们)认真 学习 ~b. (他们)[ ]学习

(203)a. (部队)马上 集合 ~b. (部队)[ ]集合

(204)a. (企业)科学地 管理 ~b. (企业)[ ]管理

(205)a. (学生)有组织地 游行 ~b. (学生)[ ]游行

(206)a. (孩子)非常 讨人喜欢 ~b. (孩子)[ ]讨人喜欢

(207)a. (粮食)已经 上交国家 ~b. (粮食)[ ]上交国家

(208)a. (工作)都 安排妥当了 ~b. (工作)[ ]安排妥当了

(209)a. (小明)居然 出国旅游 ~b. (小明)[ ]出国旅游

(210)a. (扫得)十分 干净 ~b. (扫得)[ ]干净

(211)a. (吓得)哇哇地 大哭 ~b. (吓得)[ ]大哭

2. 回答疑问法。整个谓词性偏正结构 XY 可以用疑问代词"**怎么样**"来提问,于是,"**(……)怎么样?**"和"(……)XY"正好构成一个"问句-答句"对子。例如:

(……)X ＋ Y → **(……)怎么样?**

(212)a.(他们)认真 学习 ~b.(他们)怎么样?

(213)a.(部队)马上 集合 ~b.(部队)怎么样?

(214)a.(企业)科学地 管理 ~b.(企业)怎么样?

(215)a.(学生)有组织地 游行 ~b.(学生)怎么样?

(216)a.(孩子)非常 讨人喜欢 ~b.(孩子)怎么样?

(217)a.(粮食)已经 上交国家 ~b.(粮食)怎么样?

(218)a.(工作)都 安排妥当了 ~b.(工作)怎么样?

(219)a.(小明)居然 出国旅游 ~b.(小明)怎么样?

(220)a.(扫得)十分 干净 ~b.(扫得)怎么样?

(221)a.(吓得)哇哇地 大哭 ~b.(吓得)怎么样?

3. 整体指代回答法。整个谓词性偏正结构XY,既可以作疑问代词"**怎么样**"的主语,从而构成"**XY+怎么样?**"一类问句形式,也可以用指示代词"**这样/那样**"等来称代,然后再加上评论性谓语,从而构成"**这样/那样+(不)好**"一类答句形式。最终配合起来,可以构成"**XY+怎么样?**"和"**这样/那样+(不)好**"一类"问句-答句"对子。例如:

(X ＋ Y)＋怎么样? → **这样/那样＋(不)好**

(222)a.认真学习怎么样? ~b.这样好

(223)a.马上集合怎么样? ~b.那样不好

(224)a.科学地管理怎么样? ~b.这样好

(225)a.有组织地游行怎么样? ~b.那样不好

(226)a.非常讨人喜欢怎么样? ~b.这样好

(227)a.已经上交国家怎么样? ~b.那样不好

(228)a.都安排妥当了怎么样? ~b.这样好

(229)a.居然出国旅游怎么样? ~b.那样不好

(230)a.十分干净怎么样? ~b.这样好

(231)a.哇哇地大哭怎么样? ~b.那样不好

4. 局部指代回答法。谓词性偏正结构XY的前项X,也可以用指示代词"**这样/那样**"等来称代,从而构成"**这样/那样+Y**"一类词组形式,然后作疑问代词"**怎么样**"的主语,从而构成"**这样/那样+Y+怎么样?**"一类问句形式;并且,"**这样/那样+Y**"之后可以加上评论性谓语,从而构成"**这样/那样+Y+(不)好**"一类答句形式。最终配合起来,可以构成"**这样/那样+Y+怎么样?**"和"**这样/那样+Y +(不)好**"一类"问句-答句”对子。例如：

X + Y → 这样/那样+Y+怎么样？ → 这样/那样+Y+(不)好

(232)a. 认真 学习 ～b. 这样学习怎么样？ ～c. 这样学习好

(233)a. 马上 集合 ～b. 那样集合怎么样？ ～c. 那样集合不好

(234)a. 科学地 管理 ～b. 这样管理怎么样？ ～c. 这样管理好

(235)a. 有组织地 游行 ～b. 那样游行怎么样？ ～c. 那样游行不好

(236)a. 非常 讨人喜欢 ～b. 这样讨人喜欢怎么样？ ～c. 这样讨人喜欢好

(237)a. 已经 上交国家 ～b. 那样上交国家怎么样？ ～c. 那样上交国家不好

(238)a. 都 安排妥当了 ～b. 这样安排妥当怎么样？ ～c. 这样安排妥当好

(239)a. 居然 出国旅游 ～b. 那样出国旅游怎么样？ ～c. 那样出国旅游不好

(240)a. 十分 干净 ～b. 这样干净怎么样？ ～c. 这样干净好

(241)a. 哇哇地 大哭 ～b. 这样大哭怎么样？ ～c. 这样大哭不好

5. 替换提问法。谓词性偏正结构的前项 X 和后项 Y 之间，在意义表达上通常是限制或者修饰关系。具体地说，前项 X 一般指明后项 Y 的方式、状态、程度、时间、范围、甚至是说话的语气、情态等，往往可以用“**怎么、怎样、怎么样**”等疑问词语来提问；后项 Y 是前项 X 所描写和说明的对象(动作、行为、性质、状态等)，往往也可以用“**做什么、怎么、怎样、怎么样**”等疑问词语来进行回声问。例如：

X + Y → 怎么(样)+ Y? → X +怎么/做什么？

(242)a. 认真 学习 ～b. 怎么样学习？ ～c. 认真做什么？

(243)a. 马上 集合 ～b. ？怎么样集合？ ～c. 马上做什么？

(244)a. 科学地 管理 ～b. 怎么样管理？ ～c. 科学地做什么？

(245)a. 有组织地 游行 ～b. 怎么样游行？ ～c. 有组织地做什么？

(246)a. 非常 讨人喜欢 ～b. 怎么样讨人喜欢？ ～c. 非常怎么样？

(247)a. 已经 上交国家 ～b. 怎么样上交国家？ ～c. 已经怎么样？

(248)a. 都 安排妥当了 ～b. *怎么样安排妥当了？～c. 都怎么样了？

(249)a. 居然 出国旅游 ～b. *怎么样出国旅游？～c. 居然做什么？

(250)a. 十分 干净 ～b. 怎么样干净？ ～c. 十分怎么样？

(251)a. 哇哇地 大哭 ～b. 怎么样大哭？ ～c. 哇哇地做什么？

6. 性状易位法。因为谓词性偏正结构的前项 X，通常描写和说明后项 Y 的方式、状态、程度等属性；所以，这种 XY 往往可以改变句法位置而转换为组合式述补结构“Y + 得 + X”一类陈述形式，即用前项 X 来补充说明后项 Y 的方式、状态、程度等属性。例如：

X + Y	→ Y + 得 + X
(252)a. 认真 学习	～b. 学习得认真
(253)a. 马上 集合	～b. 集合得 * 马上/迅速
(254)a. 科学地 管理	～b. 管理得科学
(255)a. 有组织地 游行	～b. 游行得 * 有组织/有秩序
(256)a. 非常 讨人喜欢	～b. 讨人喜欢得 * 非常/很
(257)a. 已经 上交国家	～b. 上交国家得 * 已经/早
(258)a. 都 安排妥当了	～b. * 安排妥当得都
(259)a. 居然 出国旅游	～b. * 出国旅游得居然
(260)a. 十分 干净	～b. 干净得 * 十分/很
(261)a. 哇哇地 哭	～b. 哭得哇哇的

从上例可见，像"都、居然"等副词性状语无法转换为补语；像"非常、十分"等程度副词虽然不能作补语，但是换成其同义副词"很"以后就行了；像"马上、有组织"等副词虽然不能作补语，但是换成其近义的形容词"迅速、有秩序"以后就行了。

7. 否定表达法。整个谓词性偏正结构 XY 的前面，往往可以插入否定词语"不"或"没、没有"，从而造成否定表达。例如：

X + Y	→ 不 + (X + Y)	→ 没/没有 + (X + Y)
(262)a. 认真学习	～b. 不认真学习	～c. 没有认真学习
(263)a. 马上集合	～b. 不马上集合	～c. 没有马上集合
(264)a. 科学地管理	～b. 不科学地管理	～c. 没有科学地管理
(265)a. 有组织地游行	～b. * 不有组织地游行	～c. 没有有组织地游行
(266)a. 非常讨人喜欢	～b. 不非常讨人喜欢	～c. ? 没有非常讨人喜欢
(267)a. 已经上交国家	～b. * 不已经上交国家	～c. * 没有已经上交国家
(268)a. 都安排妥当了	～b. * 不都安排妥当了	～c. 没有都安排妥当
(269)a. 居然出国旅游	～b. * 不居然出国旅游	～c. * 没有居然出国旅游
(270)a. 十分干净	～b. 不十分干净	～c. * 没有十分干净
(271)a. 哇哇地大哭	～b. 不哇哇地大哭	～c. 没有哇哇地大哭

从上面的举例可以发现，谓词性偏正结构 XY 之前可以插入否定词语"不"和"没有"，其中，"不 XY"或者表示一般性的意愿性否定(如：[他从来]不认真学习、不十分干净)，或者表示假设性条件，后面往往跟着表示结果的成分(比如：不认真学习就不能毕业、不哇哇地大哭就喝不到奶)；"没有 XY"表示 XY 这种方式—动作没有实现(比如：没有马上集合、没有哇哇地大哭)，也可以是虽然动作 Y 发生了、但是方式不是 X 所表

示的样子(比如：虽然也学习了，但是没有认真学习；虽然安排妥当了一部分受灾群众，但是没有都安排妥当)。当然，“没有XY”也可以表示否定“XY”这种说法(比如：他们老说我哇哇地大哭/非常讨人喜欢，其实我没有哇哇地大哭/非常讨人喜欢，而只是哼唧了几声/不讨人嫌罢了)，也就是说，“没有XY”也可以表示语用否定，否定“XY”这种说法在语用上的恰当性。并且，否定词“不、没有”跟表示实现、已然等时体意义的语气词“了”、时间副词“已经”一般不能共现。

8. 正反提问法。谓词性偏正结构XY一般不能正反重叠成“XY不XY”的形式，来对意愿进行提问。但是，整个述宾结构XY的前面，往往可以插入正反重叠形式“**有没有**”，构成“**有没有**+XY?”这种问句形式，从而对动作行为的实现与否进行提问；相应的回答方式是“XY了”(肯定回答，XY实现了)，或者“没有XY”(否定回答，XY没有实现)。并且，“**有没有**+XY?”中的Y可以成为拷贝式话题，从而构成“**Y+有没有**+XY?”这种带话题的问句形式；其回答方式跟“**有没有**+XY?”形式相同。例如：

X + Y → Y+ 有没有+ (X + Y)?

(272)a. 认真学习 ～b. 学习，有没有认真学习？

(273)a. 马上集合 ～b. 集合，有没有马上集合？

(274)a. 科学地管理 ～b. 管理，有没有科学地管理？

(275)a. 有组织地游行 ～b. 游行，有没有有组织地游行？

(276)a. 非常讨人喜欢 ～b. *讨人喜欢，有没有非常讨人喜欢？

(277)a. 已经上交国家 ～b. *上交国家，有没有已经上交国家？

(278)a. 都安排妥当了 ～b. 安排妥当，有没有都安排妥当了？

(279)a. 居然出国旅游 ～b. *出国旅游，有没有居然出国旅游？

(280)a. 十分干净 ～b. *干净，有没有十分干净？

(281)a. 哇哇地大哭 ～b. 大哭，有没有哇哇地大哭？

9. 是否提问法。谓词性偏正结构XY的前面，往往可以插入正反重叠形式“**是不是**”，从而对方式—动作、程度—性状等的是否发生或出现，进行猜测性的选择式提问；相应的回答方式是“是、对”(肯定回答，你猜对了)，或者“不是、不对”(否定回答，你猜错了)。并且，“**是不是**+XY?”中的Y可以成为拷贝式话题，从而构成“**Y+是不是**+XY?”这种带话题的问句形式，其回答方式跟“**是不是**+XY?”形式相同。例如：

X + Y → Y + 是不是 + (X + Y)?

(282)a. 认真学习 ～b. 学习，是不是认真学习？

(283)a. 马上集合 ～b. 集合，是不是马上集合？

(284)a. 科学地管理 ～b. 管理，是不是科学地管理？

(285)a. 有组织地游行 ～b. 游行，是不是有组织地游行？

(286)a. 非常讨人喜欢 ～b. 讨人喜欢，是不是非常讨人喜欢？

(287)a. 已经上交国家 ～b. 上交国家，是不是已经上交国家？

(288)a. 都安排妥当了 ～b. 安排妥当，是不是都安排妥当了？

(289)a. 居然出国旅游 ～b. *出国旅游，是不是居然出国旅游？

(290)a. 十分干净 ～b. 干净，是不是十分干净？

(291)a. 哇哇地大哭 ～b. 大哭，是不是哇哇地大哭？

10. 名词化表达法。谓词性偏正结构XY的名词化只有一种方式：整个谓词性偏正结构XY之后，往往可以附加助词"的"，构成"的"字结构"XY-的"；"XY-的"再去修饰名词性成分，从而构成"XY-的＋Z"一类名词性词组（如：清楚地表达→清楚地表达的人/时候、刚刚通过考试→刚刚通过考试的学生/消息）。其中，Z可以是跟谓词性偏正结构"XY"关系间接的论元（如：[人]—清楚地表达—时候、[学生]—刚刚通过考试—消息），也可以是跟谓词性偏正结构"XY"关系直接的论元（如：人—清楚地表达、学生—刚刚通过考试）。并且，当Z是跟谓词性偏正结构"XY"关系直接的论元时，"的"字结构"XY-的"在语义指称上跟Z一致，因此，"XY-的"可以称代Z，或者说"XY-的＋Z"可以有条件地省略为"XY-的"（如：人—清楚地表达→[ ]清楚地表达的＝人、学生—刚刚通过考试→[ ]刚刚通过考试的＝学生）。例如：

X＋Y → (XY)-的＋Z → (XY)-的＝Z

(292)a. 认真学习 ～b. 认真学习的人/时候 ～c. 认真学习的＝人

(293)a. 马上集合 ～b. 马上集合的战士/命令 ～c. 马上集合的＝战士

(294)a. 科学地管理 ～b. 科学地管理的工厂/要求 ～c. 科学地管理的＝工厂

(295)a. 有组织地游行 ～b. 有组织地游行的人/通告 ～c. 有组织地游行的＝人

(296)a. 非常讨人喜欢 ～b. 非常讨人喜欢的人/样子 ～c. 非常讨人喜欢的＝人

(297)a. 已经上交国家 ～b. 已经上交国家的粮食 ～c. 已经上交国家的＝粮食

(298)a. 都安排妥当了 ～b. 都安排妥当了的人/事情 ～c. 都安排妥当了的＝事情

(299)a. 居然出国旅游 ～b. 居然出国旅游的人/单位 ～c. 居然出国旅游的＝单位

(300)a. 十分干净 ～b. 十分干净的教室/时候 ～c. 十分干净的＝教室

(301)a. 哇哇地大哭 ～b. 哇哇地大哭的孩子/时候 ～c. 哇哇地大哭的＝孩子

如果一个词组XY能够通过上述测试的数目越大，那么它就越像是一个谓词性的偏正结构。

六 语法结构的代数性质

在上文中，我们把词组抽象为代数符号表达式 X + Y，并且用形式化的变换关系集合 1："X + Y →X + 不/没有 + Y；(XY)-的 + Z，Y-的 + X，X + 的 + Y；……"和**变换关系集合**2："X + Y →不/没有 +(X + Y)；(XY)-的 + Z，[所-]X + 的 + Y；……"等，来区分汉语的**主谓结构**和**述宾结构**等句法结构。其实，在这种情况下，我们已经是在抽象的（脱离了语义内容和语用环境）、纯粹的句法（符号与符号之间的形式关系）这种平面上，来描写和分析汉语符号组合中的符号与符号之间的结构关系。这种语言（或语言学）事实本身已经说明，汉语的主谓结构和述宾结构等句法结构，已经具备抽象的代数符号表达式的性质，可以不依赖语义概念或语用功能等因素来讨论其形式构造。

因此，那种认为汉语只有话题、没有主语的观点是站不住脚的。因为，这种观点的前提是：汉语中的"话题—说明"类语用结构没有语法化为抽象的"主语—谓语"类句法结构，话题这个语用成分还没有语法化为主语这种抽象的句法成分①。显然，从上文讨论的事实来看，这种理论假设是错误的；因为，汉语的主语完全可以从结构关系上做出如下这种形式化的定义：

> 如果一个结构体"X + Y"满足变换关系集合 1，那么它的语法结构类型是主谓结构，其中的前项 X 的语法功能是主语。

或者，直接把汉语的主语形式化地定义为：

> 满足变换关系集合 1 的结构体"X + Y"中的前项 X 是主语。

参考文献

吕叔湘 (1942/1982)《中国文法要略》，商务印书馆。
沈家煊 (2007) 汉语里的名词和动词，《汉藏语学报》第 2 期。
袁毓林 (1995) 谓词隐含及其句法后果，《中国语文》第 4 期；收入袁毓林(1998)，第 166 – 193 页。
袁毓林 (1998)《语言的认知研究和计算分析》，北京大学出版社。
袁毓林 (2003) 从焦点理论看句尾"的"的句法语义功能，《中国语文》第 1 期。
朱德熙 (1978)"的"字结构和判断句，《中国语文》第 1 期、第 2 期；收入朱德熙(1980)，第 125 – 150 页。
朱德熙 (1980)《现代汉语语法研究》，商务印书馆。
朱德熙 (1982)《语法讲义》，商务印书馆。
朱德熙 (1983) 自指和转指，《方言》第 1 期；收入朱德熙(1990)，第 55 – 84 页。

---

① 详见沈家煊(2007) § 7.2，第 38 – 39 页。

朱德熙（1985）《语法答问》，商务印书馆。

朱德熙（1990）《语法丛稿》，上海教育出版社。

Bloomfield, L. (1926) A Set of Postulates for the Science of Language, *Language*, No. 2. in Joos (1958) (ed), pp. 26-31.

Chao Yuen Ren (1968) *A Grammar of Spoken Chinese*, University of California Press.

Harris, Z. S. (1946) From Morpheme to Utterance, *Language* Vol. 22, in Joos (1958) (ed), pp. 142-153.

Harris, Z. S. (1951) *Methods in Structural Linguistics*, The University of Chicago Press.

Joos, M. (1958) (ed) *Readings in Linguistics: the Development of Descriptive Linguistics in America since 1925*, American Council of Learned Societies.

Wells, R. S. (1947) Immediate Constituents, *Language*, Vol. 23, in Joos (1958) (ed), pp. 186-207.《直接成分》，赵世开译，《语言学资料》1963年第6期，"描写语言学 语法部分 专号"，第29-53页。

（100871 北京，北京大学中文系）

语法结构类型的隶属度量表*

曹　宏

摘　要：本文基于袁毓林（2008）对于现代汉语中语法结构类型的判定标准的研究，根据不同的变换测试（提问方式、回答方式、指代方式、否定方式、名词化表达、修饰化表达、虚词的插入或删除、成分易位、核心替代等）对于有关语法结构的鉴别能力，给每一种变换测试设定一个权重（分值），从而为主谓结构、述宾结构、述补结构和偏正结构等语法结构分别制订了一个总分为100分的量表。据此，不但可以判断一个词组到底属于哪一种语法结构，而且可以测定这个词组属于那种语法结构的隶属度的大小。最后，用四个语法结构类型模糊的词组，来例示和检验这套量表的有效性和可信度。

关键词：语法结构；判定标准；变换；测试；量表；隶属度

一　语法结构类型的原型性质

从经验上看，一个词组 XY 到底属于哪一种语法结构类型，只是一个程度问题。倒过来说，属于同一种语法结构类型的各个词组，有的具有这种语法结构的比较多的语法结构特点，它们是这种结构的典型成员；有的具有这种语法结构的不太多的语法结构特点，它们是这种结构的非典型成员。比如，“*我们吃米饭、刘刚走了*”等词组具有主谓结构的比较多的语法变换特点，而“*前面是车站、大一点儿好看*”等词组具有主谓结构的不太多的语法变换特点。也就是说，语法结构类型是一种原型范畴，是人们根据不同的词组之间在语法表现（包括格式变换）上的相似性而聚集和抽象出来的结构模式。认识到这一点，我们就可以把语法结构的判定规则（即变换测试），转写成如下这种成套的关于语法结构类型的隶属度量表。

---

* 本课题的研究得到国家社会科学基金项目《面向内容计算的汉语语义角色知识库的研究和建设》（批准号：07AYY004）的资助，谨此致以诚挚的谢意。

二 五种语法结构的隶属度量表

下面分别列出主谓结构、述宾结构、述补结构、体词性偏正结构和谓词性偏正结构的隶属度量表。

2.1 主谓结构的隶属度量表

主谓结构的隶属度量表,由七种格式的变换测试组成:替换提问、否定表达、正反提问、是否提问、语气词插入、关联词语插入、名词化表达。

[1] **替换提问**。通得过,得20分;通不过,得0分。

S0:"X+Y"→S1:"谁/什么/哪儿/怎样+Y?"和S2:"X+怎么样/干什么/在哪儿?"

例如:(1)a. 王小平 去深圳 ~b. 谁 去深圳? ~c. 王小平 干什么?

(2)a. 老站着 不舒服 ~b. 怎样 不舒服? ~c. 老站着 怎么样?

[2] **否定表达**。通得过,得20分;通不过,得0分。

S0:"X+Y"→S3:"X+不+Y"或S4:"X+没/没有+Y"

例如:(3)a. 刘刚 开汽车 ~b. 刘刚不开汽车 ~c. 刘刚没有开汽车

[3] **正反提问**。通得过,得10分;通不过,得0分。

S0:"X+Y"→S5:"X+Y不Y?"或S6:"X+有没有+Y?"

例如:(4)a. 他们开会 ~b. 他们开会不开会? ~c. 他们有没有开会?

[4] **是否提问**。通得过,得10分;通不过,得0分。

S0:"X+Y"→S7:"X+是不是+Y?"

例如:(5)a. 价格 很便宜 ~b. 价格是不是很便宜?

[5] **语气词插入**。通得过,得10分;通不过,得0分。

S0:"X+Y"→S8:"X-呢/嘛/吧/啊+Y"

例如:(6)a. 前面 是车站 ~b. 前面啊,是车站。

[6] **关联词语插入**。通得过,得10分;通不过,得0分。

S0:"X+Y"→S9:"如果-(X+Y)"和S10:"X+如果-Y"

例如:(7)a. 衣服 晒干了 ~b. 如果衣服晒干了 ~c. 衣服如果晒干了

[7] **名词化表达**。通得过,得20分;通不过,得0分。

S0:"X+Y"→S11:"(XY)-的+Z"和{S12:"Y-的+X"或S13:"Y-的=X"或S14:"X+的+Y"}

例如:(8)a. 学生毕业了 ~b. 学生毕业了的消息 ~c. 毕业了的学生

～d. 毕业了的＝学生　～e. 学生的毕业

如果一个词组 XY 在上面这个量表上的得分高于在其他量表上的得分，那么它就属于主谓结构。

2.2　述宾结构的隶属度量表

述宾结构的隶属度量表，由七种格式的变换测试组成：替换提问、否定表达、正反提问、是否提问、时体助词插入、选择性提问、名词化表达。

［1］**替换提问。**通得过，得 20 分；通不过，得 0 分。

S0："X ＋ Y"→S1："X ＋ 谁/什么/哪儿/怎么样？"

例如：(1)a. 帮助 别人 ～　b. 帮助 谁？

(2)a. 感到 不爽 ～　b. 感到 怎么样？

［2］**否定表达。**通得过，得 20 分；通不过，得 0 分。

S0："X ＋ Y"→S2："不 ＋ (X ＋ Y)" 或 S3："没/没有＋ (X ＋ Y)"

例如：(3)a. 去 哈尔滨　～b. 不去哈尔滨　～c. 没有去哈尔滨

［3］**正反提问。**通得过，得 10 分；通不过，得 0 分。

S0："X ＋ Y" →S4："X 不 X ＋ Y？" 或 S5："有没有＋ (X ＋ Y)？"

例如：(4)a. 购买 化肥　～b. 购买不购买化肥？　～c. 有没有购买化肥？

［4］**是否提问。**通得过，得 10 分；通不过，得 0 分。

S0："X ＋ Y" →S6："是不是 ＋ (X ＋ Y)？"

例如：(5)a. 觉得 恶心　～ b. 是不是觉得恶心？

［5］**时体助词插入。**通得过，得 10 分；通不过，得 0 分。

S0："X ＋ Y" →S7："X-着/了/过 ＋ Y？"

例如：(6)a. 盖 大高楼　～b. 盖着/了/过大高楼

［6］**选择提问。**通得过，得 10 分；通不过，得 0 分。

S0："X ＋ Y" →S8："X Y ＋ (还是＋) 不 X Y？"

例如：(7)a. 喜欢 旅游　～ b. 喜欢旅游(还是)不喜欢旅游？

［7］**名词化表达。**通得过，得 20 分；通不过，得 0 分。

S0："X ＋ Y" →S9："(XY)-的 ＋ Z"和 {S10："[所-]X-的 ＋ Y"或 S11："[所-]X-的 ＝ Y"}

例如：(8)a. 修理 汽车　～b. 修理汽车的工人/地方　～c.(所)修理的汽车　～d.(所)修理的＝汽车

如果一个词组 XY 在上面这个量表上的得分高于在其他量表上的得分，那么它就属于述宾结构。

2.3 述补结构的隶属度量表

述补结构的隶属度量表，由十种格式的变换测试组成：替换提问、否定表达、“得/不”插入、“得/不”删除、正反提问、是否前置提问、是否两置提问、方式提问、性状易位、名词化表达。

[1] 替换提问。通得过，得10分；通不过，得0分。

S0：“X(-得)＋Y (了)”→S1：“X＋(-得)怎么样/哪儿(了)?”和S2：“怎么(-得)＋Y (了)?”

例如：(1)a. 煮 熟了　～b. 煮(得)怎么样了？　～c. 怎么熟了？

(2)a. 看得 很清楚　～b. 看得 怎么样？　～c. 怎么得很清楚？

[2] 否定表达。通得过，得10分；通不过，得0分。

S0：“X＋(-得＋)Y”→S3：“不＋[X＋(-得＋)Y]”或S4：“没有＋[X＋(-得＋)Y]”

例如：(3)a. 拉 走　～b. 不拉走　～c. 没有拉走

(4)a. 想得 很多　～b. *不想得很多　～c. 没有想得很多

[3] “得/不”插入。通得过，得10分；通不过，得0分。

S0：“X ＋ Y”→S5：“X ＋ -得- ＋ Y”和S6：“X ＋不＋ Y”

例如：(5)a. 看 到　～b. 看得到　～c. 看不到

(6)a. 扔 上去　～b. 扔得上去　～c. 扔不上去

[4] “得/不”删除。通得过，得10分；通不过，得0分。

S5：“X＋ -得- ＋Y”和S6：“X＋不＋Y”→S0：“X ＋ Y”

例如：(7)a. 说得清楚　～b. 说不清楚　～c. 说 清楚

(8)a. 扔得上去　～b. 扔不上去　～c. 扔 上去

[5] 正反提问。通得过，得10分；通不过，得0分。

S0：“X ＋ Y”→S7：“X-得-Y＋X不Y?”和S8：“有没有＋ X Y?”

例如：(9) a. 学 会　～b. 学得会学不会？　～c. 有没有学会？

(10)a. 扔 上去　～b. 扔得上去扔不上去？　～c. 有没有扔上去？

[6] 是否前置提问。通得过，得10分；通不过，得0分。

S0：“X ＋ Y” →S9：“是不是＋ X Y＋了?”或S10：“是不是＋ X得/不 Y?”

例如：(11)a. 看 到　～b. 是不是看到了？　～c. 是不是看得/不到？

[7] 是否两置提问。通得过，得10分；通不过，得0分。

S0：“X ＋-得＋ Y”→S11：“是不是＋ X-得 Y?”和S12：“X-得＋是不是＋Y?”

例如：(12)a. 盖得 太高　～b. 是不是盖得太高？　～c. 盖得是不是太高？

[8] 方式提问。通得过，得 10 分；通不过，得 0 分。

S0："X ＋ Y"→S13："怎么(弄) ＋ Y＋的？"和 S14："X＋Y＋的"

例如：(13)a. 切 碎　～b. 怎么(弄)碎的？　～c. 切碎的

[9] 性状易位。通得过，得 10 分；通不过，得 0 分。

S0："X ＋ 得 ＋ Y"→S15："Y-地 ＋ X"

例如：(14)a. 说得 很不清楚　～b. 很不清楚地说

[10] 名词化表达。通得过，得 10 分；通不过，得 0 分。

S0："X＋(得＋) Y"→S16："(X 得 Y)-的＋Z"和 S17："(X 得 Y)-的＝Z"

例如：(15)a. 拉 走　　～b. 拉走的警察/货物/时候　　～c. 拉走的
=警察/货物

(16)a. 喜欢得要命 ～b. 喜欢得要命的人/东西/原因　～c. 喜欢得要命的
=人/东西

如果一个词组 XY 在上面这个量表上的得分高于在其他量表上的得分，那么它就属于述补结构。

其实，上述量表中的各个变换测试，并不都适合于述补结构内部的各种小类。比如，[1]-[3]、[5]-[6]、[8]和[10]七种测试适用于粘合式述补结构，但是 [4]、[7]和[9]三种测试就不适用于粘合式述补结构；[1]-[2]、[7]和[9]-[10]五种测试适用于除了可能式之外的组合式述补结构，但是[3]-[6]和[8]五种测试就不适用于这些组合式述补结构；只有[2]、[4]-[6]和[10]五种测试适用于表示可能的组合式述补结构，但是[1]、[3]和[7]-[9]五种测试就不适用于这种组合式述补结构。也就是说，由于述补结构内部各种小类在构造方式上的差异，因而我们必须为它们分别设计不同的隶属度量表。

下面，我们将分别给出三套不同小类的述补结构的隶属度量表：a. 粘合式述补结构的隶属度量表、b. 除了可能式之外的组合式述补结构的隶属度量表、和 c. 表示可能的组合式述补结构的隶属度量表。如果一个词组 XY 在这些量表中的某一个量表上的得分高于在其他量表上的得分，那么它就属于这种小类的述补结构。最终，这个词组 XY 也自然属于述补结构。

2.3.1　粘合式述补结构的隶属度量表

粘合式述补结构的隶属度量表，由七种格式的变换测试组成：替换提问、否定表达、"得/不"插入、正反提问、是否前置提问、方式提问、名词化表达。

[1] 替换提问。通得过，得 20 分；通不过，得 0 分。

S0:"X+Y (了)"→S1:"X+(-得)怎么样/哪儿(了)?"和 S2:"怎么+ Y (了)?"

例如:(1)a. 煮 熟了　　～b. 煮(得)怎么样了?　～c. 怎么熟了?

(2)a. 爬回去了　～b. 爬 哪儿了?　～c. 怎么回去了?

[2] 否定表达。通得过,得 10 分;通不过,得 0 分。

S0:"X+Y"→S3:"不+[X+Y]"或 S4:"没有+[X+Y]"

例如:(3)a. 拉 走　　～b. 不拉走　　～c. 没有拉走

(4)a. 想 明白　～b. *不想明白　～c. 没有想明白

[3] "得/不"插入。通得过,得 20 分;通不过,得 0 分。

S0:"X + Y"→S5:"X + -得- + Y"和 S6:"X +不+ Y"

例如:(5)a. 看 到　　～b. 看得到　　～c. 看不到

(6)a. 扔 上去　　～b. 扔得上去　　～c. 扔不上去

[4] 正反提问。通得过,得 10 分;通不过,得 0 分。

S0:"X + Y"→S7:"X-得-Y+X 不 Y?"和 S8:"有没有+ X Y?"

例如:(7)a. 学 会　　～b. 学得会学不会?　　～c. 有没有学会?

(8)a. 扔 上去　　～b. 扔得上去扔不上去?　　～c. 有没有扔上去?

[5] 是否前置提问。通得过,得 10 分;通不过,得 0 分。

S0:"X + Y"→S9:"是不是+ X Y+了?"或 S10:"是不是+ X 得/不 Y?"

例如:(9)a. 看 到　～b. 是不是看到了?　～c. 是不是看得/不到?

[6] 方式提问。通得过,得 20 分;通不过,得 0 分。

S0:"X + Y" →S11:"怎么(弄) + Y+的?"和 S12:"X+Y+的"

例如:(10)a. 切碎　～b. 怎么(弄)碎的?　～c. 切碎的

[7] 名词化表达。通得过,得 10 分;通不过,得 0 分。

S0:"X+Y"→S13:"(X+Y)-的+Z"和 S14:"(X+Y)-的=Z"

例如:(11)a. 拉 走 ～b. 拉走的警察/货物/时候 ～c. 拉走的=警察/货物

如果一个词组 XY 在上面这个量表上的得分高于在其他量表上的得分,那么它就属于粘合式述补结构。

2.3.2 组合式述补结构的隶属度量表

可能式之外的组合式述补结构的隶属度量表,由五种格式的变换测试组成:替换提问、否定表达、是否两置提问、性状易位、名词化表达。

[1] 替换提问。通得过,得 20 分;通不过,得 0 分。

S0:"X-得+Y (了)"→S1:"X-得+怎么样(了)?"和 S2:"怎么-得+ Y (了)?"

例如：(1)a. 摔得 变形了 ～b. 摔得怎么了？ ～c. 怎么得变形了？

(2)a. 看得 很清楚 ～b. 看得怎么样？ ～c. 怎么得很清楚？

[2] **否定表达**。通得过，得 20 分；通不过，得 0 分。

S0："X＋(-得＋)Y"→S3："不＋[X＋(-得＋)Y]"或 S4："没有＋[X＋(-得＋)Y]"

例如：(3)a. 冷得 发抖 ～b. ？不冷得发抖 ～c. 没有冷得发抖

(4)a. 想得 很多 ～b. *不想得很多 ～c. 没有想得很多

[3] **是否两置提问**。通得过，得 20 分；通不过，得 0 分。

S0："X ＋-得＋ Y"→S5："是不是＋ X-得 Y?"和 S6："X-得＋是不是＋Y?"

例如：(5)a. 盖得 太高 ～b. 是不是盖得太高？ ～c. 盖得是不是太高？

[4] **性状易位**。通得过，得 20 分；通不过，得 0 分。

S0："X ＋ -得 ＋ Y"→S7："Y-地 ＋ X"

例如：(6)a. 说得 很不清楚 ～b. 很不清楚地说

[5] **名词化表达**。通得过，得 20 分；通不过，得 0 分。

S0："X-得＋ Y"→S8："(X-得 Y)-的＋Z"和 S9："(X-得 Y)-的＝Z"

例如：(7)a. 码得很齐 ～b. 码得很齐的人/书/时候 ～c. 码得很齐的＝人/书

(8)a. 喜欢得要命 ～b. 喜欢得要命的人/东西/原因 ～c. 喜欢得要命的＝人/东西

如果一个词组 XY 在上面这个量表上的得分高于在其他量表上的得分，那么它就属于可能式之外的组合式述补结构。

2.3.3 可能式述补结构的隶属度量表

可能式述补结构的隶属度量表，由五种格式的变换测试组成："得/不"删除、正反转化、正反叠加、是否前置提问、名词化表达。

[1] **"得/不"删除**。通得过，得 20 分；通不过，得 0 分。

S1："X＋ -得- ＋Y"→S0："X ＋ Y"或 S2："X＋不＋Y"→S0："X ＋ Y"

例如：(1)a. 说得清楚 ～b. 说清楚

(2)a. 扔不上去 ～b. 扔上去

[2] **正反转化**。通得过，得 20 分；通不过，得 0 分。

S1："X＋ -得- ＋Y"→S2："X＋不＋Y"或 S2："X＋不＋Y"→S1："X＋ -得- ＋Y"

例如：(3)a. 拉得走 ～b. 拉不走

(4)a. 想不清 ～b. 想得清

[3] **正反叠加**。通得过，得 20 分；通不过，得 0 分。

S1:"X+ -得- +Y"或 S2:"X+不+Y"→S3:"X-得-Y+X 不 Y?"

例如:(5)a. 学得会　　～b. 学得会学不会?

(6)a. 扔不上去　　～b. 扔得上去扔不上去?

[4] **是否前置提问。**通得过,得 20 分;通不过,得 0 分。

S1/S2:"X + 得/不 + Y"→S4:"是不是+ (X+得/不+Y)?"

例如:(7)a. 看得到　　～b. 是不是看得到?

(8)a. 说不出　　～b. 是不是说不出?

[5] **名词化表达。**通得过,得 20 分;通不过,得 0 分。

S1/S2:"X+得/不+ Y"→S5:"(X 得/不 Y)-的+Z"和 S6:"(X 得/不 Y)-的=Z"

例如:(9) a. 跑得快　～b. 跑得快的警察/时候　～c. 跑得快的=警察

(10)a. 想不开　～b. 想不开的老人/原因　～c. 想不开的-老人

如果一个词组 XY 在上面这个量表上的得分高于在其他量表上的得分,那么它就属于可能式述补结构。

2.4 体词性偏正结构的隶属度量表

体词性偏正结构的隶属度量表,由七种格式的变换测试组成:核心替代、替换提问、性状判断、指代回答、是否提问、存在否定、修饰化表达。

[1] **核心替代。**通得过,得 10 分;通不过,得 0 分。

S0:"(……)X + Y(……)" →S1:"(……)Y(……)"

例如:(1)a. 脏 衣服(洗干净了)　～b. [ ]衣服(洗干净了)

(2)a. (保护)公社的 羊群　～b. (保护)[ ]羊群

[2] **替换提问。**通得过,得 20 分;通不过,得 0 分。

S0:"X + Y"→S2:"谁/什么(样)的/哪儿/多少+ Y?"和 S3:"X(的) + 什么?"

例如:(3)a. 塑料 拖鞋　～b. 什么(样的)拖鞋?　～c. 塑料的什么?

(4)a. 熬药的 陶罐　～b. 干什么用的陶罐?　～c. 熬药的什么?

[3] **性状判断。**通得过,得 20 分;通不过,得 0 分。

S0:"X + Y"→S4:"Y + 是 + X(的)"

例如:(5)a. 脏 衣服　　～b. 衣服是脏的

(6)a. 三张 报纸　　～b. 报纸是三张

[4] **指代回答。**通得过,得 10 分;通不过,得 0 分。

S0:"X + Y"→S5:"这/那是+什么?"和 S6:"这/那是 + (X + Y)"

例如:(7)a. 清代的 银票　～b. 那是什么?　～c. 那是清代的银票。

[5] 是否提问。通得过,得 10 分;通不过,得 0 分。

S0:"X + Y"→S7:"这/那+是不是+ (X + Y)?"

例如:(8)a. 公社的 羊群 ~ b. 这是不是公社的羊群?

[6] 存在否定。通得过,得 10 分;通不过,得 0 分。

S0:"X + Y"→S8:"有/没有+ (X + Y)"和 S9:"有没有+ (X + Y)?"

例如:(9)a. 塑料 拖鞋 ~b. 有/没有塑料拖鞋 ~b. 有没有塑料拖鞋?

[7] 修饰化表达。通得过,得 20 分;通不过,得 0 分。

S0:"X + Y"→S10:"(XY)-的 + Z"和 S11:"(XY)-的 ≠Z"

例如:(10)a. 熬药的 陶罐 ~b. 熬药的陶罐的盖子 ~c. 熬药的陶罐的≠盖子

(11)a. 清代的 银票 ~b. 清代的银票的价格 ~c. 清代的银票的≠价格

如果一个词组 XY 在上面这个量表上的得分高于在其他量表上的得分,那么它就属于体词性的偏正结构。

2.5 谓词性偏正结构的隶属度量表

谓词性偏正结构的隶属度量表,由十种格式的变换测试组成:核心替代、回答疑问、整体指代回答、局部指代回答、替换提问、性状易位、否定表达、正反提问、是否提问、名词化表达。

[1] 核心替代。通得过,得 10 分;通不过,得 0 分。

S0:"(……)X + Y" →S1:"(……)Y"

例如:(1)a. (他们)认真 学习 ~b. (他们)[ ]学习

(2)a. (吓得)哇哇地 大哭 ~b. (吓得)[ ]大哭

[2] 回答疑问。通得过,得 10 分;通不过,得 0 分。

S0:"(……)X + Y" →S2:"(……)怎么样?"

例如:(3)a. (部队)马上 集合 ~b. (部队)怎么样?

(4)a. (扫得)十分 干净 ~b. (扫得)怎么样?

[3] 整体指代回答。通得过,得 10 分;通不过,得 0 分。

S0:"X + Y"→S3:"(X + Y)+怎么样?"和 S4:"这样/那样+(不)好"

例如:(5)a. 科学地管理怎么样? ~b. 这样好

(6)a. 都安排妥当了怎么样? ~b. 这样好

[4] 局部指代回答。通得过，得 10 分；通不过，得 0 分。

S0："X＋Y"→S5："这样/那样＋Y＋怎么样？"和 S6："这样/那样＋Y＋(不)好"

例如：(7)a. 有组织地 游行　～b. 那样游行怎么样？　～c. 那样游行不好

(8)a. 哇哇地 大哭　～b. 这样大哭怎么样？　～c. 这样大哭不好

[5] 替换提问。通得过，得 10 分；通不过，得 0 分。

S0："X＋Y"→S7："怎么(样)＋ Y?"和 S8："X ＋怎么/做什么？"

例如：(9) a. 科学地 管理　～b. 怎么样管理？　～c. 科学地做什么？

(10)a. 十分 干净　～b. 怎么样干净？　～c. 十分怎么样？

[6] 性状易位。通得过，得 10 分；通不过，得 0 分。

S0："X＋Y"→S9："Y ＋得＋ X"

例如：(11)a. 认真 学习　～b. 学习得认真

(12)a. 哇哇地 哭　～b. 哭得哇哇的

[7] 否定表达。通得过，得 10 分；通不过，得 0 分。

S0："X＋Y"→S10："不 ＋ (X ＋ Y)"或 S11："没/没有＋ (X ＋ Y)"

例如：(13)a. 马上集合　～b. 不马上集合　～c. 没有马上集合

(14)a. 非常讨人喜欢　～b. 不非常讨人喜欢　～c. ？没有非常讨人喜欢

[8] 正反提问。通得过，得 10 分；通不过，得 0 分。

S0："X＋Y"→S12："Y，＋ 有没有＋ (X ＋ Y)？"

例如：(15)a. 马上集合　～ b. 集合，有没有马上集合？

(16)a. 都安排妥当了　～ b. 安排妥当，有没有都安排妥当了？

[9] 是否提问。通得过，得 10 分；通不过，得 0 分。

S0："X＋Y"→S13："Y，＋ 是不是 ＋ (X ＋ Y)？"

例如：(17)a. 非常讨人喜欢　～ b. 讨人喜欢，是不是非常讨人喜欢？

(18)a. 已经上交国家　～ b. 上交国家，是不是已经上交国家？

[10] 名词化表达。通得过，得 10 分；通不过，得 0 分。

S0："X＋Y"→S14："(XY)-的 ＋ Z"和 S15："(XY)-的 ＝ Z"

例如：(19)a. 认真学习　～b. 认真学习的人/时候　～c. 认真学习的＝人

(20)a. 居然出国旅游　～b. 居然出国旅游的人/单位　～c. 居然出国旅游的＝单位

如果一个词组 XY 在上面这个量表上的得分高于在其他量表上的得分，那么它就属于谓词性偏正结构。

三 关于语法结构隶属度量表的说明

关于上面的语法结构的隶属度量表，有两点需要说明：

第一，两个变换式之间的“和”表示合取(conjunction)关系，即要求词组 XY 同时满足这两种格式变换；两个变换式之间的“或”表示析取(disjunction)关系，即只要求词组 XY 满足其中一种格式变换即可。

第二，一个词组 XY 的“通得过”或“通不过”某种变换测试，采用 5 点式标尺的取值方式。也就是说，我们把一个词组 XY 能否通过某种变换测试的情况，分为五个等级：

通得过—倾向于通得过—两可—倾向于通不过—通不过。

相应的得分情况是：

高点 — 半高点 — 中点 — 半低点 — 低点。

比如：20 分 — 15 分 — 10 分 — 5 分 — 0 分。

四 怎样用量表来测定词组的语法结构类型

为了展示怎样使用语法结构的隶属度量表，来测定一个词组的语法结构类型，下面，我们以“敢于创新、大加赞扬、到处是鲜花、听不太清楚”等四个词组为例子[①]，用上文提供的量表来测定它们的语法结构类型。

例示一：“敢于创新”的语法结构类型的测量

(一)对于述宾结构的适应情况：

(1)替换提问测试，通得过，得 20 分。

例如：敢于创新 →敢于怎么样？

(2)否定表达测试，通得过，得 20 分。

例如：敢于创新 →不敢于创新，就不会有突破。

(3)正反提问测试，通得过，得 10 分。

例如：敢于创新 →敢于不敢于创新，这就要看你了。

(4)是否提问测试，通得过，得 10 分。

例如：敢于创新 →是不是敢于创新，跟一个人的性格有关。

---

① 例子“听不太清楚”，引自北京大学中文系现代汉语教研室(1993)《现代汉语》，练习八之五、六题，第 328－329 页。

(5)时体助词插入测试,通不过,得0分。

例如:敢于创新 →*敢于着/了/过创新

(6)选择提问测试,通得过,得10分。

例如:敢于创新 →敢于创新还是不敢于创新,结果很不一样。

(7)名词化表达测试,通不过,得0分。

例如:敢于创新 →敢于创新的年代/厂长 ～*(所)敢于的(创新)

(二)对于谓词性偏正结构的适应情况:

(1)核心替代测试,通得过还是通不过不明确,得5分。

例如:(他们)敢于创新 →?(他们)创新

(2)回答疑问测试,通得过,得10分。

例如:(他们)怎么样?→(他们)敢于创新。

(3)整体指代回答测试,通得过,得10分。

例如:敢于创新 →敢于创新怎么样? ～这样好。

(4)局部指代回答测试,通不过,得0分。

例如:敢于创新 →*那样创新怎么样? ～*那样创新好。

(5)替换提问测试,通不过,得0分。

例如:敢于创新 →*怎么样创新? ～敢于怎么样?

(6)性状易位测试,通不过,得0分。

例如:敢于创新 →*创新得敢于

(7)否定表达测试,通得过,得10分。

例如:敢于创新 →不敢于创新,就不会有突破。

(8)正反提问测试,通不过,得0分。

例如:敢于创新 →*创新,有没有敢于创新?

(9)是否提问测试,通不过,得0分。

例如:敢于创新 →*创新,是不是敢于创新?

(10)名词化表达测试,通得过,得10分。

例如:敢于创新 →敢于创新的年代/厂长 ～敢于创新的＝厂长

结论:述宾结构,得分70分;谓词性偏正结构,得分45分。比较起来,把“敢于创新”判定为述宾结构相对稳妥,于是,其中的“敢于”的语法功能是述语,而不是状语。

例示二:“大加赞扬”的语法结构类型的测量

(一)对于述宾结构的适应情况:

(1)替换提问测试,通得过,得20分。

例如：大加赞扬 →大加怎么样？

(2)否定表达测试，通得过，得 20 分。

例如：大加赞扬 →不/没有大加赞扬

(3)正反提问测试，通得过，得 10 分。

例如：大加赞扬 →＊大加不大加赞扬？～有没有大加赞扬？

(4)是否提问测试，通得过，得 10 分。

例如：大加赞扬 →是不是大加赞扬？

(5)时体助词插入测试，通不过，得 0 分。

例如：大加赞扬 →＊大加着/了/过赞扬

(6)选择提问测试，倾向于通得过，得 7 分。

例如：大加赞扬 →大加赞扬还是不大加赞扬？

(7)名词化表达测试，通不过，得 0 分。

例如：大加赞扬 →大加赞扬的时候/老师～＊(所)大加的(赞扬)

(二)对于谓词性偏正结构的适应情况：

(1)核心替代测试，通不过，得 0 分。

例如：(他们对此)大加赞扬 →＊(他们对此)赞扬

(2)回答疑问测试，通得过，得 10 分。

例如：(他们)怎么样？→(他们)大加赞扬。

(3)整体指代回答测试，倾向于通不过，得 3 分。

例如：大加赞扬 →？大加赞扬怎么样？～这样不好。

(4)局部指代回答测试，倾向于通不过，得 3 分。

例如：大加赞扬 →？那样赞扬怎么样？～？那样赞扬不好。

(5)替换提问测试，通得过，得 10 分。

例如：大加赞扬 →怎么样赞扬？～大加怎么样？

(6)性状易位测试，通不过，得 0 分。

例如：大加赞扬 →＊赞扬得大加

(7)否定表达测试，通得过，得 10 分。

例如：大加赞扬 →不/没有大加赞扬

(8)正反提问测试，通得过还是通不过不明确，得 5 分。

例如：大加赞扬 →？赞扬，有没有大加赞扬？

(9)是否提问测试，通得过还是通不过不明确，得 5 分。

例如：大加赞扬 →？赞扬，是不是大加赞扬？

(10)名词化表达测试,通得过,得10分。

例如:大加赞扬 →大加赞扬的时候/老师～大加赞扬的=老师

结论:述宾结构,得分67分;谓词性偏正结构,得分56分。可见,“大加赞扬”的结构类型比较模糊,介于述宾结构和偏正结构之间,但是更倾向于述宾结构,于是,其中的“大加”的语法功能也是介于述语和状语之间,但是更倾向于述语。究其原因,“大加”在意义和功能上,一方面跟形式动词“加以”比较接近,可以带谓词性宾语;另一方面,又跟“大力”等副词有点儿相似,可以作方式状语去修饰谓词性成分。不过,从发展趋势上看,“大加”很有可能从动词演变为副词。

例示三:“到处是鲜花”的语法结构类型的测量

(一)对于主谓结构的适应情况:

(1)替换提问测试,通得过还是通不过不明确,得10分。

例如:到处是鲜花 →? 哪儿是鲜花? ～? 到处怎么样?

(2)否定表达测试,通不过,得0分。

例如:到处是鲜花 →*到处不/没有是鲜花

(3)正反提问测试,通不过,得0分。

例如:到处是鲜花 →*到处是鲜花不是鲜花? ～*到处有没有是鲜花?

(4)是否提问测试,通不过,得0分。

例如:到处是鲜花 →*到处是不是(是)鲜花?

(5)语气词插入测试,通得过,得10分。

例如:到处是鲜花 →到处啊,是鲜花。

(6)关联词语测试,倾向于通得过,得7分。

例如:到处是鲜花 →如果到处是鲜花～? 到处如果是鲜花

(7)名词化表达测试,通不过,得0分。

例如:到处是鲜花→到处是鲜花的地方～*是鲜花的(到处)～*到处的是鲜花

(二)对于谓词性偏正结构的适应情况:

(1)核心替代测试,通得过还是通不过不明确,得5分。

例如:(街头)到处是鲜花 →? (街头)是鲜花

(2)回答疑问测试,通得过,得10分。

例如:(街头)怎么样? →(街头)到处是鲜花

(3)整体指代回答测试,通得过还是通不过不明确,得5分。

例如:到处是鲜花 →? 到处是鲜花怎么样? ～这样好。

(4)局部指代回答测试,通不过,得0分。

例如：到处是鲜花 →＊那样是鲜花怎么样？～＊那样是鲜花不好。

(5)替换提问测试，通不过，得0分。

例如：到处是鲜花 →＊怎么样是鲜花？～？到处怎么样？

(6)性状易位测试，通不过，得0分。

例如：到处是鲜花 →＊是鲜花得到处

(7)否定表达测试，倾向于通不过，得3分。

例如：到处是鲜花 →＊不到处是鲜花～？没有到处是鲜花

(8)正反提问测试，通不过，得0分。

例如：到处是鲜花 →＊是鲜花，有没有到处是鲜花？

(9)是否提问测试，通不过，得0分。

例如：到处是鲜花 →＊是鲜花，是不是到处是鲜花？

(10)名词化表达测试，通得过，得10分。

例如：到处是鲜花 →到处是鲜花的城市～到处是鲜花的＝城市

结论：主谓结构，得分27分；谓词性偏正结构，得分33分。可见，"到处是鲜花"的结构类型比较模糊，介于主谓结构和偏正结构之间，但是更倾向于偏正结构，于是，其中的"到处"的语法功能也是介于主语和状语之间，但是更倾向于状语。

例示四："听不太清楚"的语法结构类型的测量

(一)对于可能式述补结构的适应情况：

(1)"得/不"删除测试，通不过，得0分。

例如：听不太清楚 →＊听太清楚

(2)正反转化测试，通不过，得0分。

例如：听不太清楚 →＊听-得-太清楚

(3)正反叠加测试，通不过，得0分。

例如：听不太清楚 →＊听-得-太清楚听不太清楚？

(4)是否前置提问测试，通得过，得20分。

例如：听不太清楚 →是不是听不太清楚？

(5)名词化表达测试，通得过，得20分。

例如：听不太清楚 →听不太清楚的时候/人～听不太清楚的＝人

(二)对于组合式述补结构的适应情况：

(1)替换提问测试，通得过，得20分。

例如：听不太清楚 →听得怎么样？～怎么得不太清楚？

(2)否定表达测试，通不过，得0分。

例如：听不太清楚 →＊不听(得)不太清楚说～＊没有听(得)不太清楚

(3)是否两置提问测试，通不过，得 0 分。

例如：听不太清楚 →是不是听不太清楚？～＊听是不是不太清楚？

(4)性状易位测试，通不过，得 0 分。

例如：听不太清楚 →＊不太清楚地听

(5)名词化表达测试，通得过，得 20 分。

例如：听不太清楚 →听不太清楚的时候/人～听不太清楚的＝人

结论：可能式述补结构，得分 40 分；组合式述补结构，得分 40 分。可见，“听不太清楚”的结构类型比较模糊，介于可能式述补结构和组合式述补结构之间，于是，其中“不太清楚”的语法功能也是介于可能补语和状态补语之间。更加稳妥的处理是，把“听不太清楚”看作是一个歧义结构：作为可能式述补结构，“听不太清楚”的意思是‘不能听得太清楚’；作为表示状态的组合式述补结构，“听不太清楚”的意思是‘听得不太清楚’，可以看作是“听得不太清楚”的紧缩形式。这样，两种意义分别跟两种结构相对应。并且，因为可能补语一般只能是简单形式(词)、不能是复杂形式(词组)，所以“听不太清楚”是可能式述补结构的非典型成员；因为状态补语一般要求其述语带后缀“-得”，所以“听不太清楚”是表示状态的述补结构的非典型成员。因此，“听不太清楚”在这两种结构上的得分都比较低。

参考文献

北京大学中文系现代汉语教研室 (1993)《现代汉语》，商务印书馆。

吕叔湘 (1942/1982)《中国文法要略》，商务印书馆。

袁毓林 (1995) 谓词隐含及其句法后果，《中国语文》第 4 期；收入袁毓林(1998)，第 166－193 页。

袁毓林 (1998)《语言的认知研究和计算分析》，北京大学出版社。

袁毓林 (2003) 从焦点理论看句尾“的”的句法语义功能，《中国语文》第 1 期。

袁毓林 (2008)《怎样判定语法结构的类型》，手稿。

朱德熙 (1978) “的”字结构和判断句，《中国语文》第 1 期、第 2 期；收入朱德熙(1980)，第 125－150 页。

朱德熙 (1980)《现代汉语语法研究》，商务印书馆。

朱德熙 (1982)《语法讲义》，商务印书馆。

朱德熙 (1983) 自指和转指，《方言》第 1 期；收入朱德熙(1990)，第 55－84 页。

朱德熙 (1985)《语法答问》，商务印书馆。

朱德熙 (1990)《语法丛稿》，上海教育出版社。

Chao Yuen Ren (1968) *A Grammar of Spoken Chinese*, University of California Press.

(100871 北京，北京大学考古文博学院/赛克勒考古与艺术博物馆)

“在 N 的 V 下”中 V 的特点及其与“N 的 V”的关系*

——兼论介词框架对短语构成的影响

陈昌来　段佳佳

摘　要：本文用发展的观念考察了介词框架“在 N 的 V 下”中 V 的句法特点和语义特点，并通过“在 N 的 V 下”与“N 的 V”比较，说明介词框架“在 N 的 V 下”自身的构式义对进入“在 N 的 V 下”的“N 的 V”有一定的制约作用，以进一步阐述介词框架“在 N 的 V 下”的性质和构成特点。

关键词：介词框架；在 N 的 V 下；构式义

一　引言

介词框架（陈昌来 2002b）“在 N 的 V 下”是由偏正短语“N 的 V”置于由介词（前置词）“在”和方位词（后置词）“下”组合而成的介词框架“在……下”中间形成的，如“在领导的鼓励下”、“在老师的帮助下”、“在组织的安排下”、“在小提琴的伴奏下”等，介词框架“在 N 的 V 下”在句子中主要表示条件关系，可细分为致使条件关系、单纯条件关系、背景弱条件关系（陈昌来、段佳佳 2007）。由于“在 N 的 V 下”是由“N 的 V”置于“在……下”中间构成的，那么，是不是所有的“N 的 V”都可以进入“在……下”介词框架？或者说“在……下”介词框架对框架中的“N 的 V”有没有制约呢？本文拟考察“在 N 的 V 下”中 V 的特点，并通过对“N 的 V”和“在 N 的 V 下”的比较，来分析介词框架对框架内部组成成分的影响。

---

* 本文为国家社科基金项目“汉语‘介词框架’的历时、共时及比较研究”（05BYY001）的部分成果，本项研究同时受到上海市高校文科重点研究基地“应用语言学研究所”资助，基地编号：SJ0705。

二 “在N的V下”中的V

2.1 既往的研究

在既往的研究中，权正容(1995)从结构特点和语义上对“在X下”格式进行了细致的分析，他以孟琮等主编的《动词用法词典》(1987)为考察对象，认为在该词典所收的688个双音节动词中，可以进入“在N的V下”结构的大约有175个，占全部双音节动词的25%，并认为其中最容易进入此结构的是可以构成兼语式的双音节动词，有些动词虽然不能构成兼语式，但是它们的动作可以对主语的行为产生一定的影响。邓永红(1999)以林杏光等主编的《现代汉语动词大词典》为考察对象，认为该词典的2326个动词中的209个动词能进入“在N的V下”结构，且这209个动词都是双音节动词。

权正容(1995)和邓永红(1999)都把“在N的V下”结构看作条件，把主句看作结果，整个句子表示一种“条件+结果”关系，认为“在N的V下”结构中的V都是“弱动性”的动词。

2.2 “在N的V下”中V的句法特点

2.2.1 V的扩展化趋势

我们依然以孟琮等主编的《动词用法词典》为参照，考察“在N的V下”中V的特点。经过对实际语料的统计，发现《动词用法词典》中可以进入“在N的V下”结构的双音节动词的数量达到378个，占全部双音节动词的55%，是权正容(1995)当年的统计数字的两倍多。这一结论说明，在汉语近10年的发展过程中，“在N的V下”结构中动词的使用范围有扩大的趋势，而且发展速度比较快。

权正容(1995)统计出的动词主要分成两类，首先是可以构成兼语式的双音节动词，例如：

安排、帮助、动员、鼓励、号召、介绍、领导、催促、引导、煽动、督促、强迫、指挥、阻挡、允许、支持、指导、制止、准许、阻止、命令、培养、启发、请求、率领、说服、提拔、提醒、推荐、限制、要求、邀请、引诱、拥护……

这些动词都有一个共同的特点，即，它们在“在N的V下”结构中表示N通过V这个动作，对句子中的主语产生直接促使他们做出某种行动的作用，我们把这种作用称为“促动”作用，其中大部分可以转换成相应的兼语句。例如：

(1)在县委的安排下,全县开展了“手拉手献爱心”活动。

→ 县委安排全县展开“手拉手献爱心”活动。

(2)在幼儿园教室里,孩子们在老师的指导下,随着音乐跳舞,做游戏。

→在幼儿园教室里,老师指导孩子们随着音乐跳舞,做游戏。

在这些动词构成的“在N的V下”结构中,由于动词的“促动性”,因此定语N一般是具有主观能动性的指人名词或人称代词,也可以是“学校、国家、政府、省里、市里、部里、局里、团里、队里”之类可以转指相应的机构成员或首脑的名词。

一些动词本身虽然不带有“促动性”,但是动词的动作行为的实施可能会对其他人或事物产生一些影响,从而产生一定的结果。如:

安慰、包围、表扬、保护、剥削、驳斥、补充、筹备、监督、努力、坚持、控制、观察、处理、打击、调查、斗争、改造、核对、解释、进攻、警告、联络、指示、盘问、交涉、侵略、维护、协商、宣传、审问、欺骗……

比如,“安慰”可以使某人的心情由差转好,“审问”可以使某人吐露或回顾事实真相,“剥削”会使某人或某些人生活陷入困境。例如:

(3)小虎子在世纬的百般安慰下,似乎也已平静了。

(4)在法官严峻的审问下,他不得不回首从市长到囚犯的轨迹……

(5)解放前,在帝国主义、封建主义和官僚资本主义的残酷压迫和剥削下,滇中……的各族人民,世代处于被掠夺、受奴役的悲惨境地。

通过与权正容(1995)的研究结论比较,我们发现“在N的V下”中动词V的范围在10多年的发展过程中扩大了。我们有理由推测,在10多年的汉语发展过程中,可以进入“在N的V下”中的动词已经逐渐增添了一些新的特点,从而丰富和扩大了“在N的V下”中动词的范围。那么这些新的特点和变化是什么呢?

我们发现,权正容(1995)指出的两类动词有三个共同的特点,它们都是及物动词、自主动词、能自由运用的动词。但经过考察发现,目前能进入“在N的V下”中的动词出现了一些新的特点,表现为:

2.2.1.1 V从自主动词扩展到非自主动词

首先,目前一些非自主动词可以进入“在N的V下”结构。例如:

(6)在一般人的误解下,达尔文的理论饱尝曲解与误会。

(7)彩色长筒袜配黑色长裙:在迷你裙的一再流行下,彩色袜子就更彰显它的要义了。

在例(6)和(7)中,“误解”和“流行”都属于典型的非自主动词。在实际语料检索中,发现“传染、忽视、连累、蒙蔽、侵蚀、缺乏、呈现、损害、制约”等非自主动词也可以进入

"在N的V下"介词框架中了。

2.2.1.2 V从及物动词扩展到不及物动词

就实际语料检索来看,目前能进入"在N的V下"介词框架中的V出现了部分不及物动词。例如:

伴奏、奔走、变化、冲突、簇拥、捣乱、躲藏、奋斗、活动、互助、加油、唠叨、劳动、念叨、妥协、训练、挣扎、折腾、运作、助威、作用……

例句如:

(8)在420名球迷的助威下,拜仁女足分别由鲍娜赫、埃格内尔和布尔基打入4粒进球。

(9)他事后告诉救援人员,当时自己的头已经被大白鲨咬住,但是在他的拼命挣扎下,他又从大白鲨的嘴里脱险。

(10)在母亲的唠叨下,他加入考研大军,投入到艰难的考研复习中。

"助威"、"挣扎"、"唠叨"等都是典型的不及物动词。

2.2.1.3 V从能自由运用动词扩展到需添加状语才能进入的动词

在实际语料检索中,我们发现,有部分动词单独进入"在N的V下"时,语感上会显得很牵强,但是加上状语后就显得很自然,因此实际使用中往往倾向于加上状语。例如:

(11)他们都是在不经意间被发现长得像明星,后来在自己的刻意模仿下成为职业的"明星脸"的。

*他们都是在不经意间被发现长得像明星,后来在自己的模仿下成为职业的"明星脸"的。

(12)在他的斤斤计较下,郝海东也开始犯错……。

*在他的计较下,郝海东也开始犯错……。

例子(11)和(12)加"*"的句子,去掉了原句动词V前的状语,"在N的V下"就不能成立。这类动词还如"利用、联络、练习、强调、设计、收集、投入、主张"等。

总之,相比权正容(1995)的研究,目前能进入"在N的V下"结构中的动词范围扩大了。

2.3 "在N的V下"中V的语义特点

2.3.1 V含语用规定内容

能进入"在N的V下"介词框架中的动词几乎都是书面语色彩较厚的双音节动词,

而且它们都有一个很鲜明的语义特点，即，它们都在词汇意义中凝聚了"语用规定内容"(张伯江2002)，从而限制了这些动词的语用范围。我们以动词"问"为例，"问"在语义上表示有不知道或不明白的事情或道理请人解答。"问"的语义比较宽泛，适应于各种不同的语境，可以问年长的人，也可以问年幼的人；可以上级问下级，也可以下级问上级，可以是关切的问，也可以是责备的问等等。而双音词"责问"和"审问"就不同了，"责问"是用责备或不满的口气问。"审问"即"审讯"，是公安机关、检察机关或法院向民事案件中的当事人或刑事案件中的自诉人、被告人查问有关案件的事实。事实上，审问(审讯、查问)的对象主要是犯罪嫌疑人。这里"责备的口气"是"责问"的语用规定内容，而特定的主、客体是"审问"的语用规定内容。"问"需要在不同的语境中获得不同的语用规定内容，而对于"责问"和"审问"来说，语用规定内容已经凝结在词汇意义中了。我们可以看一下实例：

(13)今春化肥大涨价……农民纷纷责问政府，去年出台的保护农业的政策还生不生效?

(14)曾导致英国巴林银行倒闭的该银行驻新加坡经纪人里森十三日在德国法兰克福接受地方检察官的审问。

例(13)中，农民"责问"政府是表达他们的一种不满情绪；而例(14)中"审问"的主体是"地方检察官"，客体是嫌疑人"曾导致英国巴林银行倒闭的该银行驻新加坡经纪人里森"。由此可见，"责问"和"审问"出现的语境都符合它们的语用规定内容。如果脱离了相符的语境，它们就无法得到运用。下面的句子都不能用"审问"或"责问"替代谓语"问"。

(15)在宁河县演出，演员们发现一个孩子独自坐在教室里，问他为何不去看戏，他说："我眼睛看不见，坐在这里听。"

(16)我们的轿车工业刚刚起步，城市里的大小道路已经没有多少空间了。人们不禁要问：发展轿车工业，路在何方?

只有具有一定的语用规定内容的双音节词才可以进入介词框架"在N的V下"中，如：

(17)在农民的责问下，地方政府才出台粮价保护的具体政策。

(18)在地方检察官的审问下，里森慢慢说出事情的真相。

例(17)、(18)的"责问"和"审问"都不能换成"问"。

2.3.2 "在N的V下"中的V属于下位词

介词框架"在N的V下"中的V属于一个语义场的下位词。在一个语义场内部有不同的层次，即上位词(hyponym)和下位词(hypernym)，它们是一对相互概念。上位词必有与其对应的下位词，下位词也必有其上位词。例如，火车、电车、汽车、自行车、三轮车都属于"交通工具"这个语义场，在这个语义场内它们是"车子"的下位词，"车子"是它们的上位词。

介词框架"在N的V下"中的V属于一个语义场的下位词。V的这个特点也与它含有较多的语用规定内容是一致的。这些凝结了语用规定内容的动词往往没有它的下位词，而很容易找到它的上位词；那些少有语用规定性的动词，则很容易找到具有进一步语用规定性的下位词。如"问"是一个表示基本层次范畴的词，"责问"和"审问"是这个基本层次范畴的下位词。我们再以"求"为例，它的下位词有"恳求"、"哀求"、"请求"等，这些下位词都可以构成"在N的V下"介词框架，而上位词"求"不可以。例如：

(19)在女朋友的苦苦哀求下，我放下手头的工作，到娱乐场玩玩。

* 在女朋友的苦苦求下，我放下手头的工作，到娱乐场玩玩。

(20)在博古、王明的请求下，共产国际执行委员会将他派到中国。

* 在博古、王明的求下，共产国际执行委员会将他派到中国。

(21)开车前二分钟，列车长在我的苦苦恳求下，才给我写了一张便条。

* 开车前二分钟，列车长在我的苦苦求下，才给我写了一张便条。

可见，介词框架"在N的V下"的V在句法语义上都有一定的特点，正是这些特点使得"在N的V下"中的"N的V"与一般"N的V"短语有所不同。或者说，"在……下"介词框架对框架中的"N的V"有所制约。

三 "N的V"与"在N的V下"

介词框架"在N的V下"的框架中部成分是"N的V"，但不是所有的"N的V"短语都可以进入"在N的V下"。

3.1 "N的V"与"在N的V下"中N与V的语义关系

在"N的V"短语中，N与V的语义关系多种多样。N与V的语义关系主要有以下三种：

A. N只能是V的施事，不能是V的受事：

老师帮助学生：老师的帮助(施事)/* 学生的帮助(受事)

游子思念祖国：游子的思念(施事)/* 祖国的思念(受事)

领导鼓励小李：领导的鼓励(施事)/* 小李的鼓励(受事)

B.N只能是V的受事,不能是V的施事:

他们制定计划:计划的制定(受事)/＊他们的制定(施事)

大家消除隐患:隐患的消除(受事)/＊大家的消除(施事)

学校普及电脑:电脑的普及(受事)/＊学校的普及(施事)

C.N可以是V的施事,也可以是V的受事:

政府保护环境:政府的保护(施事)/环境的保护(受事)

工人检修机器:工人的检修(施事)/机器的检修(受事)

班长布置任务:班长的布置(施事)/任务的布置(受事)

除此以外,N还有如下一些语义性质:

N是时间:明年的合作、今天的表演、去年的落败

N是处所:上海的发展、内部的设计、课堂的教学

N是工具:皮鞭的抽打、钢琴的弹奏、鱼雷的袭击

N是结果:毛衣的编织、服装的设计、论文的写作

N是关涉:质量的保证、财力的限制、国情的咨询

N是领域:经济的合作、市场的拓展、教育的交流

N是当事:水土的流失、生命的启示、价格的稳定

N是依据:道德的评判、法律的制裁、宪法的指导

N是范围:全球的保护、学术界的交流、电影界的聚会

N是目的:总统的竞选、新技术的学习、新场景的布置

可见,在"N的V"短语中,N与V的语义关系是复杂多样的。

介词框架"在N的V下"由于受到介词框架"在……下"语义性质的限定,N与V之间原来多样的语义关系受到了制约,一般情况下,N是V的施事的"N的V"才可以进入"在N的V下"介词框架。例如:

(22)在执法人员的询问下,司机承认没有把计价器归零。

(23)在领导的安排下,她去了当时物质条件非常困难的苏联。

(24)为了备战奥运会,著名体操选手莫慧兰在中国体操队舞蹈教练刘全璜的指导下,进行新编动作的训练。

不过,以下例句中的N与V似乎体现出其他语义关系:

(25)在小提琴的伴奏下,沙景昌深情地朗诵《以爱的名义》。

(26)在4枚鱼雷的袭击下,仅3分钟,巨大的"阿波丸"就船沉人亡。

(27)该县的200多个专业户在贷款的支持下,养兔1700多只,仅此一项全乡年增加收入300多万元。

(28)在工具的发明、知识的积累下,人类社会文明不断进展。

(29)无论微软在美国法律的制裁下命运如何,WINDOWS在操作系统中的霸主地位仍然无可动摇。

孤立地看,语义上,例(25)N(小提琴)是V(伴奏)的工具,例(26)N(4枚鱼雷)是V(袭击)的工具,例(27)N(贷款)是V(支持)的方式,例(28)N(工具、知识)是V(发明、积累)的受事,例(29)N(美国法律)是V(制裁)的依据。但是联系上下文来看,我们发现这些N虽然都是客观上无生命力也无意志力的物体,它们本身都不具备施动能力,但它们都可以在外力的作用下似乎获得了某些施动性(陈昌来2003),从而展现出了生命力和意志力似的。从认知语言学角度看,这可以看作是一种"转喻"手法,因此也可以把上例中的N看作是一种广义上的施事,即"转喻施事"。

总之,在N与V的语义关系方面,由于介词框架"在……下"的存在,框架中的N与V的语义关系受到了较大的局限,主要集中在N是V的施事关系上;而在"N的V"短语中N与V的语义关系丰富多样。由此可见,介词框架"在……下"自身的致使条件关系对N与V的语义关系起到限定作用,特别是对一些有歧义的"N的V"短语,介词框架可以帮助分化歧义。有歧义的"N的V"短语都是由动名兼类词的V构成的,这类动词有"记录、通知、创造、收获、发明、调查、汇报"等等。这类"N的V"结构既可能指称结果,也可以指称事件。但是一旦把它们放进介词框架里,"N的V"只能指称事件。例如:

(30)她会通过她的创造,不断地实现自己的梦想。

(31)在小品《追星族》里,倒背起双手按着歌曲节奏大踏步走下场去的结尾,就是他的创造。

例(30)的"她的创造"指称事件,例(31)的"他的创造"指称的却是结果。而下例中的"他的创造"因为置于介词框架"在……下"中就只能指称事件:

(32)索尼公司在他的创造下,使公司形象彻底更新,产品有鲜明个性,走上了快速发展之路。

3.2 "N的V"与"在N的V下"中的N

可以进入"在N的V下"介词框架中的N一般由名词或名词性短语充当,在介词框架"在N的V下"中,N在句法上是不可缺少的。

根据齐沪扬等(2004)的考察,"N的V"结构之中的N可以是名词、代词、名词性偏正短语、联合短语和同位短语,而数词、量词、绝大部分的数量短语不能充当"N的V"中的N。

绝大部分名词和名词性短语都可以进入"在N的V下"结构，但是其中单音节的名词不能自由进入，必须变成联合式或偏正式等复杂形式才能进入。例如：

(33)英国警方在这只小狗的带领下，顺利地逮住了正在睡大觉的小偷。

* 英国警方在狗的带领下，顺利地逮住了正在睡大觉的小偷。

(34)吉林省开发建设投资公司在省里的支持下，多方筹集资金。

* 吉林省开发建设投资公司在省的支持下，多方筹集资金。

(35)申俊峰在丈夫下葬的当天下午，在乡里的支持下，就毅然挑起丈夫的担子。

*申俊峰在丈夫下葬的当天下午，在乡的支持下，就毅然挑起丈夫的担子。

由于"在N的V下"结构中本身的语义限制，N一般要是施事性名词，非施事性名词一般要转指为"转喻施事"即转喻为有施动能力时，才可以进入"在N的V下"结构中，即只有具有[+述人]特征或者能够转指为意念上有行为能力生命体的名词才可以充当N。例如：

(36)在孔繁森的带领下，地委、行署迅速组织了十多个工作组分赴各灾区。

(37)他用这笔钱在亲友的帮助下，盖起了梦想了20多年的大瓦房。

(38)在上海的带动下，各省市戒烟之声越来越高。

(39)在这种思想的支配下，我国的农业科技研究和推广相对来说出现了人才匮乏、后备力量不足的状况。

(40)海面碧波荡漾，岛上丘陵起伏，海滩的细沙在阳光的照耀下闪闪发光，美丽的马耳他岛像一颗耀眼的珍珠镶嵌在地中海上。

(41)印度的沙漠之邦拉贾斯坦邦13日又有5人在热浪的袭击下死亡，使因高温丧生的人数达到了13人。

(42)男孩穿着礼服，挽着新娘，在钢琴的伴奏下，翩翩起舞，真美。

而在"N的V"结构中的N没有这些限制。见下例：

(43)政府的改革是在经济极端困难的情况下进行的。(N是受事/施事)

(44)我们要继续认真做好恢复对香港和澳门行使主权的各项准备工作，保持特区的稳定与繁荣。(N是当事)

例(43)的"政府的改革"的N是受事/施事，例(44)的"特区的稳定与繁荣"是非施事或受事的当事。

人称代词和指示代词"这样、那样"可以进入"在N的V下"介词框架，其他指示代词和疑问代词都不可以成为其中的N。例如：

(45)在我的教导监护下,而爱弥耳要是会谦恭与客气,那不是证明我的教育完全没用么?

(46)在这样的撞击下,丰田车的气囊装置却未打开,这位居民也因此受伤。

相比之下,"N的V"结构中的N可以是任何一类代词。

3.3 "N的V"中的V与"在N的V下"中的V

3.3.1 V的音节

"N的V"中的V在音节上要求不太严格,在现实的语料中,除了V可以是双音节之外,还可以是单音节的,四音节甚至更多音节的情况。例如:

(47)司售人员的骂大有博采众家之长的优势,似乎金苟一伙还叫骂得不及他们深刻。

(48)社会主义市场经济的发展,必须用法律来引导、保障和约束。

(49)他的怕老婆虽是假怕,可是碰到管媳妇的事,老婆可真不听他的。

(50)要学习雷锋的助人为乐,首先得培养那种敬业、爱人的品德。

(51)他的茫然不知所措令大家更为气恼。

"在N的V下"中,V的音节一般只能是双音节的,仅有少数为四音节,但不能是单音节动词。例如:

(52)因为在侵略者铁蹄的践踏下,许多青年有为的生命,许多优秀卓绝的文学才能已经变成了白骨黑灰。

(53)前两年在党中央、国务院的三令五申下,农民负担有所下降,收入有所增加。

(54)*在司售人员的骂下,他低着头走下了车。

3.3.2 V的结构

可以进入"N的V"以及"在N的V下"的动词V的结构特点基本相同,主要由四种结构的动词组成。首先,并列式动词所占比重最大。例如:

帮助、把握、办理、包围、测量、搀扶、催促、斗争、改变、跟随、夸奖、恐吓、领导、拉动、盼望、排挤、陪同、商量、损害、抬举、袭击、整理、阻挡……

其次是状中式动词。例如:

霸占、反照、反击、否认、忽视、互助、谦让、响应、优待、粉碎、紧逼、默许、虐待、轻视、透视、突击、重视、注视、资助……

少数是述宾式动词和动结式动词。例如：

担心、操心、动员、关心、埋怨、赞美、抗议……

捣乱、颠倒、削弱、夸大、改变、改良、改进、加强、健全、稳定……

虽然进入"N的V"以及"在N的V下"中的动词V的结构特点基本相同，但也有所不同，如下列并列式动词可以进入"N的V"结构，而不能进入"在N的V下"结构：

战斗、遗留、参观、参考、发生、到来、呼吸、恢复、举行、来往、流传、满足、比赛、生长、停顿、下降、休养、牺牲、学习、拥抱、结束……

下列是只可以进入"N的V"而不能进入"在N的V下"中的状中式动词：

热爱、游行、迷信、拟订、召开、旋转、交流……

下列是只可以进入"N的V"而不能进入"在N的V下"中的述宾式动词：

闭幕、道歉、复员、怀疑、开幕、考试、离婚、恋爱、伤心、贪污、增产……

下列是只可以进入"N的V"而不能进入"在N的V下"中的动结式动词：

打破、打倒、端正、放松、降落、灭亡、破裂、离开、失败、缩小、完成、增长……

根据考察，可以进入"在N的V下"介词框架的动词主要是以下两类：一类是处于兼语结构中的双音节动词，如"请求、帮助、命令、安排、指导"等；另一类是在语义上要求处于动宾结构中的双音节动词，如"关心、袭击、丰富、改良、稳定"等。尤其在语义上动词进入"在N的V下"介词框架后，要能与主句产生条件关系，包括致使条件关系、单纯条件关系、背景弱条件关系（陈昌来、段佳佳2007），否则就不能进入"在N的V下"介词框架。

可见，介词框架"在N的V下"自身的语法意义——表示条件关系作为一种构式义对进入框架的"N的V"有一定的制约作用，限制了某些"N的V"短语进入"在N的V下"介词框架。

参考文献

蔡建平（1999）介词的认知语义研究，《外语与外语教学》第8期。

陈昌来（2002a）现代汉语介词的内部差异及其影响，《上海师范大学学报》第5期。

陈昌来（2002b）《介词与介引功能》，安徽教育出版社。

陈昌来（2003）《现代汉语语义平面问题研究》，学林出版社。

陈昌来、段佳佳（2007）介词框架"在N的V下"与主句的语义联系及语义特点，《云南师范大学学报》（对外汉语教学与研究版）第2期。

陈庆汉（2002）"N的V"短语中心语"V"语法性质研究述评，《汉语学习》第5期。

崔希亮（2002）《语言理解与认知》，北京语言文化大学出版社。

邓永红（1999）"在X下"格式及与"在X上"之比较，《湖南教育学院学报》第4期。

方　霁（1998）试论"NP在PPVP"与"NPVP在PP"的区别，《南开学报》第3期。

金昌吉（1996）《汉语介词和介词短语》，南开大学出版社。
李　欣（2006）“NP的VP”短语的句法结构分析，《云南师范大学学报》第1期。
蔺　璜（1997）现代汉语介词的语法作用，《语文研究》第2期。
刘丹青（2002）汉语中的框式介词，《当代语言学》第4期。
刘丹青（2003）《语序类型学与介词理论》，商务印书馆。
陆丙甫（2004）作为一条语言共性的“距离——标记对应律”，《中国语文》第1期。
陆俭明（2003）对“NP+的+VP”结构的重新认识，《中国语文》第5期。
齐沪扬等（2004）《与名词动词相关的短语研究》，北京语言大学出版社。
屈哨兵（2006）“在NV下”式的受动特性与成立动因，《汉语学报》第1期。
权正容（1995）“在X下”格式的结构特点与语义分析，《汉语学习》第5期。
沈家煊、王东梅（2000）“N的V”和“参照物——目标”构式，《世界汉语教学》第4期。
王东梅（2002）“N的V”结构中的V的性质，《语言教学与研究》第4期。
徐阳春（2005）也谈“NP+的+VP”结构，《南昌大学学报》第5期。
詹卫东（1998）关于“NP+的+VP”偏正结构，《汉语学习》第2期。
詹卫东（1999）“NP+的+VP”偏正结构在组句谋篇中的特点，《语文研究》第1期。
张伯江（1993）“N的V”结构的构成，《中国语文》第4期。
赵艳芳（2001）《认知语言学概论》，上海外语教育出版社。

（200234　上海，上海师范大学社科处）

汉语句类研究之检讨

徐晶凝

摘　要：本文检讨了现代汉语研究历史上提出过的划分句类所依据的两个标准——句子的用途和语气，指出句类是句子的形式分类，它的确定必须有形式特征作为依据，把句类看作是句子的用途分类，或者将句类等同于句子的语气分类，都容易造成误解。本文还对情态、语气等概念做了明确的界定。

关键词：句类；句子的用途；语气；情态

"句类"一词含义比较模糊，因为句子的分类可以从不同的角度进行，本文所使用的"句类"(sentence type)指的是陈述句、疑问句、祈使句和感叹句等。在现代汉语语法研究中，句类是一个一直被提及但却未见认真研究过的领域。从黎锦熙《新著国语文法》到北大中文系《现代汉语》，凡是涉及现代汉语语法全貌的书，特别是教材，大都列了专节讲这个问题，但是大都停留在蜻蜓点水式的介绍上，并没有追问过对句子做这样的分类有何依据以及意义何在。本文试对汉语句类的研究进行检讨，顺便也澄清几个相关的概念。

关于句类的分类标准，有两种说法：一是根据句子的用途(丁声树 1979)，一是根据句子所表示的"语气"(金兆梓 1983、陈望道 1979、黄伯荣、廖序东 1997、北大中文系 1993、邢福义 1997、胡裕树 1979)。下面，我们分别针对这两个标准进行讨论。

一　何为句子的用途

句子是交际中使用的言语单位，说到句子的用途，就必然要涉及到说话人、听话人和言语活动的语境这三个方面的交际因素。言语行为理论(Speech Act Theory)对句子的用途有过非常系统的研究。根据该理论，每个句子都是一个言语行为，每个言语行为都有它的"用途"(illocutionary force)，或称言语功能。人类语言中，至少有三个言语行为具有普遍性：做断言(making statements)、问问题(asking questions)和发出指令(issuing directives),它们是最基本的言语行为(Lyons 1995:251)。在自然语言中,它们通常分别由三大句类——陈述句、疑问句和祈使句表达。

但是,做断言、问问题和发出指令却并一定总是分别由陈述句、疑问句和祈使句来表达的。在实际交际语境中,形式和言语功能之间常常不是一一对应的,如:

Pauline gave Tom a digital WATCH?(形式陈述,功能疑问)

What do I care?(形式疑问,功能陈述)

I'd love a cup of TEA.(形式陈述,功能祈使)

Isn't it Christine CLEVER?(形式疑问,功能感叹)

而且,每个句子的用途可能不止一个,在使用中,语句的用途是由语境决定的,在不同的语境中同一个语句可以有不同的用途。如:"我丈夫很快就回来了。"这个语句可以是一个威胁,也可以是一个警告,也可以是一个许诺(Quirk et al 1985)。

因此,句子的用途到底是什么要根据言语活动的语境、说话人和听话人的背景信息、会话合作原则(Co-operative principles)以及"以言行事行为"(illocutionary act)的定义等来推断(Keith Allan 1986:213)。我们只能说,"做断言、问问题、发出指令"这些用途与"陈述句、疑问句、祈使句"这些句类之间存在原型对应(prototypical correspondence)关系,或者说它们是这些句类的初始用途(primary illocution)。

根据句子的用途给句子分类,实际上根据的是句子的初始用途。从本质上说,句类应当是句子的一个形式类。在确定一个语言的句类系统时,必须找到句类的形式特征。不同的句类应当有其句法上的不同特征——韵律特征(prosody)、词序、特定句类词(如疑问句中的疑问代词)、特定结构(如正反重叠表疑问)、主语的人称和缺省、谓语动词、时体特征等,它们才是划分句类的标准。比如说英语中四个句类,其形式特征可以描写为(Quirk et al 1985:803):

	陈述句	疑问句	祈使句	感叹句
形式特征	有主语、主语一般在动词前	Yes-no 问句:operator 在主语前。Wh-问句:wh-词置于句首	通常没有主语、动词是基本形式	由 what 或 how 引导的短语起头,遵照主语—动词语序

现代汉语语法对句类的分类,大体上也是要坚持这一标准的,也探讨过"句子的用途"与"实际使用目的"的不同(邢福义 1997:125、北大 1993),提及到诸如"请把窗打开。""把窗打开,好吗?""屋里真热啊。""我觉得有点热。"都可以用来表达"请求/命令开窗"这样的"祈使意义",但是属于不同的句类。然而在关于句类的一些探讨中还是存在

一些问题。

如袁毓林(1993)虽然坚持了“只有当某些句子具备了某种句法形式特征、又具备某种语用功能时,我们才能断定它们是陈述句,或者是疑问句、祈使句、感叹句”(p.7),但是却认为“表面上不具备一般祈使句的结构形式特点、却只表示祈使意义的句子,(又)只能算做祈使句”(p.8)。如“还不快跑?你少说几句行不行?”等,它们属于边缘祈使句。显然,他将“祈使意义”看作是祈使句的特权,把那些形式上具有疑问句形式特征但只用于“祈使”用途的句子划归了祈使句,“用途”标准盖过了“形式特征”标准。如果坚持袁毓林(1993)的标准,我们也得把“我命令你现在少说几句”看作是祈使句,因为它也只用于向听话人发出一个祈使。

在对感叹句的研究中,“忽视句类的形式特征,而只看用途”的问题就更为明显。研究者往往将具有感叹功能的句子都划归为感叹句,而忽略了感叹句作为一个句类所应具备的形式特征。如学者们往往将如下句子都划归为感叹句:

狼!

失火了!

打倒帝国主义!

为您的健康干杯!

这些例句在黄伯荣(1984)以及其他学者那里(李广明 1994、王光和 2002、郝雪飞 2003)都被看作是感叹句。然而,除了在用途上表达了说话人比较强烈的感情之外,这些句子在形式特征上并没有内部统一的特点,也没有区别于典型陈述句和祈使句的地方,将它们都看作是感叹句句类,明显缺乏形式依据。另外,作为句类的感叹句应当在任何语境中都具有感叹的功能,而那些在语境中临时表达感叹功能的句子不具有这样的特点。因此,在确定感叹句句类时,有必要分清语用上表达感叹的句子和作为句类表达感叹的句子(徐晶凝 2006)。

在用句子进行交际,表达各种用途的时候,句类与用途之间有着复杂的关系。如果单纯从句子的言语功能出发而忽视形式特征对句类的规定作用,忽视形式特征与言语功能间的复杂联系,我们在语言学中建立句类这个范畴,就失去了意义。如果要严格限定句类作为形式类的这一含义,袁毓林(1993)所谓的边缘祈使句应当划归到疑问句这一句类,如果考虑到它们的用途,可将它们称作是施为疑问句,而“我命令你少说几句”这样的句子,则可以看作是施为陈述句。施为疑问句和陈述句如何以及为何只表示祈使的意义,则与语言表达中的礼貌原则有关。

现代汉语句类的句法特征,已经有学者做过一些研究(邵敬敏 1996、袁毓林 1993、Viviane Alleton 1992)。但是,恐怕还不够。我们应该明确界定典型的祈使句、感叹句、疑问句和陈述句在句法形式上的特征，然后揭示它们在功能上彼此渗透的现象，发现句类内部的功能小类，这样才能真正认识到句类范畴的语言学意义。即同一个言语功能可以用哪些句类来表达，同一个句类可以表达哪些不同的功能，这些功能与句类小类的对应关系如何？这直接关涉到我们对“人类语言是如何用不同的句类来完成交际目的”这个问题的理解。

二 何为语气

关于句类，第二个说法是句类是句子的语气分类。

西方语言学界一般把动词形态变化所表达的一部分情态意义叫语气（mood），是“由动词词形变化所表示的一组句法和语义对立”。事实上，语气在西方语言学界的研究中，也还有另外的含义。据戴维克里斯特尔《现代语言学词典》，语气是“对句子/小句类型，特别是句中的动词，做理论和描写研究的术语”，在这个定义中，就包含着对语气的另外一种使用，即把它作为句子类型的分类。五四以来中国学者引进西方语言学的观点处理汉语后，对语气的使用一直采取的是这种意义，学者普遍认为现代汉语中句子有四个语气分类：陈述语气、祈使语气、疑问语气和感叹语气。齐沪扬（2002）、贺阳（1992）等在研究现代汉语的情态系统时，也一直沿用着这样的解读。

我们认为，如果单纯研究句子的类型，用语气或用途来指称陈述句、疑问句、祈使句和感叹句所具有的意义上（主要是言语功能）的对立，也无不可。但是，如果要将句类纳入到情态的研究框架中来，则有必要综合考虑人类语言中“句类”、“动词的形态变化”所表达的范畴义是否有大致的区分，它们各自的主要意义领域及汉语中的具体情况，以严格界定句类与语气的内涵。

2.1 狭义的语气指的是动词形态变化所表达的一组语法范畴。动词的形态变化是一个形式标准，其对应的语法意义有数、时体、态（voice）、语气等。人类语言中被归为语气的动词形态所表达的意义属于情态（modality），且一般具有将整个命题纳入自己辖域的特点（Joan Bybee 1985）。如：直陈（indicative mood）、祈使（imperative mood）、虚拟（subjunctive mood）、证据（evidential mood）等。

在有形态变化的语言中，句类和形态变化往往分工表达不同的范畴。如日语中用句类来表达不同的言语功能类型，而用动词的屈折变化来表达“假定、命令、推量”等情态意义。在祈使句中，动词总是采用命令形；假定形和推量形可以用于陈述句，也可以用于疑问句；日语陈述句和疑问句中的动词，也都可以采用动词的直陈语气形式。因此，句类与语气之间只存在着原型联系。一般来说，直陈语气多出现在陈述句中，祈使语气多出现在祈使句中。但是,人类语言中也存在着非直陈语气的陈述句(non-indicative declarative sentence)(Lyons 1995:181)。比如,在有证据语气的语言中,存在着不同证据语气的陈述句(Lyons 1995:181)。因此,陈述句中可以有不同的语气,而非仅仅一种直陈语气。

从人类语言看,句类所表达的言语行为功能类和动词形态表达的狭义语气,有一个共同的意义领域:做断言/发出指令(直陈/祈使)的对立,它们又分属于认识情态(epistemic modality)和道义情态(deontic modality)。在有形态变化的语言中,总是用动词的形态来表达这一组对立:陈述句中使用动词的直陈语气形式,祈使句中则使用动词的祈使语气形式。而在无形态变化的语言中,则用其他的语法手段来表达直陈/祈使的对立。如汉语中,陈述句和祈使句在句子的主语、谓语动词的语义特征或时体特征等方面,存在着明显的对立①,这种对立可以看作是句类的对立。但是,如果按照不同语言意义有相应的形式上的语法区别的原则,这种句类上的对立也不妨当作是直陈语气和祈使语气的对立。因此,在无形态变化或形态变化不丰富的语言中,语气的表达往往可以直接通过句类来实现。

句类与狭义语气所表达的意义领域中,最显著的差异在疑问句。人类语言中普遍存在着疑问句句类,但是迄今为止还未发现哪一种语言是通过动词的屈折变化来表达疑问的。另外,句类是人类语言中普遍存在的句子类型,具有跨语言的共性,而语气却不是,有的语言中不存在这个语法范畴。因此,为了区分二者,Lyons(1977)、Leech(1983)等建议使用不同的术语。

句类:Declarative interrogative jussive

语气:Indicative- imperative

为什么在人类语言中还未发现有哪个语言通过动词的屈折变化来表达疑问?这是因为语气所涵盖的情态一般是将整个命题作为自己的辖域的,而疑问恰恰不具备这样的特点。在是非疑问句(Yes-no interrogative)中,说话人寻求的是与归一度相关的信息(a request for information regarding polarity)(Halliday 1985:85),而在特殊疑问句(WH- interrogative)中,说话人仅仅是寻求动作的执行者、承受者、时间、地点、方式、原因等方面的相关信息,它们都不能将整个命题纳为自己的辖域。从情态意义的角度看,疑问句也不具有自己独立的情态地位,它或者用来对一个命题信息进行提问,或者用来发出一个道义诉求。因此,无论是从疑问的辖域上讲,还是从情态意义上讲,疑

① 祈使句在句法上必须同时满足两个要求:一是句子的主语必须是第二人称(你/你们)或第一人称复数(我们),二是句中谓语动词要具备三个特征:自主动词、可控动词,不带"了、着、过"等时体成分。而陈述句在句子的主语人称和谓语动词上没有特别的要求。

问句都不具有独立为一个语气的条件。

因此，将句类与语气区分开是很有必要的，因为同一个句类中可能有不同的语气，而同一个语气也可能用于不同的句类中。

2.2 因此，我们认为，孤立探讨句类问题时，将四个句类的区别看作是语气的区别，也无不可。但是，如在情态的框架下探讨句类与语气的问题，恐怕就不能将句类看作是四个语气的分类了。至少，在现代汉语中，感叹句虽然具有区别于其他三个句类的形式特征，但是，它不宜看作是语气。因为感叹句在情态表达上不具有独立的地位，说话人的情感表达总是附着在命题陈述之上的，如"长城多伟大啊"，说话人在表达自己的惊叹之情的同时，也完全承诺命题为真，从情态的角度看，属于认识情态。因此，我们认为 Halliday (1985)将感叹句划归为陈述句的一个次类是准确的，感叹句中也使用直陈语气。

现代汉语中除了直陈语气与祈使语气的对立之外，是否还存在其他的语气对立？汉语中现实句(realis)与虚拟句(irrealis)的对立(石毓智 2001)能否被理解为是语气对立？现代汉语中是否还存在着一套不同于印欧语的语气系统？这些问题都是需要认真进行探究的，也是汉语情态研究的重要内容。

三　结语

本文对汉语句类研究中涉及到的两个问题进行了检讨，对几个相关的概念进行了梳理。我们主张，汉语语言学的研究既要尊重普通语言学的原则和已有术语，也要照顾到汉语自身的"形式—意义"对应体系，因此，我们提议把汉语中陈述句、疑问句、祈使句和感叹句作为四大句类，它们是言语行为功能的原型表现形式，而将汉语学界已经习惯称之为"语气"的意义叫做"功能"，如询问功能、祈使功能、感叹功能等。而在狭义上使用"语气"一词，即通过语法化手段表达的情态意义。

总结一下，句类是一个形式类，在句法上有相应的词汇、句法、韵律标记等，具有语言普遍性，每个句类都对应着一个初始用途。因此，可以不严密地说，句类是根据句子的初始用途所做的分类，但一定要有相应的形式依据。

语气是一个语法范畴，是情态的最抽象语法化表达形式。它与句类是两个不同层次上的概念，二者只存在原型联系，不具有必然的对应关系。

参考文献

丁声树 (1979)《现代汉语语法讲话》，商务印书馆。

金兆梓（1983）《国文法之研究》，商务印书馆。
陈望道（1979）《文法简论》，上海教育出版社。
黄伯荣、廖序东（1997）《现代汉语》，高等教育出版社。
黄伯荣（1984）《陈述句 疑问句 祈使句 感叹句》，上海教育出版社。
邢福义（1997）《汉语语法学》，东北师范大学出版社。
胡裕树（1979）《现代汉语》，上海教育出版社。
北京大学中文系（1993）《现代汉语》，商务印书馆。
邵敬敏（1996）《现代汉语疑问句研究》，华东师范大学出版社。
袁毓林（1993）《现代汉语祈使句研究》，北京大学出版社。
何自然（1988）《语用学概论》，湖南教育出版社。
贺 阳（1992）试论汉语书面语的语气系统，《中国人民大学学报》第5期。
齐沪扬（2002）《语气词与语气系统》，安徽教育出版社。
李广明（1994）感叹句及其分类，《天水师专学报》（哲社版）第1期/第2期。
王光和（2002）汉语感叹句形式特点浅析，《贵州大学学报》（哲社版）第5期。
郝雪飞（2003）感叹句原型类别及基本句式分析，《北京地区第三届对外汉语教学学术研讨会论文选》，北京大学出版社。
石毓智（2001）《肯定和否定的对称与不对称》，北京语言文化大学出版社。
何 容（1985）《中国文法论》，商务印书馆。
徐晶凝（1998）汉语语气及语气系统的归纳，《北京大学学报》第2期。
徐晶凝（2006）也谈感叹句——基于句类的研究，《语言学论丛》（第33辑），商务印书馆。
黎锦熙（1955）《新著国语文法》，商务印书馆。
王了一（1984）《汉语语法纲要》，上海教育出版社。
郭继懋（2000）《汉语句法论集》，天津人民出版社。
李淑静、胡壮麟（1990）《语气与汉语的疑问语气系统》，见《语言系统与功能》（胡壮麟主编），北京大学出版社。
叶斯柏森（1987）《语法哲学》（何勇等译），语文出版社。
戴维克里斯特尔（2004）《现代语言学词典》（沈家煊译），商务印书馆。
F. R. Palmer (1986) *mood and modality*, Cambridge university press.
M. A. K Halliday (1985) *An introduction to functional grammar* Edward Arnold Ltd.
Viviane Alleton (1992)《现代汉语中的感叹语气》（王秀丽译），《国外语言学》第4期。
Lyons (1977) *Semantics*, Cambridge university press.
Lyons (1995) *Linguistic Semantics -An Introduction*, Cambridge university press.
Leech (1983) *Principles of pragmatics*, Longman Inc.
Keith Allan (1986) *Linguistic meaning* (*vol. 2*) Routledge & Kegan Paul INC, World Publishing Corp.
Quirk et al (1985) *A comprehensive grammar of the English Language*, London and New York: Longman.
Joan Bybee (1985) *Morphology*, Amsterdam/Philadelphia: John Benjamins Publishing Company.

（100871 北京，北京大学对外汉语教育学院）

虚词与预设

张　斌

2001年我们编写的《现代汉语虚词词典》在北京商务印书馆出版，至今快10年了。按照常规，词典使用了这么多年，应该进行修订了。在着手修订之前，当然要考虑如何提高质量的问题，我以为我们的修订应该注重的是如何使释义更加明确。明确指的是不但要求正确，而且要求明白易懂。比如"不但……而且"，我们的说明是："先说出一层意思，引出更进一层的意思。"这个说法是很常见的，并没有错。也就是说，是正确的。但是，有人提出疑问：为什么可以说"他不但会开摩托车，而且会开汽车"，却不能说"他不但会开汽车，而且会开摩托车"？原来使用"不但A，而且B"这一句式有个先决条件，即认为有了A，不一定有B。如果有了A，必有B，就不宜使用这一句式。这个先决条件，是这个句式的预设(presupposition)。

预设本来是哲学上的术语，语义学和语用学又常用上它，不少语法学者在谈到语句的理解时，也常用预设来说明。预设是理解语句的先决条件，它不同于逻辑上的前提。由大小前提引出结论，凭结论并不能找出前提，预设却是依据语句本身找出来的。比如有人问："我的帽子呢？"凭这句话可以知道：说话人有帽子，帽子不在他身边，他认为听话人可能知道帽子在何处。

词、短语、句子都可以有预设。词的预设，人们大都注意实词，其实，虚词的预设很值得重视。我们的词典没有用上"预设"这个术语，个别词的说明中实际上使用了这一概念。例如语气词"了"(即$了_2$)表示出现新情况。"我在上海住了三年"，加上"了"，说成"我在上海住了三年了"，指明刚满三年，可以是新情况。词典有一段补充说明：

> 所谓新情况的出现，有时叙述的是早已存在的事实。因为说话人认为对方并不知道这个事实，所以对听话人来说仍旧是一种新情况。如"我早就瞧见你了！"其实，与其说是新情况，不如说是新信息。可见，预设是一种语用现象。

拿语义现象和语用现象相比较，前者的决定因素是客观事实，所以比较实，后者的决定因素是主观认识，所以比较虚。一般认为副词有的比较实，如时间副词；有的比较虚，如语气副词。其实，不少副词是多义的，有的义项比较实，有的义项比较虚，例如

“再”，表示又一次，如“再版”、“再婚”、“再现”，比较实。表示“更加”，如“再高一点儿”、“再多一点儿”，也比较实。表示一个动作行为中若干环节的先后顺序，如“我们会开到这儿为止，下午再讨论。”上午并未讨论，这个“再”既不是又一次，也不是“更加”，它表示对话双方都打算会后进行讨论，不过时间未确定。用上“再”，使预设变为现实，是比较虚的。

又如副词“才”，表示“刚才”，这是实义。例如“怎么才来就要走”。“他昨天才走”这句话都有个预设，即认为他应该昨天之前走。“每个月才几百块钱”预设钱应该不止这些。“这么一说，我才明白”预设本来不明白。所以，“才”可以有时间预设、数量预设、事实预设。总之，在时间、数量、事实等方面预设原不该如此。

再如“还”(hái)表示“更加”，“今天比昨天还热”，这是实义。“他还真有办法”中的“还”是虚义，说话人认为原来未曾想到，宜用预设来说明。

总之，我认为虚词(副词在内)的释义，有时间上预设来说明，可以使读者更容易理解其含义，掌握其用法。

(200234 上海，上海师范大学应用语言学研究所)

《对外汉语研究》征稿启事

《对外汉语研究》由上海师范大学对外汉语学院主办，由商务印书馆出版，向国内外发行。本刊以"促进国内外对外汉语教学与研究为日标，及时反映汉语教学与研究领域的最新成果和学术动态，全面提升对外汉语教学界的教学和科研队伍，为学术讨论、研究和理论创新提供平台"为宗旨。竭诚欢迎世界各地从事汉语研究和教学的学者、专家、教师、研究生围绕以下栏目及相关内容给《对外汉语研究》赐稿！

栏目设置：

作为第二语言的汉语本体研究；语言测试研究；语言学习理论；汉语作为第二语言的习得与认知；中外汉语教学的历史与现状；语言文化教学；对外汉语学科教学论；教材建设；对外汉语教育技术；学术评论和学术动态等。本刊特别欢迎论证充分、材料翔实，联系实际的新观点、新成果。

来稿注意事项：

1．字数：论文以8000字左右为宜，重要文章可作适当调整。

2．题目、摘要和关键词：文章的题目、摘要和关键词均要求附英文翻译。摘要一般不超过200字，关键词一般不超过5个。

3．例句：

例句全部用小五号宋体，用(1)(2)(3)……统一编号，按顺序排列，并在例句后面用小括号注明出处。

4．注文：注文一律采用脚注，用①②③……编号。

5．参考文献：

例如：马箭飞(2001)《以"交际任务"为基础的汉语短期强化教学教材设计》，《对外汉语教学与教材研究论文集》，华语教学出版社。

沈家煊(1994)《"语法化"研究综观》，《外语教学与研究》第4期。

朱德熙(1982)《语法讲义》，商务印书馆。

Wilkins, D. A. (1976) *Notional Syllabuses*, Oxford University Press.

6．投稿要求：来稿请寄打印本和电子本各一份。打印本一律要用A4纸，正文用5

号宋体字,例句用小5号宋体。稿件也可以WORD. DOC格式用E-mail通过附件的方式发送至本刊编辑部。

7. 来稿时写明:作者姓名,工作单位,通信地址(含邮政编码),联系电话,E-mail地址和主要研究方向等内容。

8. 来稿审读时间一般为6个月,6个月内未接到用稿通知,可自行处理。

《对外汉语研究》编辑部

邮政编码:200234

地址:上海市桂林路100号上海师范大学对外汉语学院

电话:021-64328691;电子信箱:dwhyyj@shnu. edu. cn

联系人:姚占龙

图书在版编目(CIP)数据

对外汉语研究(第五期)/上海师范大学《对外汉语研究》编委会编.—北京:商务印书馆,2009
(汉语语言学期刊方阵)
ISBN 978-7-100-06591-7

Ⅰ.对… Ⅱ.上… Ⅲ.对外汉语教学—教学研究—文集
Ⅳ.H195-53

中国版本图书馆 CIP 数据核字(2009)第 029830 号

DUÌWÀI HÀNYǓ YÁNJIŪ
对外汉语研究
(第五期)
上海师范大学《对外汉语研究》编委会 编

商务印书馆出版
(北京王府井大街36号 邮政编码 100710)
商务印书馆发行
北京瑞古冠中印刷厂印刷
ISBN 978-7-100-06591-7

2009年7月第1版　　开本 787×1092 1/16
2009年7月北京第1次印刷　　印张 13¼
定价:22.00元